NZZ LIBRO

Matthias Weber

Dein Geld verdient mehr!

Der Schweizer Weg zum langfristigen Anlageerfolg

NZZ LIBRO

Der Verlag NZZ Libro wird vom Bundesamt für Kultur mit einem Strukturbeitrag für die Jahre 2021–2025 unterstützt.

FSC
www.fsc.org
MIX
Papier | Fördert gute Waldnutzung
FSC® C107574

Bibliografische Information der Deutschen Nationalbibliothek
Die Deutsche Nationalbibliothek verzeichnet diese Publikation in der Deutschen Nationalbibliografie; detaillierte bibliografische Daten sind im Internet über http://dnb.d-nb.de abrufbar.

Abbildungen Eigene Darstellungen, ergänzend ausgewählte Screenshots von Finanzwebsites. Diese wurden nach geltendem Zitatrecht verwendet.

Lektorat Caroline Baumer, textorat.net, Freiburg im Breisgau
Korrektorat Daphne Neumann, Emmenbrücke
Umschlag, Satz, Layout, Illustrationen Torben Abegg, studioabegg.com, Wesenberg
Druck BALTO print, Vilnius
Printed in the EU

Herstellerinformation Schwabe Verlagsgruppe AG, NZZ Libro,
St. Alban-Vorstadt 76, CH-4052 Basel, info@schwabeverlag.ch
Verantwortliche Person gem. Art. 16 GPSR Schwabe Verlag GmbH,
Marienstraße 28, D-10117 Berlin, info@schwabeverlag.de

ISBN Print 978-3-03980-048-3
ISBN E-Book 978-3-03980-049-0

www.nzz-libro.ch
NZZ Libro ist ein Imprint der Schwabe Verlagsgruppe AG.

Unabhängigkeit und Haftungsausschluss

Alle in diesem Buch vorgestellten Produkte und Dienstleistungen wurden neutral und unabhängig ausgewählt und analysiert. Es gab keinerlei Gegenleistungen an den Autor. Die im Leitfaden genannten Anlageprodukte wurden nach bestem Wissen und im Sinne exemplarischer Fallstudien ausgewählt. Bei ihnen können – und werden – Verluste auftreten.

Das Buch kann darum keine persönliche Anlageberatung bieten. Den Entscheid für ein Anlageprodukt musst du stets selbst im Sinne deines Risikoprofils, Anlagehorizonts und deiner steuerlichen Situation treffen. Trotz sorgfältiger Recherche übernimmt der Autor keinerlei Gewähr.

Kontakt zum Autor

alpha-optimum GmbH
Matthias Weber
Kaltackerstrasse 25
CH-8908 Hedingen

Inhalt kompakt

Du interessierst dich beim Anlegen für einen bestimmten Aspekt?

Dann nimm mit den Farbcodes eine Abkürzung. Die Farben findest du später in den Kapitel-Griffmarken am rechten Seitenrand wieder, z. B.

E

F

K

- Fast Track für Eilige
- Besonders nachhaltig
- Vorsorge fürs Alter

Das A & O für deinen Anlageerfolg

Mehrwert online. Simuliere deinen ganz persönlichen Vermögensaufbau, buche ein Vermögensseminar mit dem Autor oder bleibe einfach über Neuheiten auf dem Laufenden.

Folge auf Instagram, LinkedIn oder besuche die Website!

Instagram: @deingeldverdientmehr
LinkedIn: linkedin.com/company/deingeldverdientmehr
Website: dein-geld-verdient-mehr.ch

Du verdienst *mehr*

1 Wie du tausendfacher Milliardär geworden wärst

Stell dir vor, du bist John Salvatore Fontanelli, ein Pizzabote aus New York. Du lebst ein einfaches Leben, arbeitest hart, zahlst deine Steuern. Doch eines Tages stellt eine Nachricht dein Leben auf den Kopf: Ein entfernter Vorfahre, ein gewisser Giacomo Fontanelli, Kaufmann in Florenz im 16. Jahrhundert, hat dir sein Vermögen hinterlassen.

Eigentlich eine bescheidene Summe, die heute ein paar Tausend Dollar entspricht, aber der **Zinseszins** hat seine magische Kraft entfaltet: Aus dem Ersparten ist im Laufe von 500 Jahren ein fantastisches Vermögen geworden. Das Geld hat sich vermehrt und vermehrt – und vermehrt, bis es auf die astronomische Summe von einer Billion Dollar angewachsen ist. Das sind 1000 Milliarden Dollar. Zum Vergleich: Elon Musk wäre gegen dich mit aktuell etwa 400 Milliarden ein armer Schlucker.

Mit Zins auf Zins auf Zins über Generationen zu 1000 Milliarden

Chart 1

Wenn du denkst, die Geschichte vom Pizzaboten zum reichsten Menschen der Erde klingt zu gut, um wahr zu sein, hast du recht. Sie stammt aus Andreas Eschbachs Roman *Eine Billion Dollar* (Eschbach, 2001). Trotzdem ist das kein Grund, um enttäuscht zu sein. Denn ob es John Salvatore Fontanelli wirklich gibt oder nicht, spielt keine Rolle. Wichtig ist, dass es ihn geben könnte. Und dass du wie er erheblich vom Zinseszins-Effekt profitieren kannst.

Wie dir das gelingt, erfährst du in diesem Wegweiser zu deinem langfristigen Anlageerfolg. Du wirst erfahren, wie wenig Geld du heute in **Aktien** anlegen müsstest, um in 500 Jahren einem deiner Nachkommen einen Milliardensegen zu hinterlassen – oder um in 10, 20 oder 40 Jahren ein Vermögen für dich selbst aufzubauen. Ob dein Traumhaus, ein sorgloser Ruhestand oder die Weltreise, die du schon immer machen wolltest: Wenn du dein Geld für dich arbeiten lässt, kann es dir deine Träume erfüllen. Je früher, desto besser – denn du verdienst mehr!

Den ersten Schritt, um mit deinem Geld mehr zu verdienen, hast du bereits gemacht: Du hast dieses Buch gekauft. Seit mehr als 3 Jahrzehnten begleite ich Anlegerinnen und Anleger[1] und habe unzählige Beispiele dafür gesehen, wie leicht vermeidbare Fehler zu finanziellen Verlusten führen. Dabei geht es nie nur um Geld. Hinter jeder guten oder schlechten finanziellen Entscheidung steckt ein echter Mensch mit Wünschen, Hoffnungen und Enttäuschungen.

---

1 Im Folgenden spreche ich aufgrund der besseren Lesbarkeit nur noch von «Anlegern». Selbstverständlich sind damit gleichermassen Anlegerinnen gemeint – die übrigens oft eine höhere Rendite erwirtschaften als ihre männlichen Pendants.

2 Geld anlegen nach Gefühl

Durch meine Arbeit bin ich immer wieder Personen begegnet, die mir ihre persönliche Investitionsgeschichte erzählt haben. Besonders die tragischen Erlebnisse, die eigentlich vermeidbar gewesen wären, sind bei mir hängen geblieben. Noch heute sehe ich den umtriebigen Goldschmied aus Basel vor mir, der sein gesamtes Vermögen in Goldminenaktien investiert hatte und zwischen 2011 und 2015 drei Viertel seines Kapitals einbüsste. Oder den Lehrer aus Luzern, dessen **Depot** vor allem aus Papieren der inzwischen bankrotten Investmentbank *Lehman Brothers* bestand – alles Totalverluste. Auch ein Gespräch mit einer älteren Dame vom Zürichberg ist mir gut in Erinnerung geblieben. Sie erzählte mir, dass sie seit dem Börsencrash von 1989 das Vertrauen in **Aktien** verloren hat. Es brauchte viel Überzeugungsarbeit und noch mehr Empathie, bis sie verinnerlichen konnte, dass das Kopfkissen keine sichere Alternative für ihr hart erspartes Geld war.

Die verpassten Chancen und Entscheidungen der Vergangenheit können wir nicht mehr ändern. Aber wir können dafür sorgen, dass wir unsere Fehler nicht wiederholen und das Potenzial heute nutzen. Die meisten Fehler entstehen durch Selbstüberschätzung, schlechte Beratung oder weil man sich von irrationalen Ängsten leiten lässt. Doch auf jede tragische Geschichte kommen zig andere, die zeigen, dass man bei einem durchdachten Risikomanagement und mit ein paar Grundregeln an der Börse nachhaltige Erfolge erzielen kann.

Oft sind es einfache, aber kluge Entscheidungen, die den Unterschied bringen. Auch hier könnte ich unzählige Fälle nennen, die ich begleiten durfte. Von jungen Menschen, die sich etwas aufbauen möchten, über alte Hasen, die endlich nicht mehr nur nach Gefühl investieren wollen, bis hin zu völligen Anlageneulingen, die das Beste aus ihrem verdienten Lohn herausholen möchten. Viele davon konnte ich über Jahre beraten und unterstützen. Ich denke etwa an eine Unternehmerin aus St. Gallen, die sich für eine aktienorientierte **Anlagestrategie** entschied und dies über viele Jahre mit bewundernswerter Disziplin durchzog. Als sie sorgenfrei in den Ruhestand ging, stiessen wir gemeinsam an.

Ich möchte damit die Krisen auf den Finanzmärkten nicht kleinreden. Besonders die globale Finanzkrise ab 2007 hat viele nachhaltig verunsichert. Seit 1995 durfte ich **Fonds** und **Portfolios** für Kleinst- bis Grossanleger verwalten. Ich habe selbst erlebt, welche Ansätze auch in Krisen überzeugen und welche nicht. Mit meinem Team entwickelte ich am Anfang des Jahrtausends den weltweit ersten Publikumsfonds für Katastrophenanleihen (Chacko et al., 2004), der seither viele Jahre gute Renditen bei minimaler Steuerbelastung lieferte. 2018 übernahm ich das Präsidium des Anlageausschusses einer Schweizer Pensionskasse mit 40 Milliarden Franken Vermögen.

Der Blick in die Vergangenheit kann an der Börse durchaus hilfreich sein. Durch modernste Technologie können Portfolios entwickelt, analysiert und kontinuierlich optimiert werden. Erkenntnisse aus der Finanztheorie und der Verhaltenspsychologie, das Studium historischer Börsenentwicklungen – von der Tulpenblase 1637 über die Pandemie bis zum Ukrainekrieg – und meine weltweite Suche nach herausragenden Geldmanagern und -managerinnen haben meinen Ansatz dabei nachhaltig geprägt.

Die wichtigste Erkenntnis aus all diesen Jahren? Keep it simple. Die besten Ansätze sind einfach, kostengünstig und für jede Person leicht nachvollziehbar. Doch genau das widerspricht den Interessen vieler Banken, die lieber komplexe, teure Produkte verkaufen, um ihre Margen zu maximieren – auf Kosten ihrer Kunden und Kundinnen.

Darum schreibe ich dieses Buch. Es ist mein persönlicher Leitfaden für alle Anleger aus der Schweiz: Du lernst, wie du mit deinem Geld künftig mehr verdienst, indem du erfolgreich investierst. **Einfach, effizient, mit minimalem Aufwand und dank moderner Online-Plattformen zu günstigen Konditionen:** Das ist der Schweizer Weg zu deinem langfristigen Anlageerfolg.

FINDE DEINEN WEG!

Am Ende gestaltet sich jeder Weg zu persönlichem Reichtum anders. Wie wird deiner aussehen? Mach die ersten Schritte in den nächsten Kapiteln und probier es aus!

3 Schläft dein Geld noch?

Die meisten von uns sind versucht, erst noch einmal auf die Snooze-Taste zu drücken, bevor sie morgens aufstehen. Aber stell dir vor, du würdest jede Minute, in der du nicht aufstehst, bares Geld verlieren. Wie lange würdest du weiterschlummern? 1, 2, 3 Minuten?

Während du aber jeden Tag pünktlich zur Arbeit fährst, bleibt deine Mitbewohnerin Penny liegen. Seit Jahren drückt sie ununterbrochen die Snooze-Taste und kostet dich Geld. Denn du musst die Miete allein zahlen! Wahrscheinlich hat Penny nicht einmal den Wecker gestellt. In aller Seelenruhe döst sie vor sich hin, ohne zu arbeiten. Schliesslich ist es in ihrem Bett viel zu gemütlich, um sich aufzuraffen!

Ahnst du, wer Penny ist? Die Rede ist natürlich von deinem Ersparten, das in aller Seelenruhe auf dem Konto schlummert. Kommt dir das bekannt vor? Arbeitet dein Geld schon für dich oder schläft es noch? Weil du dir nicht zutraust, es anzulegen, dich mit den Finanzmärkten nicht auskennst und Risiken nicht einschätzen kannst? **Dein Geld verdient mehr!**

Vielleicht aber hast du dich bereits auf den Weg gemacht und Geld angelegt. Viele Menschen aus meinem Umfeld halten ein paar **Aktien** oder haben in der Vergangenheit in irgendeinen **Fonds** investiert, aber alles eher zufällig und ohne System. So mancher hat das bereut oder mittlerweile erkannt, dass das wenig nachhaltig ist. Dabei ist es nicht kompliziert, Geld erfolgreich anzulegen. Es ist sogar ziemlich einfach – auch für noch unerfahrene oder bisher wenig erfolgreiche Anleger. Egal ob es dabei um 3000 oder 3 Millionen Schweizer Franken geht.

Um mit deinem Geld mehr zu verdienen, solltest du zunächst alle Stimmen ausblenden, die an deinem Ersparten mitverdienen möchten. Das beginnt bei deinem Bankberater, der eigentlich ein Verkäufer ist und eine hohe Beratungsgebühr kassiert, wenn er dir teure, komplizierte Produkte verkauft. Beim Blick hinter die Kulissen merkst du schnell, dass auch die freundliche Influencerin dir nur Kapitalanlagen empfiehlt, für die sie selbst Provisionen erhält. Auch der Online-Broker, der dich zum ständigen Kaufen und Verkaufen im Aktien-Trading drängt, ist alles andere als neutral. Was seine Taschen füllt, leert deine.

Und in der schönen Welt des Konsums? Dort wirst du erst recht nicht zum klugen Sparen angehalten – überall locken verheissungsvolle Reisen, verführerische Wellnessangebote, schicke neue Schuhe, coole Handys und schnelle Autos. Blinkende und dröhnende Werbetafeln wecken Wünsche in dir, auf die du nie von selbst gekommen wärst. Sie animieren dich unablässig, sie dir sofort zu erfüllen. Mit einem Klick. Zum Superpreis.

Aber worauf sollst du sonst hören? Ganz einfach: auf dich selbst. *Der Schweizer Weg zum langfristigen Anlageerfolg* zeigt dir Doppelseite für Doppelseite, wie du einfach und nachhaltig ein Vermögen aufbauen kannst – mit wenig Aufwand und minimalen Kosten. Gemeinsam erarbeiten wir eine Strategie, mit der du deinen persönlichen Weg zu finanziellem Erfolg selbstständig gehen kannst. Dabei bleibt dein Ziel fest im Fokus: mit Disziplin, aber auch mit Spass!

Worauf wartest du? Weck dein Geld jetzt auf und lass es für dich arbeiten!

4 Lern Mira und ihre Familie kennen

Die meisten Menschen, die gefragt werden, was sie von Finanzthemen halten, antworten: «interessiert mich nicht», «zum Einschlafen» oder «viel zu kompliziert». Weniges hat so einen schlechten Ruf wie die Börse. Dabei werden ihre Mechanismen oft nur schlecht erklärt. Um nicht auch in diesem Buch nur abstraktes Nerdwissen oder Zahlenkolonnen zu vermitteln, begleitet uns Mira auf dem Weg durchs Buch.

Mira macht sich – genau wie du – Gedanken darüber, wie sie künftig ihr Geld anlegen soll. Sie ist 30 Jahre alt und lebt mit ihrem Freund **Jonas,** einem Primarlehrer, in einer gemütlichen Wohnung in der Berner Altstadt. Mira führt ihre eigene kleine PR-Agentur, die sich auf Kosmetikunternehmen spezialisiert hat. Ihr Geschäft läuft gut, doch es gibt auch Monate, in denen sie weniger verdient. Diese Unsicherheit nervt sie zwar. Trotzdem weiss sie: Das gehört zum Leben einer Selbstständigen dazu. In ihrer Freizeit kocht Mira gern, am liebsten rotes Thai-Curry, und trifft sich im Sommer mit ihrem Freundeskreis im Marzili-Bad, wo sie sich in der Aare treiben lässt. Ihr Ziel, seit sie mit Jonas zusammen ist? Ein schönes Haus im Grünen. Sie träumt sogar von einem eigenen Bed & Breakfast in den Hügeln der Toskana – inmitten von Weinbergen und Olivenhainen. Doch sie ahnt, dass sie diesen Traum nur mit einer geschickten Geldanlage und etwas Glück verwirklichen kann.

Jonas und Mira haben noch einen gemeinsamen Wunsch: einen eigenen Camper. Sie lieben es, im Sommer zu reisen und die Ruhe in der Natur zu geniessen. Sie träumen davon, sich ein eigenes Fahrzeug zu kaufen, um flexibler zu sein – für spontane Wochenendtrips in die Berge oder an die Côte d'Azur. Doch das alles ist teuer. Haus und Camper werden sie vor finanzielle Herausforderungen stellen.

Mira hat bei ihrer Kantonalbank bereits ein **Sparkonto** und legt monatlich etwas beiseite. Ausserdem hat sie ein Säule-3a-Konto, auf das sie jährlich einzahlt. Doch reicht das aus, um ihre Ziele zu verwirklichen? Sollte sie sich intensiver mit Aktien oder **Fonds** beschäftigen? Und was passiert, wenn das Geschäft mal schlechter läuft?

Miras Eltern, **Toni und Monika,** beschäftigen ebenfalls finanzielle Fragen. Sie wohnen in einem Häuschen am Hönggerberg in Zürich und stehen wenige Jahre vor der Pensionierung.

Toni (62 Jahre) arbeitet in der Salesabteilung eines IT-Konzerns, während Monika (58 Jahre) die Kinder grossgezogen hat und jetzt ehrenamtlich Asylsuchende unterstützt. Sie haben Geld gespart, aber nie gewagt, es zu investieren. Vielleicht kann Mira sie dabei unterstützen? Als die beiden kürzlich Miras Onkel Thomas (68 Jahre) in seinem Rustico im Maggiatal besucht haben, kam zudem die Frage auf, ob sie sich ihr Pensionskassen-Guthaben auszahlen oder als Rente beziehen sollen und ob sie sich den Traum einer Ferienwohnung in Arosa leisten können. Auch Miras Onkel kam ins Zweifeln, ob er gut abgesichert ist.

Miras jüngerer Bruder **Luca** ist 22 und studiert Physik. Er steht 2 Jahre vor seinem Abschluss und möchte anschliessend Australien bereisen – so lange, wie das Geld reicht. Sein Traum ist, mehrere Wochen zu surfen und das Outback zu erkunden. Doch mit seinem Nebenjob dürfte das Geld nur bis nach Portugal reichen. Darum überlegt er, wie er seine Reise finanzieren und gleichzeitig für die Zukunft sparen kann.

Im Verlauf dieses Ratgebers wirst du Mira, Jonas und ihre Familie näher kennenlernen. Du erfährst, wie sie ihr Geld anlegen, welche Rückschläge sie akzeptieren müssen und wie ihr Vermögen über die Jahre wächst. Dabei kannst du Parallelen zu deiner eigenen Situation ziehen und lernst, wie du deine finanziellen Ziele erreichst.

ZUM WEITERLESEN

Was dich im Buch erwartet. Du findest auf den nächsten Doppelseiten alles, was du wissen musst, um dir unkompliziert und sicher ein Vermögen aufzubauen.

Alle Schritte sind so einfach wie möglich gehalten. Sie stützen sich zwar auf wissenschaftliche Studien und aktuelle Finanzanalysen, lassen sich aber auf einfache Faustregeln herunterbrechen – zum Anlegen ist das meist der beste Weg (Gigerenzer, 2020).

Wie schon der Philosoph Carveth Read gesagt hat: «Entscheide lieber ungefähr richtig als genau falsch.» Dabei kannst du mithilfe zahlreicher Charts ablesen, wie sich dein Vermögen durch die unterschiedlichen Strategien entwickeln kann.

Das A & O für deinen Anlageerfolg

Zunächst widmen wir uns im Buch deinen Zielen *(▹ Kapitel A).* Hast du konkrete finanzielle Bedürfnisse, Wünsche oder Träume? Um in ein paar Jahren dein Traumhaus zu bauen oder früher in Pension zu gehen, brauchst du die nötigen finanziellen Mittel. In *Kapitel B* erörtern wir darum gemeinsam: Wie hoch ist dein Startkapital? Wie verlässlich ist dein Lebenseinkommen? Wie viel Geld kannst du regelmässig auf die Seite legen?

Anschliessend erfährst du, wie die verschiedenen Anlagen funktionieren. Von Aktien über **Anleihen** bis zu **Krypto** lernst du wichtige Finanzinstrumente und ihre jeweiligen Renditepotenziale kennen *(▹ Kapitel C).* Ausserdem besprechen wir dort die Vorteile von Anlagefonds.

Hast du die Grundlagen verinnerlicht, kommen wir dazu, wie dein Geld mehr für dich verdienen kann *(▹ Kapitel D).* Je mehr Risiko du eingehst, desto stärker kann dein Vermögen wachsen, aber desto stärker schwankt es über die Jahre auch. Bei der Wahl deiner optimalen **Anlagestrategie** stellen sich darum drei Fragen *(▹ Kapitel E):* Wie viel Risiko BRAUCHST du, um dein Ziel zu erreichen? Wie viel Risiko KANNST du dir leisten, welche Rückschläge kannst du finanziell verkraften? Wie viel Risiko WILLST du dir leisten, das heisst, welche Verluste kannst du emotional verkraften?

Als Anleger investieren wir in unsere Zukunft. Darum liegt es für manche nahe, auf Nachhaltigkeit zu setzen. Wenn dir Themen wie Klimawandel und soziale Mindeststandards besonders am Herzen liegen, wirst du in *Kapitel F* fündig. Im nächsten Teil definieren wir dein individuelles **Portfolio** *(▹ Kapitel G):* Anhand von Fallstudien finden wir die besten und günstigsten Fonds – egal, ob du ein XS- oder XL-Anleger bist.

Aber wie kannst du nun beginnen, mit deinem Geld mehr zu verdienen? Um durchzustarten, brauchst du eine Finanzplattform *(▹ Kapitel H),* mit der du bequem und günstig deine Anlagen tätigen kannst. Stehen Strategie und die richtige Bank, geht's los! Ich unterstütze dich in *Kapitel I* beim Start deiner Geldanlage und dem Einrichten eines **Sparplans.**

Das ist dir alles zu langweilig, zu kopflastig? Dir fehlt der entscheidende Kick? In diesem Fall bist du wohl der Typ für ein Bauch-Portfolio. Bei *Kapitel J* kannst du in deine Lieblingsaktie investieren oder in Krypto traden. Vielleicht knackst du so den Jackpot – oder verlierst alles.

Überlegst du, wie du deinen Lebensstandard im Alter sichern kannst *(▹ Kapitel K)?* Dann lass uns über deine Pensionierung und deine Lebenserwartung nachdenken. Dabei kannst du prüfen, wie wichtig eine Rente für dich ist und wie viel Geld du dir von der Pensionskasse ausbezahlen und selbst verwalten willst *(▹ Kapitel L).*

Ob jung oder alt: Einmal im Jahr solltest du deine Vermögensanlage prüfen. Dabei hilft dir eine einfache Checkliste *(▹ Kapitel M),* bevor ich dir zum Schluss noch ein paar abschliessende Wegmarken mitgebe.

DEINE ABKÜRZUNG DURCHS BUCH

Du musst nicht zwangsläufig jede Doppelseite nacheinander durcharbeiten. Die farbigen Markierungen in den Kapitel-Griffmarken am rechten Seitenrand für den **Fast Track,** für **Nachhaltigkeit** oder deine **Altersvorsorge** helfen dir im Verlauf des Buchs, dich schnell zu orientieren.

Nach jedem Kapitel findest du zudem eine Seite mit den wichtigsten Merksätzen für deinen Weg **(«Das A & O»),** zu erkennen am Glühbirnen-Symbol.

Oder hast du schon einmal dein Geld an der Börse angelegt, aber bisher mit wenig Erfolg? Dann empfehle ich dir, erst einmal zu Seite 265 zu springen. Denn in *Kapitel N* zeige ich dir die sieben Kapitalsünden, die ich in meiner Laufbahn bei anderen – aber zum Teil auch bei mir selbst – beobachtet habe.

Wenn du einen Begriff nicht kennst, kannst du ihn übrigens hinten im **Glossar** nachschlagen. Und wenn du nach der Lektüre noch Fragen hast, dann schmökere doch auf Seite 292 in *Büchern, die dein Geld verdienen.*

Jetzt wünsche ich dir aber erst einmal, dass dich jede Doppelseite inspiriert, aktiv zu werden. Das ist das A & O, um deine finanziellen Ziele zu erreichen. Zeit, dass dein Geld mehr verdient!

A

Dein Weg zum Ziel

1 Mit der richtigen Strategie zum Erfolg

Private Equity, **Indexfonds,** Bitcoin? Jede gute Finanzberatung verschont dich (erst einmal) von technischen Details und bleibt bei dir. Denn wie kann dich ein Profi zu deinem Weg beraten, wenn er nicht weiss, wo du hinwillst?

Lass uns darum ganz am Anfang beginnen:

- Was sind deine Ziele?
- Für welches Bedürfnis willst du in erster Linie sparen?
- Welche anderen Bedürfnisse, Wünsche und Träume möchtest du nicht ausser Acht lassen?

Dann analysieren wir deine finanzielle Lage:

- Wie viel Vermögen hast du?
- Wie viel kannst du jeden Monat ungefähr sparen und anlegen? Die Sparbeiträge können mehr oder weniger zuverlässig fliessen, je nachdem wie stark dein Einkommen schwankt. Erwerbstätige sparen, Rentner und Rentnerinnen entsparen!

Bevor wir gemeinsam die verschiedenen Anlagemärkte analysieren, solltest du dir zu Beginn auch schon einmal grundsätzlich Gedanken machen, wie viel Risiko du eingehen kannst und möchtest. Je mehr du in **Aktien** investierst, desto stärker kann dein Vermögen langfristig wachsen, aber desto stärker schwankt es über die Jahre auch. Bei der Wahl deiner optimalen **Anlagestrategie** stellen sich darum drei Fragen:

1. **Wie viel Risiko BRAUCHST du, um dein Ziel zu erreichen?**
   Generiert schon eine vorsichtige Strategie ausreichend Ertrag oder musst du mehr Risiko eingehen, um ans Ziel zu gelangen?
2. **Wie viel Risiko KANNST du dir leisten?**
   Welche Rückschläge kannst du finanziell verkraften, und zwar ohne schmerzhafte Einschnitte in deinem Konsum und ohne dass du zu Tiefstkursen verkaufen musst, um Cash zu generieren?
3. **Wie viel Risiko WILLST du dir leisten?**
   Vielleicht könntest du einen Einbruch deines Vermögens um 50 000 CHF finanziell verkraften, aber allein der Gedanke daran stresst dich. Besteht die Gefahr, dass du nachts nicht mehr schlafen kannst? Dass du panisch Aktien abstossen würdest?

Jede Anlagestrategie hängt von den individuellen Startbedingungen und Bedürfnissen ab. Kurz vor der Pensionierung hast du ein anderes finanzielles Ziel, als wenn du gerade ins Arbeitsleben startest oder eine Familie gründest. Mit Ersparnissen auf der hohen Kante kannst du anders agieren, als wenn du jeden Franken herumdrehen musst, um am Ende des Monats mit einem kleinen Plus herauszukommen.

Trotzdem gelangst du immer nach demselben Schema zu deiner individuellen Anlagestrategie:

Dein Weg zum Ziel

Ziel: Welches Bedürfnis hat erste Priorität? Andere Bedürfnisse, Wünsche, Träume?

Sparbeiträge: Was deine Sparbeiträge zu deinem Vermögen beitragen können

Anlagemärkte: Was die Anlagemärkte zu deinem Vermögen beitragen können

Anlagestrategie: Wie viel Risiko BRAUCHST du, um dein Ziel zu erreichen? Wie viel Risiko KANNST du dir leisten? Wie viel Risiko WILLST du dir leisten?

Chart 2

2 Dein Ziel: Wozu soll dein Geld mehr verdienen?

Wenn sich dein Leben nur noch um die Zahl auf deinem Konto dreht, hast du definitiv etwas falsch gemacht. Geld ist immer Mittel zum Zweck. Aber ein sehr wichtiges. Denn dein Vermögen trägt zu deiner Sicherheit, einem gemütlichen Zuhause und deiner Selbstverwirklichung bei.

Wozu sollen deine Ersparnisse vor allem dienen?
Was möchtest du wann unbedingt erreichen?

Wenn du noch nicht genau weisst, wofür es sich lohnt zu sparen, hier ein paar Ideen:

- Ist es dir wichtig, ein Sicherheitspolster aufzubauen, falls du später eine Familie gründen möchtest, krank wirst oder deine Arbeit verlierst?
- Sparst du auf dein Eigenheim, ein Cabrio, eine Weltreise oder eine kleine Ferienwohnung im Tessin?
- Möchtest du dich selbstständig machen, weniger arbeiten oder früher in Pension gehen können?
- Willst du deine Kinder absichern oder selbst für das Alter vorsorgen?

Ich bin mir sicher, dass dir sofort etwas einfällt. Die meisten werden sogar direkt mehrere Wünsche und Träume ausmachen können. Sich frei nehmen, mit dem brandneuen Traumauto in die eigene Ferienwohnung fahren und seine nächste Reise planen, während man fürs Alter etwas zurücklegt – dazu dürften nur wenige Menschen Nein sagen. In der Realität werden allerdings selten alle Bedürfnisse, Wünsche und Träume wahr. Deshalb musst du deine Ziele priorisieren:

1. **Deine Bedürfnisse:** «Das will ich unbedingt erreichen.»
2. **Deine Wünsche:** «Schön wär's, aber es muss nicht unbedingt sein.»
3. **Deine Träume:** «Wenn ich im Lotto gewinne, dann ...»

Hier kommen ein paar Beispiele für klassische Bedürfnisse, Wünsche und Träume im jüngeren und im besten Alter. Letztlich musst du sie aber selbst priorisieren. Dabei kommt es darauf an, sich zunächst auf die allerwichtigsten 1 oder 2 Bedürfnisse zu konzentrieren, um sie zielstrebig umzusetzen. Wünsche und Träume sollten zunächst hintanstehen, ohne sie aber direkt als Hirngespinste abzutun.

Beispiele für Bedürfnisse, Wünsche und Träume

	Jüngere Anleger	Anleger im besten Alter
Bedürfnisse	Kapital aufbauen Haus kaufen/bauen Weiterbildung absolvieren eiserne Reserve schaffen	gut leben im Alter Haus renovieren Schulden zurückzahlen Vermögen schützen
Wünsche	sich selbstständig machen Teilzeit arbeiten Camper kaufen auswandern	die erwachsenen Kinder unterstützen Einkommen aus Kapital generieren Ferienhaus kaufen grosszügig spenden
Träume	auf Weltreise gehen Villa am See kaufen nur noch zum Spass arbeiten fliegen lernen	frühzeitig in Pension gehen Schule in Afrika aufbauen in Start-ups investieren ein Vermögen vererben

Chart 3

3 Fallstudie: wie Mira ihre Ziele festlegt

Erinnerst du dich an Mira und ihre Familie (siehe Seite 20)? Mira wohnt mit ihrem Freund Jonas zusammen und verfügt heute über ein Vermögen von 60 000 CHF. Da sie das Geld nicht für ihren Lebensunterhalt benötigt, könnte sie es langfristig anlegen.

Mira verdient genug, sodass sie mit Jonas für die kommenden 10 Jahre voraussichtlich mindestens jährlich 30 000 CHF (real, also ansteigend mit der Teuerung) sparen und somit zusätzlich anlegen könnte. Als selbstständige PR-Beraterin ist ihr Jobrisiko allerdings sehr hoch. Ihr Einkommen schwankt also stark. Darum ist sie sich nicht ganz sicher, ob die Sparrate realistisch ist.

Auf der Grundlage der vorigen Doppelseiten macht Mira mit Jonas ein Brainstorming, was ihre Bedürfnisse, Wünsche und Träume sind. Am Schluss halten sie ihre Ergebnisse fest:

BEDÜRFNIS: Wir wollen in 10 Jahren ein Haus bauen. Dafür brauchen wir 400 000 CHF Eigenkapital.

WUNSCH: Das Haus hat Priorität. Aber wir geniessen es, auf Reisen zu gehen. Wenn alles super läuft, könnten wir nach einem eigenen Camper Ausschau halten, um ab und zu spontan ein Wochenende in die Berge oder ans Meer zu fahren.

TRAUM: Unser Traum ist ein eigenes Bed & Breakfast in der Toskana. Aber das Haus und allenfalls der Camper haben Priorität. Das B & B wird wohl ausser Reichweite bleiben.

Miras finanzielle Situation und ihre Ziele

Situation	**Frei verfügbares Vermögen**	60 000 CHF
	Jährliche Sparbeiträge	30 000 CHF für mindestens 10 Jahre
	Jobrisiko	sehr hoch (selbstständig); etwas abgemildert durch Jonas' sicheres Einkommen
Ziele	**Bedürfnisse**	Hausbau: 400 000 CHF Eigenkapital in 10 Jahren
	Wünsche	eigener Camper
	Träume	eigenes B & B in der Toskana

Chart 4

Jetzt bist du dran! Mach eine Liste, wie du dir die Zukunft vorstellst. Dann priorisiere und streiche alles, was weniger wichtig ist. Du kannst dich auch mit deinem Partner oder deiner Partnerin zusammensetzen oder deine Familie beim Planen einbeziehen. Bleib allerdings realistisch bis vorsichtig bei deinen 1 bis 2 Bedürfnissen. Vermutlich wirst du dir rasch bewusst, dass für Wünsche und Träume vorerst wenig übrig bleibt.

ZUM WEITERLESEN

Miras Finanzplan. Dich interessiert, wie Mira und Jonas konkret ihre Finanzen planen, um ihre Ziele zu verwirklichen? Dann spring jetzt zur Fallstudie auf Seite 190.

... um mit deinem Geld mehr zu verdienen

1. **Beschäftige dich zunächst mit deiner individuellen Situation,** bevor du dich mit den Anlageprodukten auseinandersetzt. Nur so kannst du deine **Anlagestrategie** konsequent auf deine finanziellen Ziele ausrichten.

2. **Verzettle dich nicht bei deinen Zielen** – sonst erreichst du am Ende gar nichts.

3. **Sortiere deine finanziellen Ziele nach Bedürfnissen, Wünschen und Träumen:**
   - Deine Bedürfnisse: «Das will ich unbedingt erreichen.»
   - Deine Wünsche: «Schön wär's, aber es muss nicht unbedingt sein.»
   - Deine Träume: «Wenn ich im Lotto gewinne, dann ...»

4. **Erkenne dein allerwichtigstes finanzielles Bedürfnis.** Darauf kannst du deine Anlagestrategie hauptsächlich ausrichten, ohne aber die restlichen Ziele zu ignorieren.

B

Was du *selbst leisten* kannst

1 Wie viel kannst du sparen?

Bevor wir uns damit auseinandersetzen, was die Anlagemärkte für dich zu bieten haben, solltest du dich erst einmal selbst fragen, wie viel Geld du ansparen kannst. Denn je mehr du investieren kannst, desto mehr Vermögen wirst du aufbauen können.

Wirf dazu einen Blick auf deine Konten: Wie viel Geld hast du schon heute, welches du die nächsten Jahre nicht brauchst und somit langfristig investieren kannst? Welche regelmässigen Ausgaben musst du einplanen und wie hoch sollte das Sicherheitspolster ausfallen, falls die Waschmaschine kaputtgeht oder das Auto liegen bleibt? Und: Wie viel Geld kannst du jährlich zusätzlich sparen und in deinen **Sparplan** einzahlen?

Bleibt am Ende des Monats weniger übrig, als du dir wünschen würdest? Keine Sorge, in jungen Jahren steckt dein Kapital noch in deinem Kopf und deinen Händen. Dein Bankkonto ist zwar meist leer, aber mit deinen Fähigkeiten wirst du über viele Jahre Einkommen und damit Ersparnisse generieren. Ansonsten wird es Zeit, an deinen Ausgaben zu schrauben. Ist es dir wichtiger, oft essen zu gehen oder etwas zurückzulegen, damit du in ein paar Jahren Teilzeit arbeiten kannst? Was bringt dir auf Dauer mehr Lebensqualität? Designerkleidung, eine teure Uhr oder der Sparplan für das Haus im Grünen?

Es gibt kein Richtig oder Falsch

Wenn du dir nicht sicher bist, dann sieh dir noch einmal deine Bedürfnisse, Wünsche und Träume aus dem letzten Kapitel an. Auf Fragen wie diese gibt es keine richtigen oder falschen Antworten. Wichtig ist, dass du diese Entscheidungen bewusst triffst und dir das Geld nicht einfach durch die Finger rinnt.

Wie hoch muss dein Sicherheitspolster sein, damit du dich wohlfühlst? Je sicherer dein Job, desto besser lassen sich etwa deine Sparbeiträge planen. Je riskanter hingegen dein Job, desto höher, aber auch tiefer könnten sie ausfallen. Denn wer ein sicheres Einkommen hat, kann höhere Anlagerisiken eingehen.

In fortgeschrittenem Alter hingegen liegt dein Kapital auf der Bank und nicht mehr primär in deinem Kopf und deinen Händen. Jetzt ist es Zeit, dein Leben zu geniessen! Du wirst dein Vermögen eher verzehren als füttern, eher entsparen als sparen. Aber auch das kann man mehr oder weniger schlau anstellen.

ZUM WEITERLESEN

Wenn du dich dafür interessierst, wie du deine Altersvorsorge smart organisierst oder wie viel du von deinem Anlagevermögen in der Pension jährlich entnehmen kannst, um weiterhin gut abgesichert zu sein, dann spring direkt zu Kapitel K (Seite 213) und Kapitel L (Seite 229).

2 Deine aktuelle finanzielle Lage

Zeit für einen konkreten Kassensturz: Mache eine Aufstellung, wie viel Geld du auf der hohen Kante hast. Nebst dem freien Vermögen bei der Bank hast du vielleicht auch schon Geld in der Säule 3a, welches du anlegen kannst. Dein Geld bei der Pensionskasse in der 2. Säule zählt im Prinzip auch zu deinem Vermögen. Du kannst es aber nicht selbst anlegen und nur in Ausnahmefällen wie zur Eigenheimfinanzierung vor der Pensionierung antasten.

- **Wenn du in jungen Jahren dein Erwerbsleben planst:** Wie viel Geld bleibt dir zum Sparen übrig? Wie viel kannst du jährlich für deine langfristigen Ziele beiseitelegen?
- **Wenn du in fortgeschrittenem Alter deine Pension planst:** Wie viel von deinem Vermögen wirst du jedes Jahr verbrauchen, weil die Einnahmen die Ausgaben nicht decken?

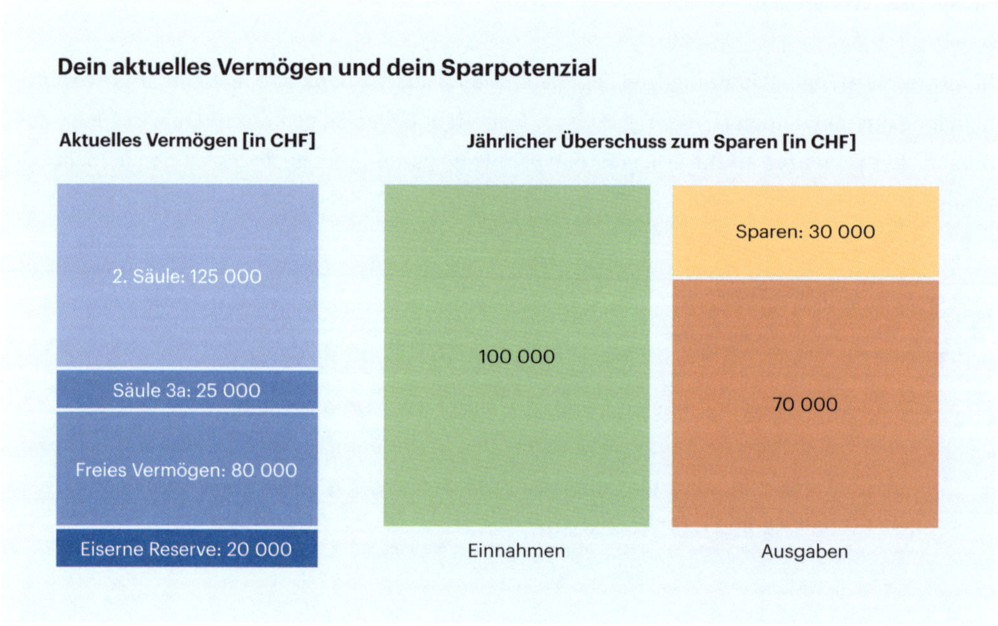

Chart 5

Eine grobe Schätzung reicht meist, vor allem in jungen Jahren. Denn das Leben birgt so viele Überraschungen, dass eine präzise Vorhersage gar nicht möglich ist. Falls du Planungshilfen für dein Budget brauchst, findest du viele geeignete Werkzeuge im Web:

- **Wie viel gibst du heute aus?** Als kostenlose App zum Downloaden auf dein Handy empfiehlt sich «Mein Budget – Ausgaben im Griff» der Stiftung «Deutschland im Plus». Damit bekommst du ein gutes Gefühl für deine aktuellen Einnahmen und Ausgaben. Alternativen sind Apps wie MoneyControl, MoneyStats, Monefy und viele mehr.
- **Wie viel gibst du künftig aus?** Im Web findest du eine Vielzahl von Excel-Vorlagen, die dir dabei helfen, den Überblick zu bewahren *(siehe Surftipp).*

Surftipp: Budget-Vorlagen

Einen Budgetrechner und interessante Budget-Vorlagen – allgemein wie auch spezifisch für Studierende – findest du beim Dachverband «Budgetberatung Schweiz»: *budgetberatung.ch/budgetvorlagen*

Falls du ein Microsoft-Office-Abonnement hast, kannst du ein angebotenes Template nutzen. Suche auf *templates.office.com* zum Beispiel: «Persönliches Monatsbudget».

3 Du bist reicher als dein Bankkonto

Du bist jung und hast kaum Vermögen? Also bist du arm? Diese Kriterien greifen zu kurz, um deine finanzielle Situation einzuschätzen. Nehmen wir Miras Bruder Luca. Als Student mit einem Nebenjob hat er kaum Vermögen. Aber er hat etwas anderes: Potenzial. Denn Luca ist bei bester Gesundheit, hat eine hohe Sozialkompetenz und mit seinem Physik-Studium eine ausgezeichnete Ausbildung. Seine berufliche Qualifikation wird voraussichtlich rasch zunehmen, die analytischen Fähigkeiten bei MINT-Fächern werden auf dem Arbeitsmarkt auch zukünftig sehr gefragt sein. Darum ist Luca reich. Reich an Humankapital. Es ist nicht unrealistisch, dafür einige Millionen anzusetzen.

Ich bin sicher, auch du bist in diesem Sinne reich. Nun musst du dein Humankapital nur noch über die Zeit in Geld ummünzen. So werden mit den Jahren dein Einkommen und dein finanzielles Vermögen steigen – als Lehrer zuverlässig und gemächlich, als Unternehmerin höchst variabel und unsicher. Wenn du jung bist, musst du dir vor allem der Risiken in deinem Humankapital bewusst sein. Je anfälliger der Wert deines Humankapitals, je unsicherer dein Karriereplan, desto weniger Risiko willst du tendenziell mit deinen Vermögensanlagen eingehen.

Über dein Erwerbsleben setzt du dein Humankapital in Finanzvermögen um

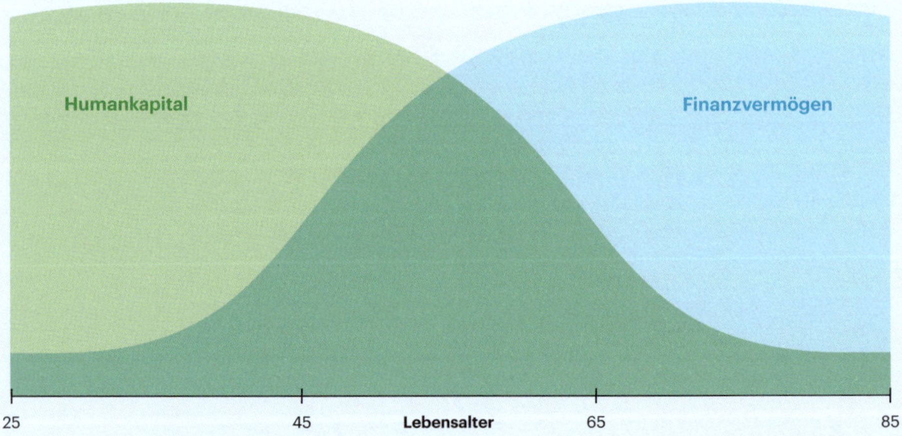

Chart 6 *Vgl. Carvalho, 2015*

Oder stehst du vor der Pension und hast 1 Mio. CHF Vermögen? Also bist du reich? Leider geht auch diese Rechnung nicht ganz auf. Wenn die Pensionskasse leer ist, machst du damit in der Schweiz keine grossen Sprünge. 1 Mio. CHF könntest du in eine Rente von gut 4000 CHF im Monat umwandeln. Zusammen mit der AHV kommst du auf ein sehr ordentliches Einkommen, mehr aber auch nicht. Auch dein Humankapital ist rein finanziell gesehen zur Pensionierung leider praktisch irrelevant, da du damit voraussichtlich kein substanzielles Einkommen mehr erzielen wirst. Das ist aber in Wahrheit eine gute Nachricht: Schliesslich hast du dir deinen Ruhestand verdient.

Lucas Eltern, Monika und Toni, sind darum in einer völlig anderen Situation als ihre Kinder. Sie haben Geld gespart, wissen aber nicht so recht, wo sie finanziell stehen. Auch sie profitieren deshalb davon, ihre finanzielle Lage genauer unter die Lupe zu nehmen.

4 Wie verlässlich ist dein Lebenseinkommen?

Im vorigen Kapitel hast du bereits gelernt, dass deine finanzielle Situation nicht nur von deinem aktuellen Kontostand abhängt, sondern auch von deinem Einkommen. Dein Lebenseinkommen kann entweder sehr stabil ausfallen oder hohen Risiken ausgesetzt sein.

Ganz ähnlich läuft es bei Geldanlagen. Du kannst dein Vermögen mit weniger oder mit mehr Risiko anlegen: Du kannst zum Beispiel risikoarme **Anleihen** kaufen, die dir einen fixen Zins zahlen. Oder du kaufst **Aktien** und beteiligst dich so an Unternehmen, deren Wert je nach Geschäftserfolg stark steigen oder fallen kann. Oder du gehst All-in und kaufst **Optionen** auf Aktien: Dann verlierst du alles, wenn der Aktienkurs den Schwellenwert nicht erreicht, auf den du gewettet hast. Wird dieser Schwellenwert in diesem Zeitraum jedoch übertroffen, kannst du dich über saftige Gewinne freuen.

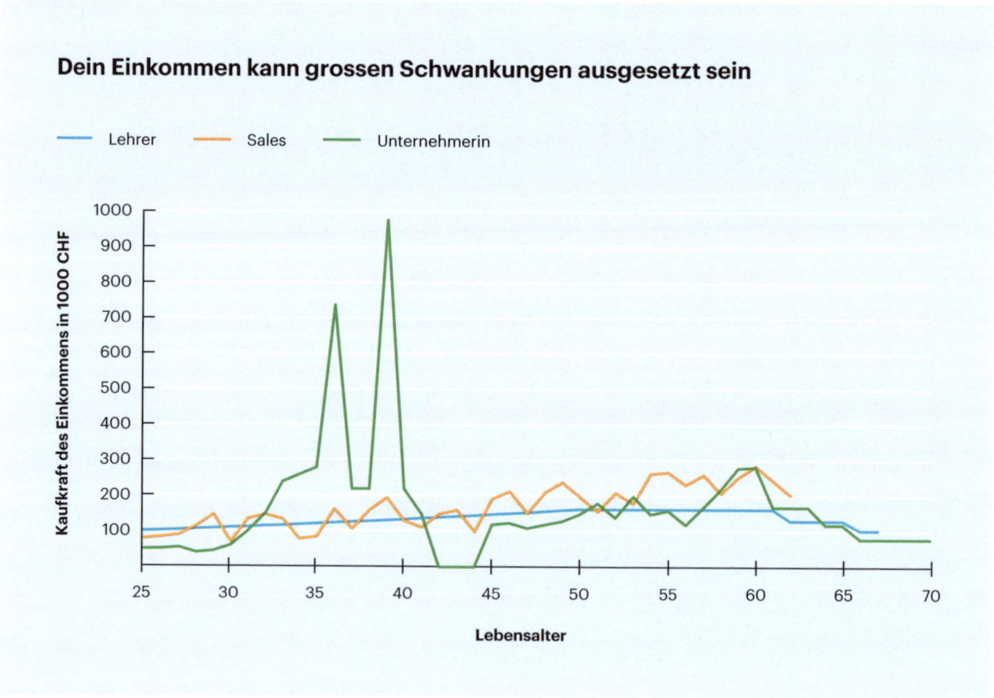

Chart 7

Wie risikoreich du investieren solltest, hängt nicht nur davon ab, wie viel du aktuell verdienst und voraussichtlich verdienen wirst. Du solltest bei der Wahl der Anlagen auch darauf achten, wie sicher dein Einkommen ist. Drei Beispiele machen das deutlich:

Bist du Lehrerin oder Lehrer wie Miras Freund Jonas?

Dann bist du wie eine sichere Anleihe. Du generierst laufend stabile, moderate Einkünfte: Du hast einen sicheren Job, dein Gehalt steigt verlässlich, aber gemächlich. Aus diesem Grund kannst du deine Ersparnisse über die Zeit gut planen. Auch wenn du nie alles auf eine Karte setzen solltest: Da deine Einkünfte stabil sind, kannst du vor allem in jungen Jahren auf den Finanzmärkten einiges wagen, um deine Ziele zu erreichen.

Arbeitest du im Sales wie Miras Vater Toni?

Wenn du nicht nur vom Grundgehalt lebst, sondern von deiner Performance in Form von Boni profitierst, bist du wie eine Aktie. Du hast ein hohes Einkommenspotenzial bei hohen Schwankungen. Was heisst das konkret? Toni hat viele wunderbare Jahre mit hohen Boni erlebt, bei den schwächeren Jahren hat das Gehalt aber nur gereicht, um den Lebensbedarf zu decken. Bei einer wirtschaftlichen Krise im IT-Unternehmen sah es sogar so aus, als würde er seinen Job verlieren. Geht es dir wie Toni, kannst du deine Sparbeiträge nur grob abschätzen. Auf den Finanzmärkten willst du womöglich nicht volles Risiko gehen, um deine Vermögensentwicklung nicht noch höheren Schwankungen auszusetzen.

Bist du Unternehmer oder Unternehmerin wie Mira?

Dann bist du wie eine Option mit extrem hohen Potenzial. Pleite oder Millionen-Exit? Alles kann passieren. Vielleicht gelingt dir erst nach ein paar Jahren der Durchbruch – vielleicht stellt sich der grosse Erfolg sogar überhaupt nicht ein oder dein Unternehmen gerät in eine bedrohliche Schieflage. Genauso aber kann dein Start-up auch durch die Decke gehen und das Silicon Valley erobern. Bis dahin solltest du auf den Finanzmärkten jedoch – selbst wenn du womöglich sehr risikofreudig bist – eher zurückhaltend investieren. Deine Vermögensentwicklung ist so schon ungewiss. Du brauchst immer etwas Reserven.

DAS A&O ... um mit deinem Geld mehr zu verdienen

1. **Es gibt keine allgemeingültige Antwort darauf, wie hoch deine Sparrate ausfallen sollte.** Sie hängt von deinen Zielen, deinem Vermögen, deinem Einkommen und nicht zuletzt deinem Sicherheitsbedürfnis ab.

2. **Prüfe, wie viel Vermögen dir heute zum Anlegen zur Verfügung steht.** Danach kannst du schätzen, wie viel du künftig zusätzlich sparen und anlegen könntest.

3. **Dein Kapital besteht nicht nur aus deinem Geld auf der Bank.** Je jünger du bist, desto wichtiger ist dein Humankapital. Es entscheidet darüber, wie viel du die nächsten Jahre und Jahrzehnte dank deiner Fähigkeiten an Einkommen erzielen wirst.

4. **Wie sicher ist dein Job? Mit welcher Gehaltssteigerung kannst du rechnen?** Ob du zum Beispiel Lehrer oder Unternehmerin bist, entscheidet darüber, wie verlässlich du dein Einkommen berechnen kannst.

5. **Riskiere nicht gleichzeitig Job und Vermögen!** Je ungewisser dein Einkommen, desto vorsichtiger sollte deine **Anlagestrategie** ausfallen, desto mehr Reserven brauchst du.

C

Vom Konto bis Krypto: *Geld verstehen*

1 Bankkonto – alles für die Bank und nichts für dich

Bevor wir dazu kommen, was die Anlagemärkte für dich leisten können, solltest du die Grundlagen beherrschen. Schliesslich lernst du beim Führerschein auch erst mal ein paar Verkehrsregeln, bevor du ins Auto steigst.

Welche Anlageklassen gibt es, in die du dein Geld investieren kannst? Fangen wir beim Konto an. Dort schlummert dein Geld friedlich. Trotzdem behält es seine Relevanz. Denn jeden Franken, den du bald brauchst oder den du keinesfalls riskieren willst, solltest du auf deinem Bankkonto liegen lassen (oder im Geldmarkt anlegen). So bekommst du zwar wenig bis keine Zinsen (Huber, 2024a), dafür bleibt aber dein Vermögen stabil, statt wie bei **Aktien** täglich zu schwanken. Du bekommst ausserdem schnell Zugriff zu deinem Geld.

Ob deine Wachmaschine kaputtgeht und du morgen eine neue brauchst, du dir eine schicke Uhr kaufen möchtest oder den Sommerurlaub anzahlen musst: Du profitierst von einem Polster auf deinem Konto.

Die unterschiedlichen Kontoarten unterscheiden sich in der Höhe der Zinsen und der schnellen Verfügbarkeit deines Geldes:

- **Privatkonto:** Über diesen Kontotyp wickelst du deinen täglichen Zahlungsverkehr ab. Dein Zins ist miserabel, die Marge für die Bank umso besser. Etwas grosszügiger sind neue Plattformen wie *Yuh*, die nur diesen Kontotyp kennen und dir dank niedriger Kosten, aber auch zur Kundenakquise mehr Zinsen zahlen.
- **Sparkonto:** Bei traditionellen Banken musst du ein Sparkonto eröffnen, um etwas mehr Zins zu erhalten. Kläre allerdings ab, wie rasch du wie viel Geld wieder vom Sparkonto abheben kannst. Zum Beispiel könnte eine Limite von maximal 50 000 CHF pro Jahr gelten. Wenn du das Geld früher brauchst, bezahlst du einen happigen Strafzins. Oft bezahlen die Banken höhere Sparzinsen nur bis zu einem gewissen Maximalbetrag. Dieses Maximum umgehst du, indem du Sparkonti auf Familienmitglieder verteilst oder bei mehreren Banken ein Sparkonto eröffnest.

Vielleicht fragst du dich, woher der Zins auf deinem Konto überhaupt kommt. Die Bank arbeitet mit deinem Geld. Sie leiht es zum Beispiel einer Kundin als Hypothek aus, kassiert dafür einen Zins und belohnt dich mit einem Teil dieses Zinses, damit du dein Geld bei der Bank liegen lässt.

Für Nerds: Schutz durch Einlagensicherung

Gerät deine Bank in finanzielle Schwierigkeiten, greift in der Schweiz die gesetzliche Einlagensicherung: Sie schützt je Kunde und Bank Einlagen von bis zu 100 000 CHF (Esisuisse, o. J.). In der Europäischen Union sind es 100 000 EUR, in Grossbritannien 85 000 GBP und in den USA 250 000 USD (Stand: Januar 2025).

Einlagen darüber sind nicht privilegiert, fallen also in die Konkursmasse. Halte deshalb nie mehr als diesen Betrag auf Konti einer Bank. Depotwerte sind hingegen keine Einlagen: Deine Aktien und Fondsanteile werden von der Bank nur verwahrt. Sie fallen nicht in die Konkursmasse der Bank, sondern müssen dir ausgeliefert werden.

2 Geldmarktfonds – die sicherste Anlage

Mit Geldmarktfonds in CHF maximale Sicherheit bei geringen Zinsen

Nutzen	sicherer Hafen, ein wenig Zinsen	
Hauptrisiko	Kaufkraftverlust	
Rendite letzte 10 Jahre total	schlecht	-4 %
Rendite brutto erwartet p. a.	sehr gering	1,5 %
Rendite netto real erwartet p. a.	negativ	-0,5 %
Maximalverlust erwartet	sehr gering	-5 %
Maximaler Anteil am Vermögen	unbegrenzt	100 %

Chart 8

Warum für dich vor allem die erwartete **reale Nettorendite** relevant ist, erfährst du später noch. Kommen wir erst einmal zum Wesentlichen. Was ist der Geldmarkt? Im Geldmarkt treffen Angebot und Nachfrage aufeinander. Wenn du Geldmarktinstrumente kaufst, verleihst du dein Geld kurzfristig an Regierungen oder Unternehmen und erhältst dafür Zinsen. Streng genommen zählt also auch dein minimal verzinstes **Sparkonto** zum Geldmarkt. Diese Anlagen sind sehr sicher. Interessanter wird es allerdings, wenn du einen **Geldmarktfonds** kaufst.

Für Nerds: Woher kommt der Zins im Geldmarkt?

Die Finanzministerien der Staaten, aber auch die Finanzabteilungen grosser Unternehmen brauchen kurzfristig Geld, um Rechnungen zu bezahlen. Deshalb bieten sie **Wertpapiere** an, die du kaufen kannst, und zahlen dir als Kaufanreiz einen Zins. Du leihst ihnen also zu festen Konditionen Geld.

Wann kommen Geldmarktfonds nun aber für dich infrage? Solange der **Leitzins** der Nationalbank mindestens 0,25 % beträgt und du mehr als 20 000 CHF auf der hohen Kante hast, lohnt es sich, über Alternativen zum Bankkonto nachzudenken. Den aktuellen Leitzins findest du auf *snb.ch*. Willst du auf Nummer sicher gehen, dann kaufe einen Geldmarktfonds in Schweizer Franken. Dieser legt dein Geld breit gestreut in sichere Wertpapiere an. Solche **Fonds** verwalten Milliarden und sind deshalb zu minimalen Kosten verfügbar.

Wie viel Rendite kannst du erwarten? Über die Jahrzehnte kannst du mit einer **Rendite** von 1,5 % brutto rechnen: Dies entspricht etwa den langfristigen Erwartungen für die **Inflation** in der Schweiz. Die Kaufkraft deines Vermögens wirst du damit aber nicht erhalten können, denn du bezahlst Einkommenssteuern auf die Zinsen und hast zudem – wenn auch geringe – Kosten. Aus brutto 1,5 % werden so netto real – 0,5 % Rendite.

Was ist das Hauptrisiko? Ein erstklassiger Geldmarktfonds in Schweizer Franken ist das Sicherste, was es im Markt gibt. Es gibt fast nie Zahlungsausfälle oder Wertschwankungen. Dein Risiko liegt praktisch einzig im Verlust der Kaufkraft.

Was kannst du falsch machen? In erster Linie machst du etwas falsch, wenn du dein Erspartes über Jahre auf zinslosen Konti liegen lässt. Du solltest jedoch auch darauf achten, dein Geld nicht zu zweitklassigen Banken mit unseriösem Zinsversprechen zu verschieben. Mit Geldmarktfonds in Fremdwährungen zu spekulieren, ist ausserdem selten von Erfolg gekrönt.

3 Aktien – Eigentum an einem Unternehmen erwerben

Globale Aktienfonds brechen alle 1, 2 Jahrzehnte 50 % und mehr ein

Nutzen	Hauptanlage für hohe Rendite	
Hauptrisiko	Aktiencrash	
Rendite letzte 10 Jahre total	exzellent	125 %
Rendite brutto erwartet p. a.	sehr gut	5,5 %
Rendite netto real erwartet p. a.	sehr gut	3,1 %
Maximalverlust erwartet	sehr hoch	–60 %
Maximaler Anteil am Vermögen	unbegrenzt	100 %

Chart 9

Mit **Aktien** erwirbst du Eigentum an Unternehmen. Je Aktie gehört dir somit ein Teil des Unternehmensgewinns. Dieser wird dir entweder jährlich als **Dividende** ausbezahlt oder das Unternehmen investiert das Geld, was hoffentlich den Firmenwert und damit den Kurs deiner Aktien mittel- und langfristig steigen lässt.

Für Nerds: Wie kommen die Renditeschätzungen in diesem Buch zustande?

Die Schätzungen basieren einerseits auf historischen Daten der letzten Jahrzehnte und Jahrhunderte. Daraus lässt sich herleiten, welches Risiko in der Vergangenheit mit wie viel Zusatzrendite entschädigt wurde.[2] Diese Erkenntnisse lassen sich anhand verschiedener Rechnungsmodelle in die heutige Zeit übertragen (Ilmanen, 2012). Trotzdem stellen die erwarteten **Renditen** nur eine Schätzung für den Durchschnitt der nächsten Jahrzehnte dar. Du kannst also nicht von ihnen ableiten, wie viel Rendite die einzelnen **Anlageklassen** in 1, 2, 3 oder 5 Jahren tatsächlich generieren. (Ortec Finance, 2021)

Wie viel Rendite kannst du erwarten? Der grosse Vorteil von Aktien besteht in der stattlichen Rendite. Brutto kannst du über die Jahrzehnte mit sehr guten 5,5 % Rendite pro Jahr rechnen.

Was ist das Hauptrisiko? Besonders wenn du in Einzelaktien investierst, hast du ein hohes Risiko, einen Grossteil deines Geldes oder sogar alles zu verlieren. Aber auch wenn du deine Aktien breit streust, kannst du einen Crash erleben. Eine weltweite Aktienanlage kann alle 1, 2 Jahrzehnte 50 % und mehr vom Höchst einbrechen, so geschehen 1973–74, 1987, 2000–02, 2007–09: In Zeiten von Euphorie steigen die Erwartungen an die Unternehmen ins Unermessliche. Alle wollen Aktien kaufen, die Kurse explodieren. In Krisenzeiten verlieren aber viele genauso schnell die Zuversicht wieder. Plötzlich will keiner mehr Aktien, die Kurse brechen ein.

Um kurzfristige Schwankungen auszugleichen, ist es deshalb sinnvoll, Aktien über längere Zeit zu halten. Denn wenn sie einbrechen, musst du die Verluste aussitzen können. Hättest du beispielsweise im Januar 1973 alles in Aktien investiert, hättest du innert 2 Jahren im Crash rund 50 % verloren. Zum halben Preis willst du nicht verkaufen müssen! 8 Jahre hätte es damals gedauert, um die Verluste wieder aufzuholen. 10 Jahre als minimaler Anlagehorizont für Aktien sind darum eine gute Faustregel. Schliesslich muss deine Aktienanlage nach dem Crash auch noch die aufgelaufene Teuerung, Kosten und Steuern gutmachen.

Was kannst du falsch machen? Bei Aktien gibt es zahlreiche Fehlerquellen: Du setzt zur falschen Zeit auf das falsche Pferd, wirst schnell unruhig und wechselst zu oft oder verpasst den Absprung ... Der grösste Fehler besteht allerdings darin, einzelne Aktien statt **Fonds** zu kaufen. Was Fonds sind, erfährst du auf der nächsten Doppelseite.

---

2 Die Schätzungen basieren auf einem Risikoprämienmodell, wobei der Geldmarkt eine Realrendite von 0 % erreicht.

4 Fonds – alles in einem Topf

Im letzten Kapitel hast du bereits erfahren, dass es ein hohes Risiko birgt, in einzelne **Aktien** zu investieren. Doch es gibt eine Alternative! Denn statt einzelne Aktien zu kaufen, kannst du dir Anteile an einem **Anlagefonds** – oder kurz: **Fonds** bzw. englisch «Fund» – sichern.

Ein Fonds ist ein Vehikel, um in verschiedene **Anlageklassen** zu investieren. Es gibt **Aktienfonds**, die nur Aktien kaufen. Andere Fonds kaufen **Anleihen** oder Immobilien, wieder andere investieren in mehreren Bereichen. Manche Fonds sind weltweit investiert, andere in einzelnen Regionen oder Ländern. Es gibt aber auch Fonds, die nur in bestimmte Themen wie künstliche Intelligenz oder Gesundheit investieren.

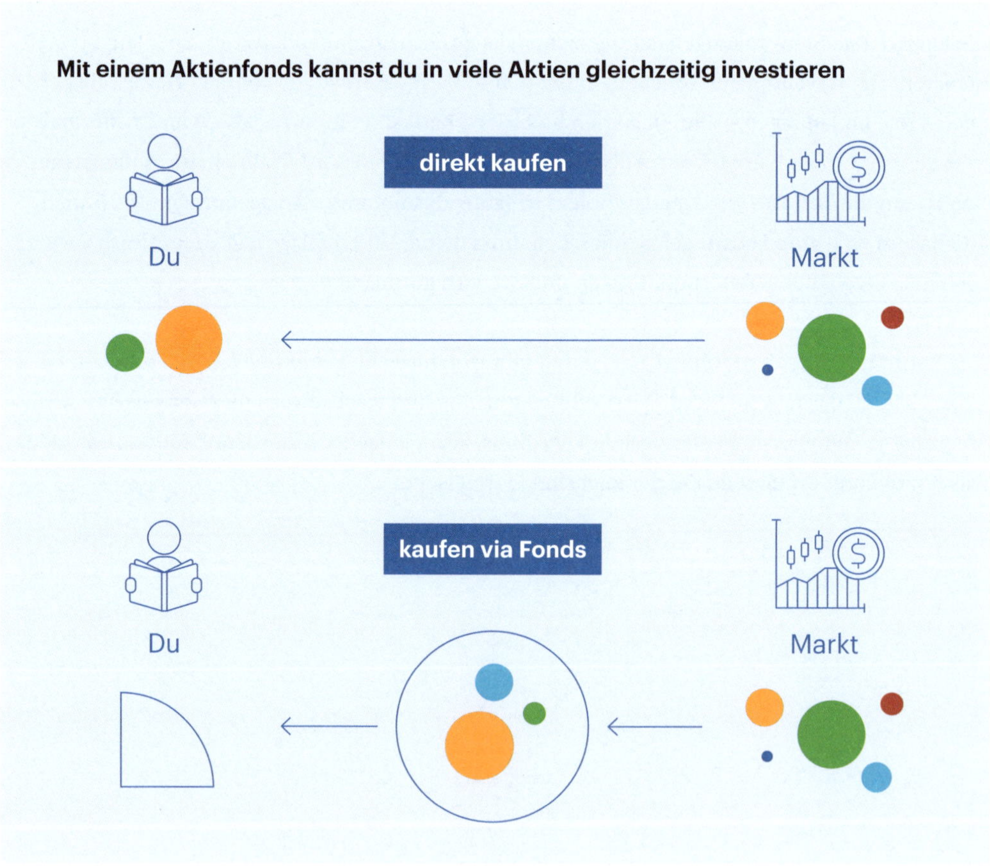

Chart 10

Stell dir den Fonds wie einen grossen Topf vor: Ein Koch (der **Fondsmanager**) hat bereits allerlei schmackhafte Produkte ausgewählt und daraus ein Gericht gezaubert. Du musst also nicht mehr die einzelnen Zutaten im Supermarkt kaufen und aufwendig zubereiten, sondern bestellst im Restaurant gleich 1 oder 2 Suppenkellen vom fertigen Eintopf. Je mehr Zutaten der Koch hineinmischt, desto runder schmeckt er!

Neben dir zahlen auch viele andere Anleger in den Fonds ein und bestellen damit ebenfalls einen Teller Eintopf. Im Optimalfall kommst du deshalb günstig zu einem vielfältigen, gut gestreuten **Portfolio.** Der Fondsmanager verwaltet das Geld in eurem Auftrag: Alle Anleger haben ihren klar definierten Anteil an diesem Vermögen, sozusagen ihr persönliches Stück vom Kuchen oder besser: ihre persönliche Kelle vom Eintopf.

Für Nerds: Was geschieht mit einem Fonds, wenn der Anbieter Konkurs geht?
Ein Fonds ist ein **Sondervermögen,** das rechtlich von den Vermögenswerten des Fondsanbieters getrennt ist. Das bedeutet: Selbst wenn der Anbieter zahlungsunfähig wird, existiert der Fonds weiter und deine Anteile sind sicher.

5 ETFs und Indexfonds – breit gestreut und wenig Gebühren

Sicher hast du auch schon mal etwas von **ETFs** oder **Indexfonds** gehört. Sie sind besonders relevant, wenn du Kosten sparen möchtest. Aber was meinen sie eigentlich?

- **Exchange-traded funds, kurz: ETFs,** sind börsengehandelte Fonds (exchange = «Börse»), die meist passiv verwaltet werden. Du kannst sie immer handeln, wenn die Börse offen hat.
- **Indexfonds** funktionieren wie ETFs, werden aber nicht an der Börse gehandelt. Das heisst, du kaufst sie direkt beim Fondsanbieter. Dieser gibt meist einmal täglich neue Anteile heraus (Kauf) bzw. nimmt deine Anteile zurück (Verkauf), zu einem für dich fairen Preis.

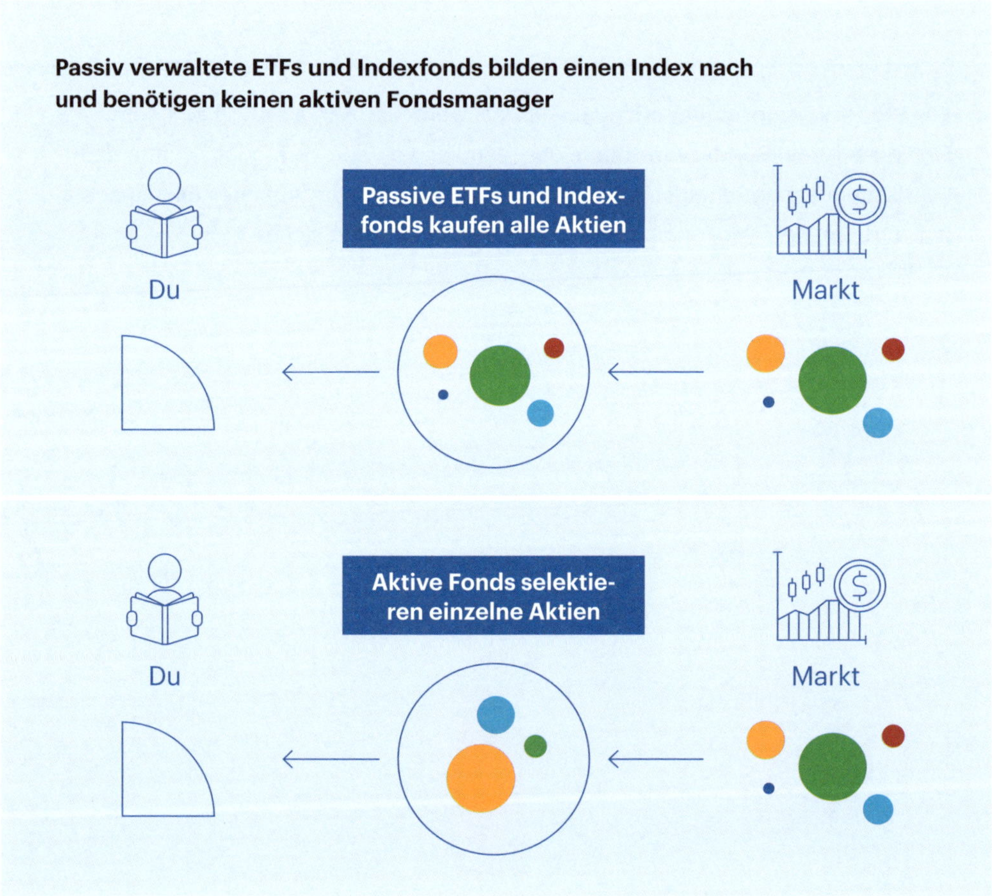

Chart 11

In beiden Fällen entscheidet kein **Fondsmanager** darüber, welche Finanzprodukte in den Topf kommen. Vielmehr bestimmen feste Regeln, was er enthält. Der Fondsmanager kauft blind eine gewisse Anzahl an Aktien im Markt, gewichtet sie entsprechend ihrer Marktgrösse und bildet damit einen **Index** nach. Er kopiert also einen Börsenindex wie den **SMI, DAX, S&P 500,** Dow Jones oder Nasdaq. Dies nennt man **passiv investieren.** Was heisst das für dich?

Beim ETF musst du nicht jeden Wert einzeln kaufen, sondern kannst auf einen Schlag in die 20, 100 oder 1000 grössten Unternehmen eines Landes, einer Region oder der ganzen Welt etc. investieren. Das spart Zeit und hat den Vorteil, dass man sich als Anleger nicht von einer menschlichen, fehlbaren Analyse abhängig macht. Denn aktive Fondsmanager sind selten erfolgreicher als ein Index. Sie konkurrenzieren sich nur gegenseitig: Mal gewinnt der eine, mal der andere. Auch bei den Kosten sparst du. Weil es keinen aktiven Fondsmanager braucht, zeichnen sich ETFs durch niedrige Gebühren aus. Nur ein Indexfonds ist manchmal noch günstiger als ein ETF, da Börsengebühren und Steuern auf Transaktionen entfallen. Weil die Unterschiede allerdings oft marginal sind, sprechen wir der Einfachheit halber künftig teilweise nur von ETFs, wenn wir auch Indexfonds meinen.

Für Nerds: Anlagezielfonds (Strategiefonds)

Bei dieser eierlegenden Wollmilchsau, die seit 30 Jahre existiert, legt ein Fondsmanager dein Geld in verschiedenen Anlageklassen an. Zum Beispiel hält er 50 % Aktien, 40 % **Anleihen** und 10 % Gold.

Das ist in der Theorie eine praktische Lösung, da du nur in einen Fonds investieren musst und trotzdem breit diversifiziert bist. Allerdings sind diese Fonds viel zu teuer: Üblich sind 1 % bis 2,5 % Fondsgebühren pro Jahr. Hinzu kommt oft noch eine Depotgebühr bei der Bank, vielleicht sogar noch eine Ausgabekommission.

Lediglich *UBS key4 smart investing* und einige 3a-Vorsorgelösungen arbeiten mit nachhaltigen, günstigen Strategiefonds von *UBS* oder *Swisscanto.*

6 Anleihen sehr zahlungskräftiger Staaten – sicherer Hafen in Krisenzeiten

Anleihen sehr zahlungskräftiger Staaten als sicherer Hafen

Nutzen	sicherer Hafen, etwas Zinsen		
Hauptrisiko	Wirtschaftsboom und Inflation		
Rendite letzte 10 Jahre total	schlecht	-3 %	
Rendite brutto erwartet p. a.	gering	2,0 %	
Rendite netto real erwartet p. a.	negativ	-0,2 %	
Maximalverlust erwartet	gering	-10 %	
Maximaler Anteil am Vermögen	unbegrenzt	100 %	

Chart 12

Mit dem Geld, das du die nächsten paar Jahre kaum brauchst, kannst du **Anleihen** kaufen, die von sehr zahlungskräftigen Staaten herausgegeben werden.[3] Über solche **Staatsanleihen** nehmen die Finanzministerien Geld für 1 bis 50 Jahre und mehr auf und finanzieren damit ihre Schulden. Zu den Staaten, die mit allergrösster Wahrscheinlichkeit ihre Schulden zurückzahlen können, gehören aktuell die Schweiz, Deutschland, Grossbritannien, USA, Kanada, Australien, Neuseeland, skandinavische Länder und die Niederlande.

Als Privat-Anleger empfehle ich dir, dich auf den direkten Kauf dieser Staatsanleihen zu beschränken. Andere Anleihen sind oft schwer zu verstehen und enthalten viele Fallstricke.

Wie viel Rendite kannst du erwarten? Legst du einen Teil in Schweizer Staatsanleihen mit etwa 5 Jahren Laufzeit an, kannst du sehr langfristig mit 2 % brutto rechnen. Also etwa 0,5 % mehr, als es im Geldmarkt gibt. Da Anleihen von Deutschland, Grossbritannien oder den USA als ähnlich sicher gelten, rentieren sie sich in Schweizer Franken umgerechnet ähnlich.

C

Was ist das Hauptrisiko? Steigen die Zinsen scharf an, weil die Teuerung anzieht oder die Wirtschaft heissläuft, können diese Staatsanleihen auch mal 10 % einbrechen. Schlittert hingegen die Welt in Krisen wie Rezession, Pandemie, Krieg, dann dienen Anleihen sehr zahlungskräftiger Staaten oft als sicherer Hafen: Geld flieht aus Aktien und die Staatsanleihen steigen im Wert.

Was kannst du falsch machen? Vertraust du Staaten von zweifelhafter Zahlungsfähigkeit dein Geld an, musst du damit rechnen, dass du fast alles verlierst. Beachte auch, dass dein Geld je nach Laufzeit der Anleihe für 1 bis 10 Jahre oder mehr gebunden ist. Willst du dein Geld vorher, musst du die Anleihe womöglich zu weniger als den Rückzahlungswert verkaufen. Umso wichtiger ist es, einen Fonds zu kaufen. Dieser streut das Risiko über viele Schuldner und Laufzeiten und legt dein Geld nach Rückzahlung einer Anleihe automatisch wieder an.

---

3 Mit «sehr zahlungskräftig» sind Staatsanleihen mit Rating AAA bis AA gemeint (Intro to Credit Ratings | S&P Global Ratings, o. J.).

7 Anleihen zahlungskräftiger Unternehmen – etwas mehr Rendite und Risiko

Anleihen zahlungskräftiger Unternehmen bieten etwas mehr Rendite

Nutzen	Ansprechende Zinsen		
Hauptrisiko	Aktiencrash und Illiquidität		
Rendite letzte 10 Jahre total	mässig	12 %	
Rendite brutto erwartet p.a.	mässig	2,7 %	
Rendite netto real erwartet p.a.	sehr gering	0,2 %	
Maximalverlust erwartet	beträchtlich	–20 %	
Maximaler Anteil am Vermögen	begrenzt	50 %	

Chart 13

Willst du etwas mehr Zins, als dir sehr zahlungskräftige Staaten anbieten, dann kannst du Anleihen zahlungskräftiger Unternehmen kaufen.[4] Zu dieser Anlageklasse gehören Anleihen sehr grosser Unternehmen wie *Nestlé, Siemens* oder *Coca-Cola.*

Wie viel Rendite kannst du erwarten? Du darfst über die Jahrzehnte mit brutto 2,7 % Rendite rechnen. Das sind 0,7 % mehr als bei den Anleihen sehr zahlungskräftiger Staaten.

Was ist das Hauptrisiko? Es kann vorkommen, dass sich der Wert deines Anleihenfonds in der Grössenordnung von 20 % korrigiert. Meist brechen gleichzeitig die Aktienmärkte ein. Denn sinkt der Aktienwert eines Unternehmens, wiegt die Schuldenlast umso schwerer, das Konkursrisiko steigt und der Wert der Anleihen sinkt. Ausserdem trocknet in Krisenzeiten der Handel in diesen Anleihen aus: Mögliche Käufer und Verkäufer sind sich uneinig über den richtigen Preis. Niemand handelt mehr.

Was kannst du falsch machen? Verkaufst du in Krisenzeiten den Fonds mit Unternehmensanleihen, sind die Kurse besonders schlecht. Solche Flauten musst du durchstehen können. Da die Eigenheiten von Unternehmensanleihen oft schwer zu verstehen sind, solltest du konsequent in Fonds investieren oder zu **Staatsanleihen** greifen. Du denkst vielleicht, Anleihen von soliden Unternehmen seien sicherer als Anleihen hochverschuldeter Staaten wie die USA? Vielleicht, aber der Staat hat die Steuerhoheit. Fehlt ihm Geld, kann er die Unternehmen höher besteuern, was deren Gewinnmargen und Zukunftsaussichten belastet, wie wir im von Präsident Trump ausgelösten Zoll-Chaos 2025 gesehen haben.

Für Nerds: Warum schwankt der Wert einer Anleihe während der Laufzeit?
Auf den Märkten ändert sich der Zins täglich. Wenn die Wirtschaft heissläuft und die Nachfrage nach Krediten steigt, steigt der **Marktzins,** also der durchschnittliche Preis des Geldes. Werden aber im Markt höhere Zinsen bezahlt, dann sinkt der Wert von Anleihen, die früher zu einem niedrigeren Zinssatz ausgegeben wurden:

Nehmen wir an, du hast eine Anleihe mit einem Zinssatz von 2 % gekauft und der Marktzins steigt auf 3 %. Dann wird der Wert deiner Anleihe fallen, in etwa 1 % je Jahr Restlaufzeit. Läuft deine Anleihe noch 5 Jahre, dann sinkt deren Wert von 100 % auf 95 % und rentiert sich somit wieder marktgerecht mit 3 %. Das heisst: 2 % Zins und 1 % Kursgewinn pro Jahr, denn sie wird ja in 5 Jahren zu 100 % zurückbezahlt.

4 Mit «zahlungskräftig» sind Unternehmensanleihen mit Rating AAA bis BBB– gemeint (S&P Global, 2025a).

8 Anleihen im Hochzins-Segment – Traumrendite mit Albtraumrisiko

Anleihen mit geringer Kreditqualität sind in Krisen kaum handelbar

Nutzen	hohe Zinsen	
Hauptrisiko	Konkurs, Illiquidität in Aktiencrash	
Rendite letzte 10 Jahre total	gut	25 %
Rendite brutto erwartet p. a.	gut	4,0 %
Rendite netto real erwartet p. a.	mässig	1,2 %
Maximalverlust erwartet	beträchtlich	-30 %
Maximaler Anteil am Vermögen	begrenzt	20 %

Chart 14

Willst du noch mehr Zins, als dir zahlungskräftige Unternehmen anbieten, dann kannst du Anleihen im Hochzins-Segment kaufen.[5] Auf diese Weise leihst du weniger zahlungskräftigen, spekulativen Unternehmen Geld. Aktuell gehören dazu beispielsweise *ProSiebenSat1, Telecom Italia* oder *Goodyear Tire.* Zum Hochzins-Segment zählen aber auch viele Anleihen von Staaten aus Schwellenländern, aktuell beispielsweise Brasilien oder Südafrika. Dazu kommen sogenannte «nachrangige» Anleihen an sich zahlungskräftiger Unternehmen: Solche Anleihen werden erst zurückbezahlt, nachdem alle vorrangigen Schulden beglichen sind. Das Risiko eines Zahlungsausfalls ist also erhöht.

Wie viel Rendite kannst du erwarten? Du darfst über die Jahrzehnte brutto mit 4 % Rendite rechnen. Das sind nochmals 1,3 % mehr als bei den Anleihen zahlungskräftiger Unternehmen.

Was ist das Hauptrisiko? Es kann vorkommen, dass sich der Wert deines Anleihenfonds in der Grössenordnung von 30 % korrigiert. Fast immer geschieht das gleichzeitig mit einem Einbruch der Aktienmärkte. Denn sinkt der Aktienwert eines Unternehmens, wiegt die Schuldenlast zahlungsschwacher Unternehmen umso schwerer. Das Konkursrisiko steigt und der Wert der Anleihen sinkt stark. Ausserdem trocknet in Krisenzeiten der Handel in Hochzins-Anleihen oft völlig aus: Mögliche Käufer und Verkäufer sind sich uneinig über den richtigen Preis. Niemand handelt mehr.

Was kannst du falsch machen? Unbedachte Anleger kaufen einzelne Anleihen aus dem Hochzins-Segment, ohne den Emissionsprospekt mit mehreren hundert Seiten im Detail zu studieren. Die Eigenheiten von Hochzins-Anleihen sind besonders schwer zu verstehen und sie enthalten viele Fallstricke. Investiere deshalb besser konsequent in **Anlagefonds**: Beispielsweise gibt es Fonds für Hochzinsanleihen von Unternehmen, aber auch von Schwellenländern.

5 Mit «Hochzins-Segment» sind Anleihen mit spekulativem Rating gemeint, also Ratings tiefer als BBB– (S&P Global 2025).

9 Immobilien Schweiz – sicher gute Renditen?

Auch Immobilieninvestments in der Schweiz können deutliche Verluste erleiden

Nutzen	Diversifikation, stabile Rendite	
Hauptrisiko	zu hohe Immobilienquote, Eingriffe der Politik	
Rendite letzte 10 Jahre total	sehr gut	75 %
Rendite brutto erwartet p. a.	gut	3,7 %
Rendite netto real erwartet p. a.	mässig	1,2 %
Maximalverlust erwartet	hoch	–30 %
Maximaler Anteil am Vermögen	begrenzt	33 %

Chart 15

Kaufst du Anteilsscheine an einem Immobilienfonds, gehören die darin enthaltenen Liegenschaften anteilig dir. Du bist also indirekt an den Mieteinnahmen, an den möglichen Wertsteigerungen und den Erlösen aus dem Verkauf von Liegenschaften beteiligt.

Für Privatanleger mit Wohnsitz in der Schweiz empfehlen sich insbesondere Schweizer **Immobilienfonds.** Diese Form der Kollektivanlage hat sich seit den Siebzigerjahren bewährt, während Investments in anderen Ländern Krisen durchlebten, über Nacht nicht mehr handelbar waren und über Jahre mühsam liquidiert werden mussten (Fonds professionell, 2020). Am besten eignen sich Immobilienfonds, die stark in Wohnliegenschaften anlegen. Denn sie haben sich bisher meist als krisenresistent gezeigt. Im Gegensatz dazu verpufft in Krisenzeiten die Nachfrage nach Geschäftsliegenschaften. Deren Preise geben also genau dann nach, wenn dir der Werterhalt am wichtigsten ist.

Wie viel Rendite kannst du erwarten? Immobilien brachten über Generationen meist eine gute Rendite (Ilmanen, 2012). Du darfst über die Jahrzehnte mit brutto 3,7 % Rendite rechnen.

Was ist das Hauptrisiko? Der jüdische Talmud empfahl schon im 4. Jahrhundert, einen Drittel in Grundbesitz anzulegen. Wer allerdings in einem Eigenheim lebt, hat bereits rasch ein Drittel seines Vermögens in Immobilien gebunden. Kauft man dann noch Immobilienfonds mit Liegenschaften aus demselben Land, kann eine Schieflage entstehen. Ausserdem steigen die Immobilienpreise seit Jahrzehnten, weshalb die Mieten für viele kaum mehr tragbar sind. Eingriffe der Politik wie eine Mietpreisdeckelung oder eine Begrenzung der Einwanderung könnten dem Boom ein Ende setzen.

Was kannst du falsch machen? Kaufst du direkt Liegenschaften, hast du einen grossen Verwaltungsaufwand, oft steuerliche Nachteile und vor allem ein Klumpenrisiko.

Für Nerds: Schweizer Immobilienfonds mit direktem Immobilienbesitz sind steuerlich attraktiver

Immer mehr Fonds halten die Immobilien direkt statt via Immobiliengesellschaften. Dabei entrichten sie auch die Steuer auf die Erträge. Um eine Doppelbelastung zu vermeiden, bezahlen Privatanleger mit Schweizer Wohnsitz auf Erträge aus solchen Fonds praktisch keine Einkommens- und Vermögenssteuer.

Aus diesem Grund sollten Privatanleger mit hohem Einkommen und/oder Vermögen Immobilienfonds mit Direktbesitz bevorzugen: Bei maximaler Steuerbelastung liegt die Rendite nach Steuern 1 bis 2 Prozentpunkte höher als bei einer Anlage in Fonds mit indirektem Grundbesitz.

10 Cat Bonds – hohe Rendite bei Ausbleiben von Naturkatastrophen

Mit Cat Bonds zum Versicherer von Naturkatastrophen werden

Nutzen	Diversifikation, hohe Rendite	
Hauptrisiko	Hurrikane und Erdbeben	
Rendite letzte 10 Jahre total	sehr gut	62 %
Rendite brutto erwartet p. a.	sehr gut	6,2 %
Rendite netto real erwartet p. a.	sehr gut	2,9 %
Maximalverlust erwartet	hoch	-30 %
Maximaler Anteil am Vermögen	begrenzt	20 %

Chart 16

Kaufst du **Cat Bonds**, also Katastrophenanleihen (cat. = catastrophe), wirst du zum Rückversicherer. Du übernimmst also das Risiko extremer Naturereignisse an dicht besiedelten Orten, beispielsweise eines Hurrikans in Miami oder eines Erdbebens in Tokio – Ereignisse, die meist nur alle 50 bis 100 Jahre eintreten. Im Gegenzug kassierst du jedes Jahr eine Versicherungsprämie von im Schnitt 5 % bis 8 %. Zusätzlich bekommst du die im Geldmarkt aktuell üblichen Zinsen.

Mit Cat Bonds erschliesst du dir eine neue Risiko- und somit auch neue Renditequelle: Naturrisiken anstelle der typischen Finanzmarktrisiken. Damit verbesserst du die **Diversifikation** deines **Portfolios** markant – solange du nicht ausgerechnet im von Hurrikanen geplagten Florida wohnst.

Wenn allerdings das extreme, exakt definierte Naturereignis eintritt, wird dein Geld zur Entschädigung den Betroffenen ausbezahlt. Ein einzelner Cat Bond kann somit wertlos werden. Da du als Privatanleger einzelne Cat Bonds gar nicht kaufen kannst, investierst du in einen Fonds, der dieses Risiko auf viele Anleihen und Naturereignisse weltweit verteilt.

Wie viel Rendite kannst du erwarten? Du darfst über die Jahrzehnte brutto mit 6,2 % Rendite rechnen. Real sollte dir eine Rendite von 2,9 % netto bleiben; dabei sind die relativ hohen Fondskosten eingerechnet.

Was ist das Hauptrisiko? Hurrikans in Florida und Erdbeben in Kalifornien stellen die grössten Risiken dar. Ein Cat-Bond-Fonds kann deshalb auch mal 15 % bis 30 % verlieren. Ausserdem solltest du dir bewusst machen, dass die Fondsanteile nur 1 bis 2 Mal im Monat gekauft oder verkauft werden können. Tritt eine Katastrophe ein, kann der Verkauf auch länger benötigen.

Was kannst du falsch machen? Trotz der attraktiven Renditen solltest du dich Naturkatastrophen nicht zu stark aussetzen und nur einige Prozent, allerhöchstens 20 % in Cat-Bond-Fonds investieren.

Für Nerds: Steuerlich attraktiv für Schweizer Privatanleger

Wenn du eine Anleihe eines Unternehmens mit einem Zins von 4,5 % pro Jahr kaufst, musst du den ganzen Ertrag als Einkommen versteuern. Nach Steuern bleiben vielleicht 3 % übrig. Wenn dir hingegen eine Katastrophenanleihe einen Ertrag von 4,5 % bezahlt, dann musst du nur den Zins aus dem Geldmarkt als Einkommen versteuern, das heisst beispielsweise 1,5 %. Die restlichen 3 % Versicherungsprämie sind steuerfrei (Eidgenössische Steuerverwaltung, 2023).

Entsprechend beträgt deine Rendite nach Steuern in unserem Beispiel 4 % und ist damit 1 Prozentpunkt höher als bei einer ähnlich riskanten Unternehmensanleihe. Je höher dein Einkommen bzw. dein Grenzsteuersatz, desto stärker fällt dieser Vorteil ins Gewicht!

11 Gold – falls die Welt untergeht

In Gold flüchten Anleger oft in Krisenzeiten

Nutzen	Diversifikation, kann in Krisen steigen	
Hauptrisiko	Spekulationsblasen	
Rendite letzte 10 Jahre total	sehr gut	83 %
Rendite brutto erwartet p. a.	sehr gering	1,5 %
Rendite netto real erwartet p. a.	negativ	–0,4 %
Maximalverlust erwartet	sehr hoch	–60 %
Maximaler Anteil am Vermögen	begrenzt	10 %

Chart 17

Es ist nicht alles Gold, was glänzt. Aber wie sieht es mit Gold selbst aus? Wie stark eignet sich das Edelmetall als Wertanlage? Gold dient schon seit Jahrtausenden zur Wertaufbewahrung und für den Tauschhandel. Ausserdem spielt es eine wichtige Rolle in der Schmuckindustrie. Alles Gold der Welt hatte Anfang 2025 einen Wert von etwa 17 000 Mia. CHF. Es hätte in einem Paket mit einer Kantenlänge von nur 22 Metern Platz. Das entspricht der Höhe eines Wohnblocks mit 6 Stockwerken.

Aber wie kannst du es als Anlage nutzen, um dein Vermögen zu vermehren oder wenigstens vor Wertzerfall zu schützen? Dafür gibt es verschiedene Möglichkeiten. Du kannst natürlich einen Goldbarren direkt bei der Bank kaufen, dort in einem Safe hinterlegen oder ihn nach Hause nehmen. Viel einfacher ist es aber, einen Gold-ETF zu kaufen: Kauf und Verkauf geschehen online. Ausserdem bist du nicht an die Grösse der angebotenen Barren gebunden und kannst schon mit 100 CHF einsteigen.

Wie viel Rendite kannst du erwarten? Wenn du dein Geld in Gold anlegst, geschieht damit nichts Produktives. Dein Geld arbeitet nicht, es liegt nur herum. Woher soll also eine Rendite kommen? Mehr als ein Gleichschritt mit der **Inflation** ist nicht zu erwarten. Das bedeutet: 1,5 % brutto pro Jahr. Obwohl die Rendite auf den ersten Blick nicht sonderlich verlockend klingt, hat

Gold seine Fans. Denn in Zeiten grosser Krisen hat sich Gold immer wieder als sicherer Hafen für zahlreiche verängstigte Anleger bewährt. Ausserdem ist die Menge an Gold beschränkt, während sich neues Geld einfach drucken lässt und damit ein Wertzerfall droht.

Was ist das Hauptrisiko? Gold weckt Emotionen. Euphorie und Verzweiflung wechseln sich ab. Entsprechend unterliegt der Goldpreis sehr starken Schwankungen und kann ähnlich wie Aktien 50 % und mehr einbrechen.

Was kannst du falsch machen? Gold ist spekulativ. Nur wenige Prozent, allerhöchstens 10 % deines Vermögens solltest du in Gold halten. Auch rate ich stark davon ab, zu Hause Goldbarren zu lagern. Zu hoch ist bei einem Einbruch die Gefahr eines Totalverlustes.

12 Krypto – zwischen Himmel und Hölle

Bei Kryptos wie Bitcoin ist alles möglich

Nutzen	Diversifikation, Gambling		
Hauptrisiko	Spekulationsblasen, neue Regierung		
Rendite letzte 10 Jahre total	gigantisch	27 000 %	
Rendite brutto erwartet p.a.	spekulativ		
Rendite netto real erwartet p.a.	spekulativ		
Maximalverlust erwartet	gigantisch	-90 %	
Maximaler Anteil am Vermögen	minimal	5 %	

Chart 18

Kryptowährungen wie Bitcoin (BTC) und Ethereum (ETH) sind digitale Zahlungsinstrumente und vor allem Wertaufbewahrungsmittel, die online gehandelt werden. Anstatt wie klassische Währungen von Banken oder Regierungen kontrolliert zu werden, nutzen sie eine Technologie namens Blockchain, um sicherzustellen, dass alle Transaktionen nachvollziehbar und fälschungssicher sind. Krypto funktioniert also dezentral. Mittlerweile gibt es unzählige verschiedene Kryptowährungen. Der Begriff ist allerdings missverständlich. Denn im rechtlichen Sinne gelten sie nicht als Währungen, sondern sind Finanzinstrumente.

Wie sollst du dich nun zwischen den über 10 000 Kryptowährungen entscheiden? Bitcoin machte Anfang 2025 fast zwei Drittel des Krypto-Marktes von 3000 Mia. CHF aus. Ich empfehle dir darum, nicht auf undurchsichtige Eintagsfliegen zu setzen, sondern auf Bitcoin, allenfalls noch auf Ethereum. Beide sind schon riskant genug, haben aber immerhin seit 2009 bzw. 2015 alle Krisen überlebt.

Am einfachsten kaufst du einen Krypto-ETF bzw. -ETP, eine an der Börse gehandelte Schuldverschreibung mit physisch hinterlegten Coins als Sicherheit. Eine Übersicht findest du unter *stockanalysis.com/list/crypto-etfs*. Prüfenswert wäre auch das an der Schweizer Börse gehandelte *iShares Bitcoin ETP (XS2940466316)* mit Kosten von 0,25 % pro Jahr.

Wie viel Rendite kannst du erwarten? Das Angebot an Bitcoins ist für immer auf 21 Mio. Coins beschränkt. Ist die Nachfrage gross, steigt somit der Preis. Gier treibt jede Bitcoin-**Rallye.** Denn an sich hat Bitcoin keinen Wert: Geld in Bitcoin arbeitet nicht wie in Aktien oder Anleihen, es lässt sich nicht physisch bewundern wie Gold, und als Währung taugt Bitcoin angesichts der Kursschwankungen auch nicht. Krypto Coins sind darum heute reine Spekulation. Entsprechend **volatil** ist der Kurs.

Was ist das Hauptrisiko? Solange man jemanden findet, der einen noch höheren Kurs bezahlt, läuft es gut. Aber wenn die Spekulationsblase platzt, ist ein Totalverlust möglich. Zudem geht mit der Investition in Bitcoins strukturell ein höheres Risiko einher. Wenn du Kryptos direkt bei einer Bank kaufst, werden diese selten von der Bank selbst verwahrt, sondern durch irgendwelche Unterverwahrer. Verlieren diese deine Bitcoins, musst du mit ihnen um dein Recht streiten.

Auch politisch sind Kryptos nicht unumstritten. Die Politik ist immer wieder bestrebt, Bitcoin und Co. zu regulieren, kriminelle Anwendungen wie Geldwäscherei und Steuerumgehungen zu verhindern. Verbote können deshalb zum einen zu spektakulären Kurseinbrüchen führen. Zugleich können Regulierungsmassnahmen die Kurse aber auch beflügeln, weil sich Anleger besser geschützt fühlen und das Finanzinstrument für grosse institutionelle Anleger salonfähig wird.

Was kannst du falsch machen? Gigantische Kursanstiege der Vergangenheit könnten dich zum exzessiven Gambling verführen. Wenn du dann noch kleinere Coins kaufst und sie an einem unsicheren Ort lagerst, ist das Desaster absehbar. Sei sehr vorsichtig! Kaufe auch keine aktiven Produkte, die dir einreden wollen, zum richtigen Zeitpunkt in Krypto ein- und aussteigen zu können, sondern wähle ein einfaches, günstiges Produkt und setze dir einen festen finanziellen Rahmen.

13 Fremdwährungen – Falle für Anleger

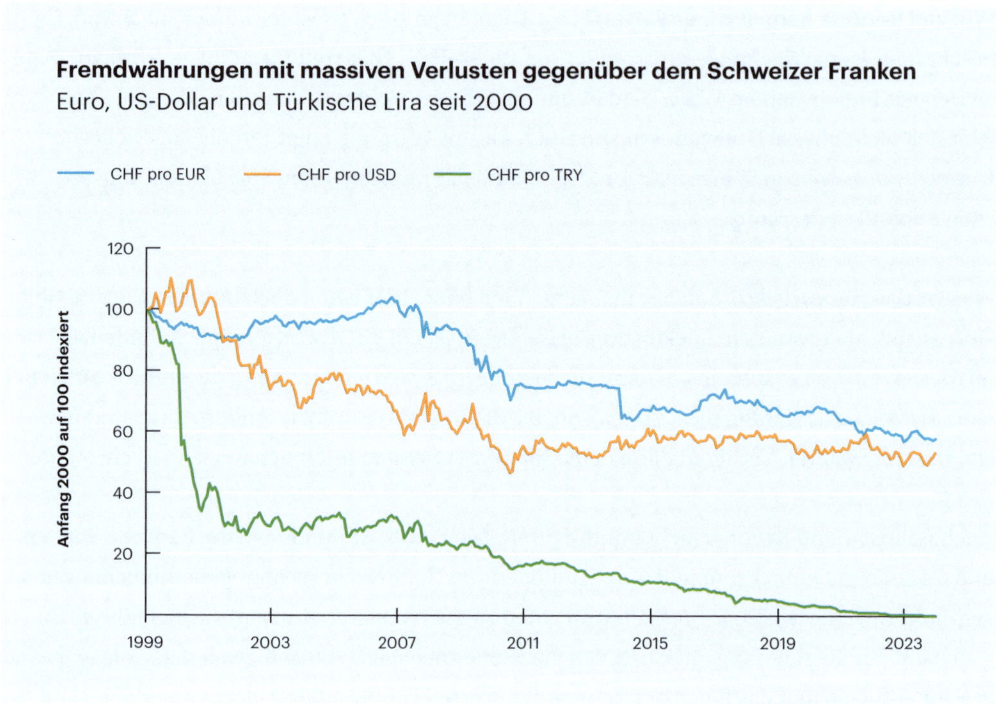

Chart 19 *Datenquelle: Europäische Zentralbank per 31.12.2024*

Deine **Heimwährung** ist der Schweizer Franken. Du lebst und konsumierst in der Schweiz. Du kannst dein Geld entweder heute ausgeben oder du legst es an und schiebst damit deinen Konsum auf später auf. Eines Tages wirst du deine Anlagen verkaufen und das hart Ersparte für deinen Alltag oder für etwas Schönes verwenden, wiederum hauptsächlich in der Schweiz. Was passiert aber, wenn du dein Geld nicht in deiner Heimwährung angelegt hast, sondern in ausländischen Währungen? In diesem Fall trägst du das Risiko, dass diese Fremdwährungen an Wert verlieren. Du erhältst also weniger Franken zurück. Sehen wir uns dazu ein konkretes Beispiel an.

Türkische **Staatsanleihen** haben Mitte 2022 einen Zins von 18 % gezahlt. Das klingt nicht übel, oder? Doch diese vermeintlich attraktiven Zinsen entpuppten sich für Anleger als trügerische Falle. Denn die Anleihen wurden in Lira ausgegeben. Die folgenden 12 Monate verlor die türkische Währung zum Schweizer Franken über 40 % an Wert. Darüber kann der Zins kaum hinwegtrösten. Nur deine Steuerbehörde hätte sich gefreut, denn auf die 18 % Zins bezahlst du auch noch Einkommenssteuern.

Wie viel Rendite kannst du erwarten? Null. Fremdwährungen sind auf lange Frist kein gutes Investment. Der Zins mag im Ausland viel höher ausfallen, aber die Währungen verlieren zum Schweizer Franken laufend an Wert, vor allem weil die **Inflation** im Ausland höher ist: Der Euro verlor seit dem Jahr 2000 40 % an Wert. Das entspricht 2,1 % pro Jahr. Der US-Dollar gab seit 2000 um 45 % bzw. 2,4 % pro Jahr nach, die Türkische Lira um 99 % oder 17,2 % pro Jahr.

Was ist das Hauptrisiko? Anlagen in Fremdwährungen schwanken im Wert stark, ohne dass du dafür mit einer Mehrrendite entschädigt wirst. Ausserdem brechen ausländische Währungen genau dann ein, wenn es dir am meisten wehtut: in Krisenzeiten, wo du schon genug Geld mit Aktien verlierst.

Was kannst du falsch machen? In Fremdwährungen nennenswerte Summen zu investieren, ist selten eine gute Entscheidung.

Für Nerds: Wechselkursabsicherung vernichtet Zinsvorteil

Manche Profis sichern die Investition in Fremdwährungen ab. Das heisst, sie kaufen etwa eine türkische Anleihe mit 18 % Zins und eliminieren zugleich das Risiko, dass die Türkische Lira zum Schweizer Franken an Wert verliert. Das gelingt, indem sie ein Termingeschäft abschliessen. Sie legen also schon heute fest, zu welchem Wechselkurs sie die Lira wieder in Franken umtauschen werden, egal wie sich der Wechselkurs bis dahin verändert. Dadurch wissen sie genau, wie viel Franken sie in Zukunft für die Lira bekommen.

Allerdings löst sich dieses Konstrukt auf, wenn man sich die Zahlen näher ansieht. Angenommen, du willst die türkische Anleihe für ein Jahr halten, das Wechselkursrisiko also mit einem Termingeschäft für ein Jahr absichern: Wie viel kostet dich wohl dieses Termingeschäft? Die türkischen Zinsen von 18 % minus die Zinsen, die du im Schweizer Markt bekommen hättest zuzüglich Spesen. Die Absicherung frisst den Zinsvorteil im Ausland vollständig auf. Ausser Spesen also nichts gewesen.

... um mit deinem Geld mehr zu verdienen

1. **Bankkonto:** Halte nur so viel Geld wie nötig auf deinen Bankkonti, denn der Zins ist miserabel.

2. Investiere wenn möglich in **ETFs und Indexfonds.** Sie bieten dir maximale Risikostreuung zu minimalem Preis.

3. **Geldmarkt:** Wähle **Geldmarktfonds** in Schweizer Franken als sicherste Anlage. Der Zins wird aber nach Kosten und Steuern nicht reichen, um den Wert deines Vermögens zu erhalten.

4. **Aktien:** Soll dein Vermögen sehr langfristig maximal ansteigen, kannst du alles in Aktien anlegen. Im Crash musst du aber eine Halbierung deines Aktienvermögens verkraften können.

5. **Anleihen:** Mit einem guten Mix aus Anleihenfonds in Schweizer Franken, mit dem Schwerpunkt auf sicheren Staatsanleihen, wirst du auch netto die Kaufkraft deines Vermögens erhalten können.

6. **Immobilien:** Achte darauf, nicht zu viel deines Gesamtvermögens in Immobilien zu halten.

7. **Cat Bonds:** Mit Cat-Bond-Fonds agierst du als Rückversicherer extremer Naturereignisse. Damit reduzierst du deine Abhängigkeit von den Aktienmärkten.

8. **Gold:** Ein kleiner Anteil Gold in deinem **Portfolio** kann zur **Diversifikation** sinnvoll sein.

9. **Krypto:** Kryptowährungen wie Bitcoin sind als Investment hochriskant. Investiere höchstens einen Bruchteil deines Vermögens.

D

Was *Geldanlagen* **für dich** *leisten können*

1 Mit den Märkten deine Ziele erreichen

Hast du deine Hausaufgaben gemacht und einen Überblick über den Markt bekommen, wird es Zeit zu fragen, was Anlagemärkte konkret für dich und dein Geld tun können. Denn wie stark du von deiner Investition profitierst, hängt massgeblich von zwei Faktoren ab:

1. **von der Höhe deiner Ersparnisse und**
2. **von der Rendite, die du auf diese Ersparnisse erzielst**

Die **Rendite** entscheidet darüber, um wie viel dein Vermögen die nächsten Jahre und Jahrzehnte wächst. In den vorangegangenen Kapiteln hast du die Renditepotenziale verschiedener **Anlageklassen** bereits kennengelernt. Hier folgt eine Übersicht:

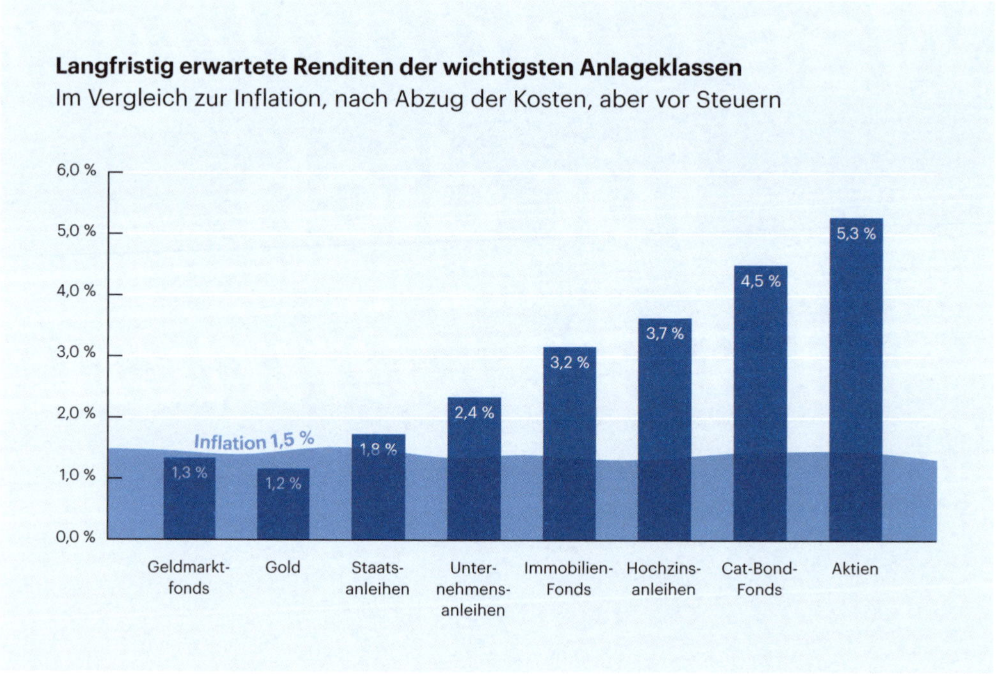

Chart 20

Deine Rendite ist kein reines Zufallsprodukt. Als Anleger kannst du sie steuern, indem du zunächst die passende **Anlagestrategie** wählst. Das heisst, du kombinierst die oben gezeigten Anlageklassen zu einem für dich optimalen Risiko-Mix.

Wählst du allein das **Sparkonto** oder einen **Geldmarktfonds,** nimmt dein Vermögen zwar auf den ersten Blick zu. Aber die Zunahme kann nicht einmal mit der **Inflation** Schritt halten. Du verschenkst damit bares Potenzial. Setzt du hingegen alles auf **Aktien,** kannst du deine Rendite gewaltig steigern, du hast aber auch ein hohes Risiko, einen wesentlichen Teil deiner Ersparnisse zu verlieren. Die meisten Menschen, die sich mit ihrem Vermögen beschäftigen, entscheiden sich darum für einen Mittelweg. Sie mischen sichere Anlagen mit risikoreicheren – im einfachsten Fall teilen sie das Vermögen zwischen Sparkonto und Aktienanlagen auf.

Schliesslich hängt dein Vermögensstand vom Horizont ab: Je länger du Zeit hast, desto stärker wächst dein Vermögen, wenn du es sinnvoll anlegst. Also: Je früher du in deinem Leben mit Anlegen beginnst, desto besser. Vielleicht erinnerst du dich an die Geschichte von John Salvatore Fontanelli. Er ist nur reich geworden, weil sein Ur-Ur-Ur-Ur-...-Ur-Grossvater etwas Geld angelegt hat. Wer nur auf kurzfristige Gewinne schielt, ist darum schlecht beraten. Wesentlich stärker profitierst du von einer nachhaltigen Anlagestrategie und Durchhaltevermögen, wenn es mal nicht so läuft wie geplant.

2 Auf den richtigen Risiko-Mix kommt es an

Einfach loszuziehen und nach Gefühl **Aktien** zu kaufen, bringt dich nicht weiter. Auch ist eine gesunde Skepsis gegenüber deinem Bankberater angesagt. Die meisten **Zertifikate** oder **Fonds,** die dir deine Bank gerade andrehen will, lohnen sich für dich nicht. Damit dein Geld mehr für dich verdient, verdient es deine Aufmerksamkeit! Das bedeutet, du musst strategisch investieren. Du brauchst einen einfachen, aber auf dich zugeschnittenen Plan, den du mit aller Konsequenz umsetzt.

Die wichtigste Frage ist dabei, wie viel Prozent deines Vermögens du weitgehend sicher und wie viel Prozent du mit höheren Wertschwankungen anlegen möchtest. Natürlich kannst du einen Anteil deines Vermögens in Bitcoin stecken oder ins Casino tragen. Vielleicht wirst du in kürzester Zeit reich, vielleicht verlierst du alles. Wenn du jedoch die bestmögliche Chance haben möchtest, dein Vermögen über Jahre und Jahrzehnte mit relativ geringem Risiko zu vermehren, dann empfehle ich dir einen Mix aus Aktien und einer sehr sicheren Anlageform wie **Anleihen.**

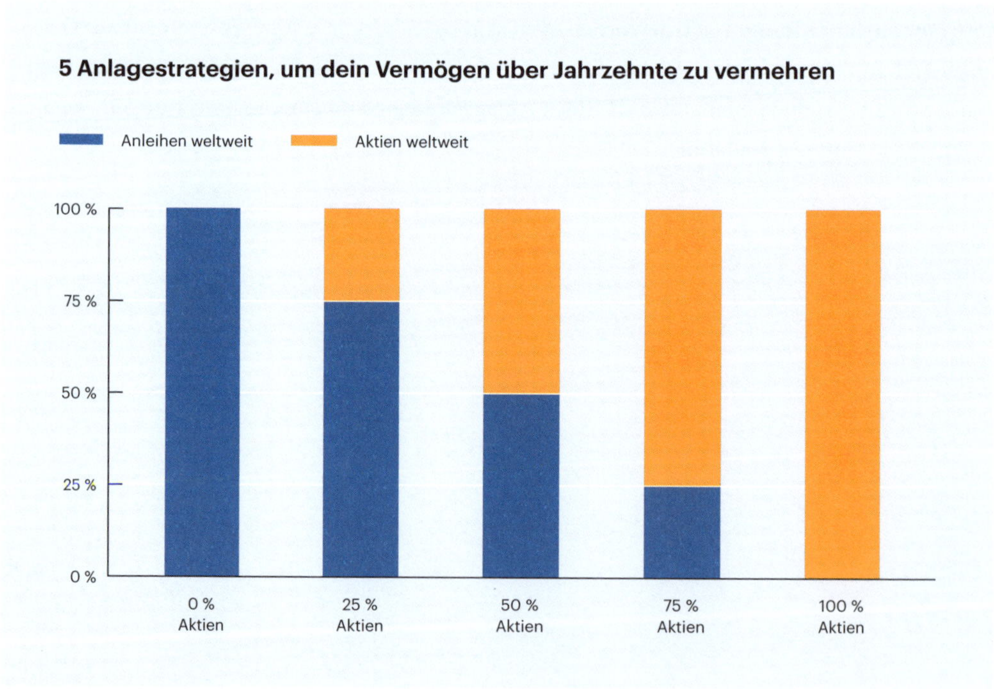

Chart 21

Im Chart zeige ich dir 5 mögliche Strategien, die sich nach ihrer Risikohöhe unterscheiden. Zur Erinnerung: Anleihen sind fest verzinst und du bekommst den eingesetzten Betrag nach einer gewissen Laufzeit zurück. **Staatsanleihen** aus der Schweiz oder Deutschland etwa sind sehr sicher, da die Staaten ihre Verpflichtungen zuverlässig begleichen. Aktien sind **volatiler,** ihr Kurs schwankt stärker. Wer Vermögensschwankungen scheut, zum Beispiel weil er im nächsten Jahr bauen möchte, wählt darum eher eine Strategie mit wenig Aktien.

Die meisten Anleger wollen jedoch mehr **Rendite**. Sie akzeptieren deshalb moderate Vermögensschwankungen und wählen zum Beispiel 25 % Aktien mit 75 % Anleihen oder machen fifty-fifty. Warum ich im Allgemeinen weder nur Aktien noch nur Anleihen empfehle, ist einfach. Das Zauberwort heisst: **Diversifikation**. Denn je schlechter der Aktienmarkt läuft, desto besser laufen in der Regel qualitativ hochwertige Anleihen und andersherum.

Vielleicht ist dir noch etwas anderes aufgefallen beim Chart. Ich habe Anleihen weltweit und Aktien weltweit empfohlen. Weltweit, damit du von Renditechancen überall auf der Welt profitieren kannst. Ein Jahr läuft Asien besser, ein anderes Jahr Europa. So heben sich Kursschwankungen gegenseitig auf oder dämpfen einander. Ausserdem lassen sich Wechselkursrisiken mit der Wahl entsprechender Fonds einfach absichern. Sobald du jedoch einen gewissen Anteil an Aktien im **Portfolio** hältst, musst du mit erheblichen Wertschwankungen rechnen.

Hast du Angst, dass du bei Kursveränderungen nicht mehr ruhig schlafen kannst, empfehle ich dir, mit ein paar Prozent anzufangen. Willst du allerdings für viele Jahre anlegen und kannst vorübergehende Taucher im Vermögensstand durchstehen, dann wählst du (mindestens) 75 % Aktien.

3 Was du von den 5 Anlagestrategien netto erwarten kannst

Wenn du nun eine der 5 **Anlagestrategien** auf der vorigen Doppelseite auswählst, welche **Rendite** darfst du dann über die Jahrzehnte im Schnitt pro Jahr erwarten? Für die Anlagestrategie mit 100 % **Aktien** rechnen wir mit 5,5 % Rendite. Klingt doch ganz gut. Aber Achtung, einige Abzüge lassen die Rendite zusätzlich schmelzen. Denn Geld anzulegen, kostet: Anlagen kaufen kostet, Anlagen bei der Bank aufbewahren kostet, Anlagen wieder verkaufen kostet. Ob **Fonds** oder **ETF** – jemand muss dieses Produkt verwalten. Auch das kostet. Dazu kommen noch Steuern. Sehen wir uns darum den Weg von der Bruttorendite bis zur **realen Nettorendite** näher an:

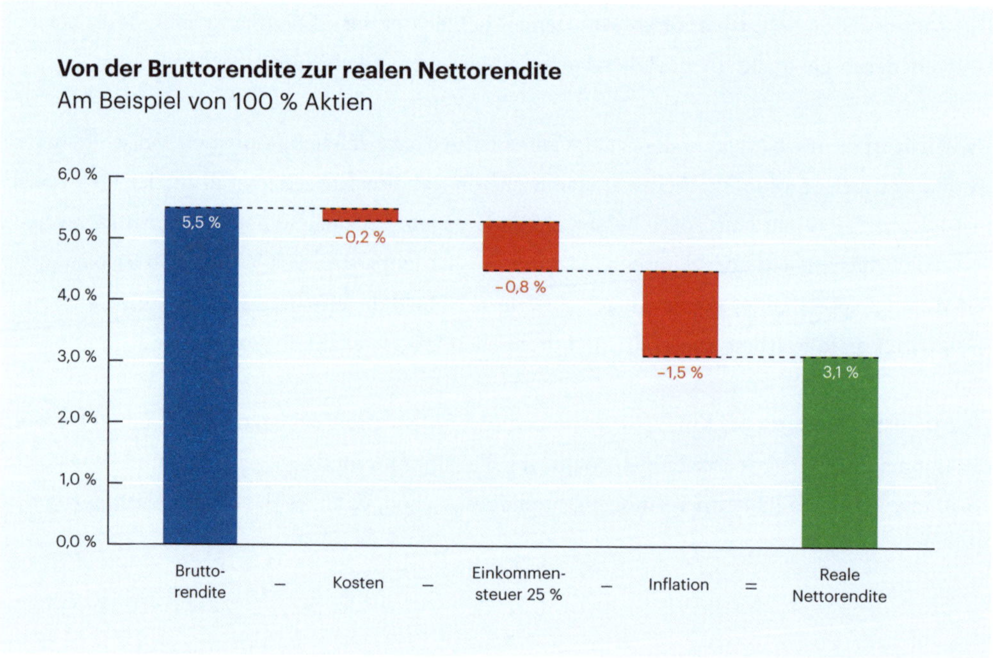

Chart 22

Was können wir daraus ablesen? Von Aktien kannst du langfristig jährlich 5,5 % Rendite brutto erwarten. Abzüglich Kosten, Steuern und **Inflation** bleibt jedoch nur eine reale Nettorendite von 3,1 %. Um diesen Wert wird die Kaufkraft deines Vermögens voraussichtlich jährlich im Durchschnitt steigen. Das ist übrigens bereits eine grosszügige Renditeschätzung. Die angenommenen Kosten von 0,2 % pro Jahr sind sensationell günstig. Die meisten Privatanleger kaufen teure Anlageprodukte und bezahlen am Ende nicht 0,2 %, sondern eher 2 % bis 3 %! Damit schmilzt die Rendite erheblich.

Den einzigen negativen Faktor, den du mitbestimmen kannst, sind die Kosten. Denn an der Inflation kannst du als Einzelperson nichts ändern. Auch um eine Einkommenssteuer kommst du kaum herum. Der Einfachheit rechnen wir hierbei mit 25 %[6]: Ein Viertel der Zinsen und **Dividenden** lieferst du also dem Staat ab. Einzig Kursgewinne auf Aktien, **Anleihen,** Gold sowie Prämieneinnahmen auf die **Cat Bonds** sind als Kapitalgewinne für Schweizer Privatanleger steuerfrei. Für unsere 5 Anlagestrategien sieht das zusammengefasst wie folgt aus:

Erwartete jährliche Renditen der 5 Anlagestrategien

	0 % Aktien	25 % Aktien	50 % Aktien	75 % Aktien	100 % Aktien
Bruttorendite	2,4 %	3,2 %	4,0 %	4,7 %	5,5 %
Reale Nettorendite	0,0 %	0,8 %	1,6 %	2,3 %	3,1 %

Chart 23

Surftipp: Steuer

Wie hoch der Ertrag eines Fonds ist, den du als Einkommen versteuern musst, findest du in den Kurslisten auf der Website der Eidgenössischen Steuerverwaltung:
ictax.admin.ch/extern/de.html#/ratelist

6 Dies entspricht 2025 dem Grenzsteuersatz einer alleinstehenden, konfessionslosen Person ohne Kinder in der Stadt Zürich auf ein Bruttoeinkommen von 100 000 CHF, in den Städten Basel und Bern auf 80 000 CHF, in Genf auf 50 000 CHF. In Zug oder Schwyz werden 25 % mit 150 000 CHF Bruttoeinkommen nur knapp erreicht.

4 Welche Bruttorenditen du in der Vergangenheit erzielt hättest

Auf der vorhergehenden Doppelseite hast du erfahren, dass wir bei einer Strategie mit 100 % Aktien mit einer durchschnittlichen Bruttorendite von 5,5 % rechnen, bei einer reinen Anleihenanlage hingegen nur mit 2,4 %. Doch das sind eben nur Durchschnittswerte. In der Realität fallen die Renditen von Jahr zu Jahr ganz unterschiedlich aus – mal sehr hoch, mal deutlich negativ. Und je höher der Aktienanteil, desto grösser die Schwankungen.

Um das greifbarer zu machen, schauen wir uns die letzten 19 Jahre an – also die Zeitspanne, für die ETF-Daten vorliegen. Für den Aktienanteil nehmen wir als Berechnungsgrundlage den *iShares MSCI World UCITS ETF* (in Schweizer Franken gerechnet), für die **Anleihen** den *iShares Swiss Domestic Government Bond 3–7 Jahre.*

Mit einer 100 %-Aktienstrategie hättest du in der Finanzkrise 2008 rund 43 % deines Vermögens verloren – ein heftiger Einbruch[7]. Dafür hättest du 2024 ein sattes Plus von 28 % erzielt. In 5 der 19 Jahre wärst du um mehr als 20 % im Plus gewesen, nur in 2 Jahren hättest du über 10 % verloren. Bei einer Aufteilung von 50 % Aktien und 50 % Anleihen wäre der Absturz 2008 mit einem Minus von 17 % deutlich milder ausgefallen – und 2024 hättest du trotzdem ein Plus von 16 % verbucht. Verluste gab es mit dieser Strategie nur in drei Jahren. Hättest du hingegen ganz auf Aktien verzichtet und dein Geld ausschliesslich in Anleihen investiert, wärst du 2008 sogar mit einem Gewinn von 8 % davongekommen – in der Panik flüchtete damals fast jeder in sichere **Staatsanleihen,** deren Kurse stiegen. Der grösste Verlust mit Anleihen traf dich 2022, im Inflationsjahr, mit minus 8 %. In rund der Hälfte der Jahre bewegte sich die Rendite nahe bei null – selbst brutto, also vor Kosten, Steuern und **Inflation,** blieb mit Anleihen oft kaum etwas übrig.

Du siehst: Der Durchschnitt allein sagt wenig aus. Gerade bei Aktien können die jährlichen Ergebnisse stark schwanken – manchmal gibt es aussergewöhnlich gute Jahre, doch dazwischen liegen auch Zeiten mit deutlichen Rücksetzern.

---

7 Betrachten wir die Renditen von Monat zu Monat statt von Kalenderjahr zu Kalenderjahr, hätte der Einbruch vom Höchst Ende Oktober 2007 bis zum Tiefst Ende April 2009 fast 52 % betragen.

Je höher der Aktienanteil, desto stärker schwanken die Renditen

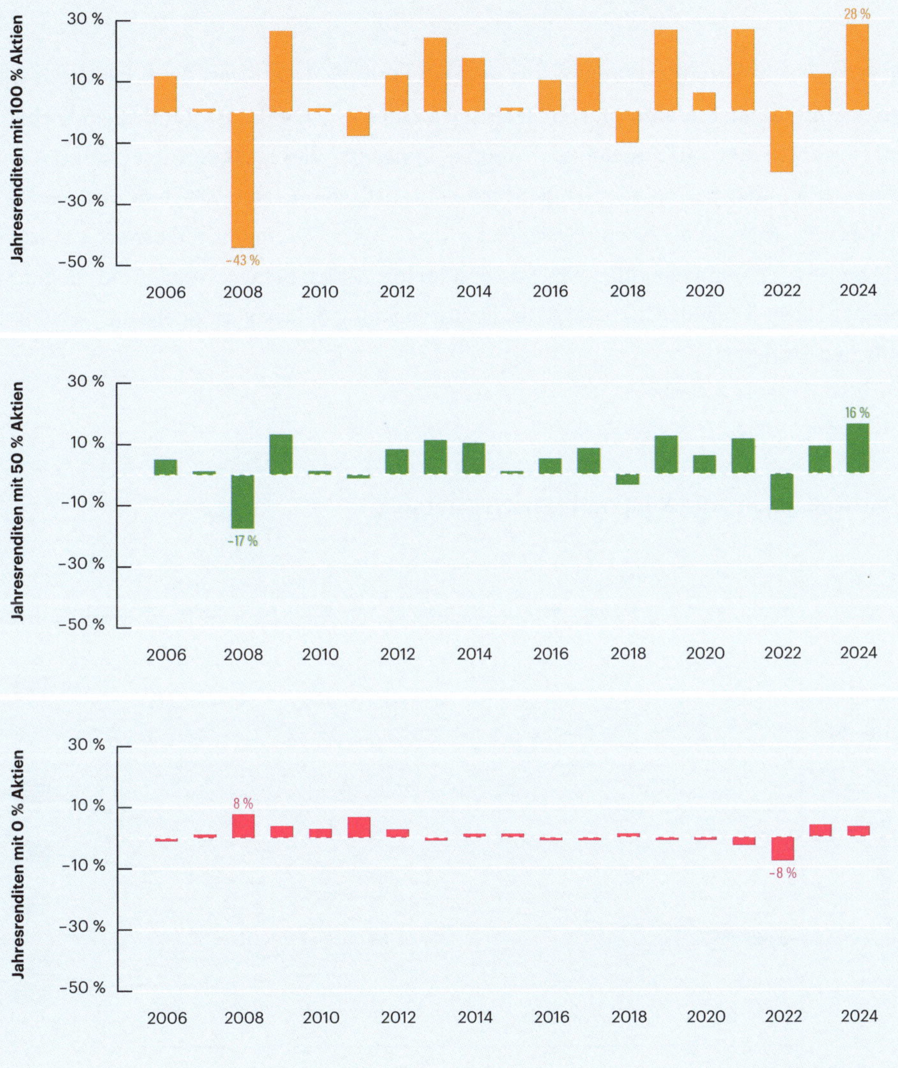

Chart 24 *Quelle: ishares.com/ch*

5 Vervielfache die Kaufkraft deines Vermögens

Wenden wir uns wieder der Zukunft zu. Wir haben bereits gesehen, wie Kosten, Steuern und Inflation deine Rendite belasten. Nur schon die Kaufkraft deines bisherigen Vermögens zu erhalten, erfordert eine geschickte Geldanlage. Falls dein Geld zinslos auf deinen Konti herumliegt, zerfällt der Wert deines Vermögens völlig. Über 25 Jahren verlierst du ein Drittel, über 40 Jahre die Hälfte.

Sehen wir uns den Vermögenszuwachs der anderen Strategien an. Folgst du der Strategie 0 % **Aktien,** kannst du die Kaufkraft mit Anlagen in Anleihen und **Geldmarktfonds** gerade eben erhalten. Dies sollte dein Mindestziel sein. Wenn du hingegen alles in Aktien anlegst, bist du nach 40 Jahren vermutlich 3,4-mal so reich wie heute statt halb so reich wie mit dem zinslosen Konto. Allerdings nur, wenn du die Kosten wirklich auf 0,2 % bis 0,3 % eingrenzen kannst. Zahlst du wie die meisten Privatanleger über 2 %, würdest du mit Aktien nicht 3,4-mal, sondern nur 1,9-mal reicher ... Der folgende Chart zeigt dir die Entwicklung deines Vermögens mit den unterschiedlichen Strategien:

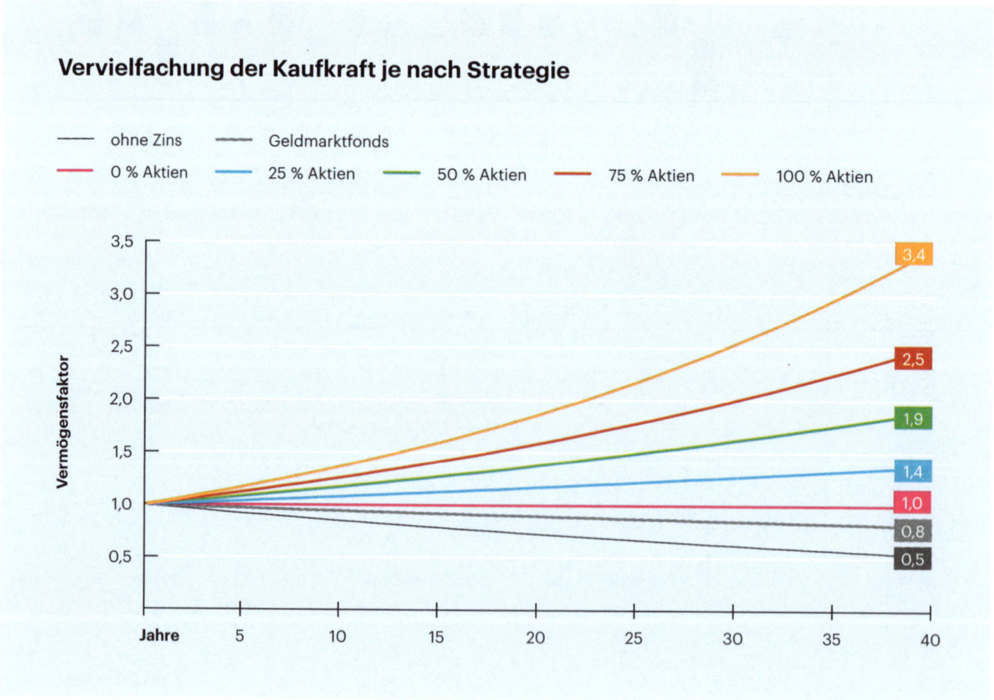

Chart 25

Vielleicht wunderst du dich, warum der Graph mit der Zeit immer steiler ansteigt. Hier sehen wir den **Zinseszins**-Effekt in Aktion. Der Chart geht also davon aus, dass du zum Beispiel deinen **ETF** liegen lässt und eventuelle Zinsen und **Dividenden** sofort wieder anlegst. Selbst wenn du jedes Jahr eine konstante Rendite erzielst, erwirtschaftest du diese Steigerung auf ein immer grösseres Vermögen und somit steigt dein Vermögen exponentiell.

Rufe dir doch noch einmal die Geschichte vom Pizzaboten aus New York in Erinnerung. Wie viel Geld müsstest du heute in Aktien anlegen, um in 500 Jahren 1 Milliarde mit heutiger Kaufkraft zu vererben? Was schätzt du? 100 000 CHF, 10 000 CHF oder reichen 1000 CHF? Die Wahrheit ist noch erfreulicher. Schon aus 240 CHF würde 1 Mia. CHF. Davon dürfte sich dein Nachfahre die ein oder andere Pizza leisten können.

Die meisten Anleger haben jedoch nicht die nächsten 500 Jahre, sondern eher die nächsten 10 Jahre im Blick. Auch hier lässt sich deutlich abbilden, was mit der jeweiligen Strategie zu erreichen ist. Wie das aussieht, erfährst du auf der nächsten Doppelseite.

6 10 Jahre Zukunft – die Sache mit den Erwartungen

Wie viel Kaufkraft 1 CHF Startvermögen über die Jahre erarbeiten kann
Für Strategien von 0 % bis 100 % Aktien und nach Abzug von Kosten, Steuern, Inflation

	Erwartet					Pessimistische 5 %					Optimistische 5 %				
Jahre / Aktien	0 %	25 %	50 %	75 %	100 %	0 %	25 %	50 %	75 %	100 %	0 %	25 %	50 %	75 %	100 %
1	1,00	1,01	1,02	1,02	1,03	0,94	0,92	0,89	0,84	0,80	1,07	1,10	1,17	1,24	1,33
2	1,00	1,02	1,03	1,05	1,06	0,91	0,90	0,85	0,79	0,74	1,09	1,15	1,25	1,38	1,52
3	1,00	1,02	1,05	1,07	1,10	0,89	0,88	0,83	0,76	0,71	1,12	1,19	1,33	1,50	1,70
4	1,00	1,03	1,07	1,10	1,13	0,88	0,87	0,81	0,74	0,68	1,14	1,23	1,40	1,62	1,87
5	1,00	1,04	1,08	1,12	1,16	0,87	0,85	0,80	0,72	0,66	1,15	1,27	1,47	1,73	2,05
6	1,00	1,05	1,10	1,15	1,20	0,85	0,84	0,79	0,71	0,65	1,17	1,30	1,54	1,85	2,23
7	1,00	1,06	1,12	1,17	1,24	0,84	0,84	0,78	0,70	0,63	1,18	1,34	1,61	1,96	2,41
8	1,00	1,07	1,14	1,20	1,28	0,83	0,83	0,77	0,69	0,63	1,20	1,37	1,67	2,08	2,61
9	1,00	1,07	1,15	1,23	1,32	0,83	0,82	0,76	0,68	0,62	1,21	1,40	1,74	2,20	2,81
10	**1,00**	**1,08**	**1,17**	**1,26**	**1,36**	**0,82**	**0,82**	**0,76**	**0,68**	**0,61**	**1,22**	**1,43**	**1,81**	**2,32**	**3,02**

Chart 26

Die Tabelle gibt an, was du mit einer erwarteten, pessimistischen und optimistischen Rendite nach 10 Jahren mit der jeweiligen Strategie erreichst. Zum Beispiel kannst du aus 100 000 CHF Vermögen nach 10 Jahren 136 000 CHF erwarten (blaue Zellen), wenn du alles in Aktien steckst. Pessimistisch betrachtet schrumpft dein Vermögen auf 61 000 CHF, optimistisch bekommst du nach 10 Jahren 302 000 CHF zurück.

Für Nerds: pessimistische und optimistische Szenarien für den Vermögensfaktor
Bisher sprachen wir vom mittleren erwarteten Szenario. Es kann aber auch schlechter oder besser kommen. Die Tabelle zeigt die Werte für den pessimistischen Fall: Mit 5 % Wahrscheinlichkeit kommt es so schlecht oder sogar noch schlechter (rote Zellen). Sie zeigt aber auch den optimistischen Fall: Mit 5 % Wahrscheinlichkeit kommt es so gut oder sogar noch besser (grüne Zellen). Mit 90 % Wahrscheinlichkeit wird sich die Kaufkraft deines Vermögens zwischen dem pessimistischen und dem optimistischen Wert entwickeln. Anders gesagt: Wenn du 100 Leben hättest, würdest du nach 10 Jahren in 90 Leben bei 1 CHF Startvermögen zwischen 0.61 CHF und 3.02 CHF landen, in 5 finanziell unglücklichen Leben bei höchstens 0.61 CHF und in 5 glücklichen Leben bei mindestens 3.02 CHF.

Besonders junge Menschen starten in der Regel nicht mit einem hohen Betrag, sondern sparen ihn erst über Jahre an. Wie sieht es aus, wenn du jährlich 1 CHF einzahlst? Auch hier kann sich die Kaufkraft vervielfachen:

D

Wie viel Kaufkraft 1 CHF jährlicher Sparbeitrag über die Jahre erarbeiten kann
Für Strategien von 0 % bis 100 % Aktien und nach Abzug von Kosten, Steuern, Inflation

	Erwartet					Pessimistische 5 %					Optimistische 5 %				
Jahre / Aktien	0 %	25 %	50 %	75 %	100 %	0 %	25 %	50 %	75 %	100 %	0 %	25 %	50 %	75 %	100 %
1	1,0	1,0	1,0	1,0	1,0	1,0	1,0	1,0	1,0	1,0	1,0	1,0	1,0	1,0	1,0
2	2,0	2,0	2,0	2,0	2,0	2,0	2,0	2,0	1,9	1,9	2,0	2,0	2,1	2,1	2,1
3	3,0	3,0	3,0	3,1	3,1	2,9	2,9	2,9	2,9	2,8	3,1	3,1	3,2	3,3	3,4
4	4,0	4,0	4,1	4,1	4,2	3,9	3,9	3,8	3,8	3,7	4,1	4,2	4,4	4,6	4,7
5	5,0	5,1	5,2	5,2	5,3	4,8	4,8	4,8	4,7	4,6	5,2	5,3	5,6	5,9	6,2
6	6,0	6,1	6,2	6,4	6,5	5,8	5,8	5,7	5,6	5,5	6,3	6,5	6,8	7,3	7,7
7	7,0	7,2	7,3	7,5	7,7	6,7	6,7	6,7	6,5	6,4	7,3	7,7	8,1	8,7	9,4
8	8,0	8,2	8,5	8,7	8,9	7,6	7,7	7,6	7,4	7,3	8,4	8,8	9,5	10,2	11,1
9	9,0	9,3	9,6	9,9	10,2	8,5	8,6	8,5	8,4	8,2	9,5	10,1	10,9	11,8	13,0
10	**10,0**	**10,4**	**10,8**	**11,1**	**11,5**	**9,4**	**9,6**	**9,5**	**9,3**	**9,1**	**10,6**	**11,3**	**12,3**	**13,5**	**14,9**

Chart 27

Du kannst deinen jährlichen Sparbeitrag mit dem angegebenen Faktor multiplizieren, um die Entwicklung der Kaufkraft abzuschätzen. Zum Beispiel wird aus jährlich 10 000 CHF Ersparnis, die in 100 % Aktien investiert werden, nach 10 Jahren 115 000 CHF. Lass mich dich aber noch einmal daran erinnern: Die prognostizierten Werte basieren auf der vergangenen Entwicklung und Wahrscheinlichkeitsmodellen. Niemand kann in die Zukunft sehen.

ZUM WEITERLESEN

In 40 Jahren. Auf den Seiten 298 und 300 des Anhangs findest du in den Tabellen «Vermögensfaktor» und «Sparfaktor» die Daten, wie sich die Kaufkraft über 20, 30 oder 40 Jahre vervielfacht.

7 Welche Rente du dir aus deinem Depot auszahlen kannst

Ihre ganze Kraft entfalten die Anlagemärkte, wenn du über Jahrzehnte für deine Rente sparst. Aber wie sieht es aus, wenn du bereits in die Rente gehst? Wie viel kannst du aus deinem **Depot** entnehmen, um dir einen angenehmen Ruhestand zu sichern? Die folgende Tabelle zeigt dir, welche Rente dir mit 1 Mio. CHF Vermögen zur Verfügung steht:

Welche jährliche Rente dir 1 Mio. CHF Vermögen je nach Lebenserwartung erarbeiten kann
Für Strategien von 0 % bis 100 % Aktien und nach Abzug von Kosten, Steuern, Inflation

	Erwartet				
Restlebenszeit (Jahre)	0 % Aktien	25 % Aktien	50 % Aktien	75 % Aktien	100 % Aktien
1	1 000 000	1 000 000	1 000 000	1 000 000	1 000 000
2	500 000	501 992	503 968	505 685	507 632
3	333 333	335 993	338 638	340 941	343 560
4	250 000	252 996	255 984	258 591	261 562
5	200 000	203 200	206 399	209 198	212 394
6	166 667	170 004	173 350	176 283	179 641
7	142 857	146 295	149 749	152 785	156 268
8	125 000	128 514	132 054	135 172	138 757
9	111 111	114 685	118 295	121 482	125 154
10	**100 000**	**103 624**	**107 293**	**110 539**	**114 287**
11	90 909	94 574	98 294	101 593	105 409
12	83 333	87 034	90 799	94 145	98 024
13	76 923	80 654	84 460	87 850	91 787
14	71 429	75 187	79 030	82 459	86 451
15	66 667	70 449	74 327	77 794	81 837
16	62 500	66 304	70 214	73 716	77 809
17	58 824	62 648	66 587	70 124	74 263
18	55 556	59 398	63 365	66 935	71 120
19	52 632	56 491	60 485	64 086	68 316
20	**50 000**	**53 875**	**57 895**	**61 526**	**65 799**

Chart 28

Für welche Restlebenszeit willst du planen? Aktuell liegt die Lebenserwartung von 65-jährigen Schweizerinnen bei über 87 Jahren. Wenn du mit 65 Jahren in Rente gehst, dann solltest du also mindestens mit 20 Jahren rechnen. Was sagt uns die Tabelle dazu? Mit einer Strategie aus 0 % Aktien und folglich 100 % in Anleihen kannst du dir jährlich 50 000 CHF auszahlen. Darin sind alle Kosten, Steuern und auch die Teuerung enthalten. Die Kaufkraft der 50 000 CHF im Jahr 20 entspricht also der heutigen Kaufkraft von 50 000 CHF. Damit sind trotz der stattlichen Million vom Anfang keine allzu grossen Sprünge möglich.

Wählst du hingegen eine Strategie aus 100 % Aktien, kannst du voraussichtlich über 20 Jahre eine Rente von 65 799 CHF finanzieren, also fast ein Drittel mehr als mit 0 % Aktien. Startest du also mit 1 Mio. CHF Vermögen in Aktien und das Geld soll für 20 Jahre reichen, kannst du dir jedes Jahr 65 799 CHF zuzüglich Inflationsausgleich auszahlen, um deine Kaufkraft zu erhalten. Stehen dir nicht 1 Mio. sondern 1,6 Mio. CHF zur Verfügung, dann multiplizierst du diese Renten einfach mit 1,6. Aber bedenke auch: Die hier dargestellten Renditen und Renten sind selbstverständlich nicht garantiert. Ausserdem ist am Ende dieser Frist das Kapital weg. Mit etwas Glück wirst du aber 90 oder 100 Jahre alt!

In *Kapitel L* werden wir uns deshalb auch damit befassen, wie du mit dem Risiko von Finanzmarktkrisen und entsprechend tieferen Renditen sowie mit der unsicheren Lebenserwartung umgehen kannst.

ZUM WEITERLESEN

Deine Rentenhöhe in 40 Jahren. Im Anhang findest du in der Tabelle «Rentenhöhe» auf Seite 302, welche jährlichen Auszahlungen dein Vermögen dir über 30 und 40 Jahre hinweg erlauben würde.

DAS A&O … um mit deinem Geld mehr zu verdienen

1. **Nutze die Anlagemärkte, um dein Vermögen zu mehren** – je früher, desto besser.

2. Bevor dein Vermögen an Kaufkraft zulegen kann, **musst du die Inflation schlagen.**

3. **Wenn du nicht darauf achtest, die Kosten für deine Geldanlage zu minimieren,** schmilzt deine **Rendite** ins Bodenlose.

4. **Lege einen Teil deiner Ersparnisse breit gestreut in Aktien an und lass sie liegen.** Dadurch gewinnt dein Vermögen über die Zeit in der Regel deutlich an Kaufkraft.

5. Mach es dir einfach! **Kombiniere Anlageklassen in einer fixfertigen Strategie mit 0 % bis 100 % Aktien.**

6. **Lies in den Tabellen «Vermögensfaktor» (Seite 298) und «Sparfaktor» (Seite 300) ab,** wie sich die Kaufkraft voraussichtlich über die nächsten Jahrzehnte vervielfacht.

7. **Alle Vermögensszenarien basieren auf Modellen.** Jeder Anleger muss mit der Unsicherheit leben, wie sich die Kaufkraft tatsächlich über die Jahre entwickelt – im Guten wie im Schlechten.

E

Welche Anlagestrategie *passt zu dir?*

1 Ohne Strategie keinen Erfolg

Wenn du bis hierher gelesen hast, hast du bereits einiges darüber mitgenommen, wie du dein Vermögen vermehren kannst. Du hast die verschiedenen **Anlageklassen** kennengelernt und an konkreten Zahlen deren Potenzial erkannt. Dabei zeigt sich immer wieder dasselbe Bild: Je mehr **Rendite** du willst, desto mehr Risiko musst du eingehen. Warum das so ist? **Aktien** müssen dem Anleger langfristig mehr Rendite bringen als ein **Sparkonto,** sonst würde kaum jemand sein Geld mit Aktien riskieren. Denn geht ein Unternehmen Konkurs, werden dessen Aktien wertlos. Je stärker dein Vermögen langfristig wachsen soll, je anspruchsvoller deine Ziele, desto mehr Geld musst du in Aktien anlegen.

Ich kann dich aber auch beruhigen. Obwohl die nahe Zukunft der Aktienmärkte nicht vorhersehbar ist, zahlen sich langfristige Investments, die breit gestreut sind, fast immer aus. Wenn du in der Vergangenheit 15 oder 25 Jahre in den Aktienmarkt investiert hast, hat sich das in aller Regel ausgezahlt. Unabhängig von den Crashs dazwischen. Entscheidend dafür ist jedoch, Phasen mit grösseren Verlusten durchzustehen. Hier kommt deine Lebensplanung ins Spiel.

Mehr Risiko bedeutet, dass dein Vermögensstand stärker schwankt. Das heisst: In dem Moment, wo du plötzlich dein Geld brauchst – zum Beispiel weil du ein neues Auto oder eine neue Küche brauchst –, herrscht vielleicht gerade Flaute. Mit dem Ergebnis, dass du deine Aktien mit Verlust verkaufen musst. In diesem Fall hättest du das Geld besser auf dem Konto belassen.

Um das zu verhindern, brauchst du eine klare, auf dich abgestimmte Strategie. Du musst wissen, was du (wann) willst und kannst. Praktisch nur deine Strategie allein entscheidet auf Dauer über deinen Anlageerfolg. Taktisch zwischen einzelnen Anlagen hin und her zu wechseln, den Aktienanteil laufend anzupassen bringt hingegen überhaupt nichts – ausser Kosten. Diese einfache Wahrheit vergessen leider viele Anleger und verlieren dadurch Geld.

Was heisst das für dich? Um deine optimale **Anlagestrategie** zu finden, müssen wir herausfinden:

1. **Wie viel Risiko BRAUCHST du, um dein Ziel zu erreichen?**
   Generiert schon eine vorsichtige Strategie ausreichend Ertrag oder musst du mehr Risiko eingehen, mehr in Aktien anlegen, um ans Ziel zu gelangen?

2. **Wie viel Risiko KANNST du dir leisten?**
   Welche Rückschläge kannst du finanziell verkraften, und zwar ohne schmerzhafte Einschnitte in deinem Konsum und ohne dass du zu Tiefstkursen verkaufen musst, um Cash zu generieren?

3. **Wie viel Risiko WILLST du dir leisten?**
   Vielleicht könntest du einen Einbruch deines Vermögens um 100 000 CHF finanziell verkraften, aber allein der Gedanke daran stresst dich. Besteht die Gefahr, dass du nachts nicht mehr schlafen kannst? Dass du panisch Aktien abstossen würdest?

2 Mit welcher Anlagestrategie erreichst du dein Ziel?

Beginnen wir mit der ersten Frage: Mit welcher **Anlagestrategie** kannst du dein primäres Ziel erreichen? Welche Strategie lässt ein Vermögen erwarten, das dein grössten Bedürfnis befriedigen kann? Wie viel Risiko musst du also eingehen? *Falls du kein konkretes Ziel hast, kannst du diese und die nächste Doppelseite überspringen.*

Im folgenden Beispiel rechnen wir mit einem heutigen Vermögen von 150 000 CHF. Dein Ziel besteht nun darin, in 10 Jahren dein Vermögen auf 200 000 CHF anwachsen zu lassen. Was meinst du, ist das realistisch? Ja, allerdings nicht mit einer Anleihen-Strategie mit 0 % **Aktien,** sondern ausschliesslich mit 100 % Aktien. Entwickeln sich die Märkte wie erwartet, kommst du nach einem Jahrzehnt auf 203 553 CHF. Du hast damit einen **Deckungsgrad** von 102 % erreicht.

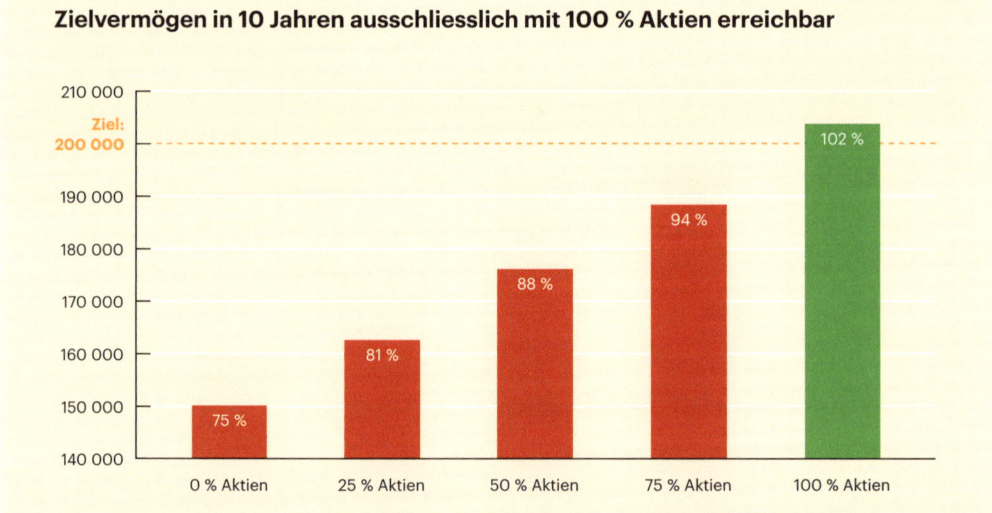

Aktien in %	0 %	25 %	50 %	75 %	100 %
Vermögensfaktor	1,00	1,08	1,17	1,26	1,36
Vermögen erwartet	150 000	162 441	175 804	188 299	203 553
Zielvermögen	200 000	200 000	200 000	200 000	200 000
Deckungsgrad	75 %	81 %	88 %	94 %	102 %

Chart 29

Die Tabelle kannst du nutzen, um abzuschätzen, mit welcher Strategie dein Ziel erreichbar ist. Für andere Zeiträume kannst du einen Blick in den Anhang werfen *(Tabelle «Vermögensfaktor», Seite 298)*.

1. **Erwartetes Vermögen:** Welches Vermögen erreichst du am Ende deines Horizonts? In unserem Beispiel beträgt der Vermögensfaktor für 100 % Aktien 1,36. Um diesen Wert vervielfacht sich die Kaufkraft deines Vermögens voraussichtlich in 10 Jahren. Du kannst dein Ausgangsvermögen damit multiplizieren, um dein persönliches erwartetes Vermögen zu ermitteln.
2. **Deckungsgrad:** Wenn du das erwartete Vermögen durch das Zielvermögen teilst, erhältst du den Deckungsgrad. Im Beispiel lässt sich bei 100 % Aktien ein Vermögen von 203 553 CHF erwarten. Damit beträgt der Deckungsgrad 102 %. Du übertriffst also dein Ziel um 2 Prozentpunkte. Mit den anderen 4 Strategien wirst du die 200 000 CHF nicht erreichen, der Deckungsgrad bleibt unter 100 %.
3. **Bestimmen zielführender Strategien:** Wenigstens die riskanteste Strategie mit 100 % Aktien muss ausreichen, um dein Ziel zu erreichen! Das erwartete Vermögen muss also das Zielvermögen übertreffen; der Deckungsgrad muss 100 % überschreiten. Nur dann liegen die Chancen auf Zielerreichung immerhin über 50 %. Im obigen Beispiel reicht also einzig die Strategie 100 % Aktien aus.
4. **Findest du keine Strategie, die einen Deckungsgrad von über 100 % erwarten lässt?** Dann stehen die Chancen schlecht, dass du deine Ziele erreichst. Natürlich kannst du auf Glück hoffen und trotzdem an deinem Plan festhalten. Möchtest du allerdings realistisch planen, musst du dein Ziel aufschieben, reduzieren oder künftig mehr sparen. Experimentiere darum so lange, bis du zumindest mit 100 % Aktien einen Weg zum Ziel findest.

3 Fallstudie: Mira spart für ihr Haus

Erinnerst du dich an Mira? Ihr grösstes Bedürfnis mit ihrem Partner Jonas ist es, in 10 Jahren ein schönes Haus im Grünen zu kaufen. Dafür möchten die beiden 400 000 CHF Eigenkapital ansparen. 60 000 CHF hat Mira bereits heute auf dem Konto. Sie setzt sich darum mit Jonas zusammen und rechnet durch, welche **Anlagestrategie** sich am besten für sie eignet.

- **Ziel:** in 10 Jahren 400 000 CHF
- **Weg:** Mira rechnet damit, jedes weitere Jahr zusammen mit Jonas 30 000 CHF anzusparen. Das ist eine eher konservative Schätzung, weil sie nicht sicher weiss, wie sich ihr Business entwickeln wird. Ausserdem weiss sie noch nicht, ob sie Kinder möchte und vielleicht irgendwann nur noch Teilzeit arbeiten wird. Ihr Partner hat als Lehrer ein sicheres Einkommen. Darum ist sie offen dafür, ein gewisses Risiko einzugehen.
- **Lösung:** Mira und Jonas studieren den Vermögensfaktor nach der Tabelle auf *Seite 298.* Dann ermitteln sie den Sparfaktor aus der Tabelle auf *Seite 300.* Dabei kommen sie zu dem Ergebnis, dass Mira bereits mit der Strategie von 75 % **Aktien** in 10 Jahren ein Vermögen mit einer Kaufkraft von 408 000 CHF erreichen kann. Sie erreicht also einen **Deckungsgrad** von 102 %: Denn die heute vorhandenen 60 000 CHF wachsen nach dem Modell auf 75 000 CHF an. Aus den Sparbeiträgen von 10 × 30 000 CHF resultiert mit einem Sparfaktor von 11,1 eine Kaufkraft von 333 000 CHF.

Allerdings gibt es keine Garantie, dass die Anlagemärkte diese **Rendite** auch wirklich liefern. Sie kann viel tiefer oder auch viel höher ausfallen. Je mehr Vermögen prozentual in Aktien angelegt wird, desto stärker schwankt das Ergebnis. Kann Mira diese Schwankungen aushalten? Jonas und Mira besprechen, wie sie sich ihre gemeinsame Zukunft vorstellen. Was machen sie, wenn ihr Plan nicht aufgeht?

Im Beispiel übertrifft schon die Strategie mit 75 % Aktien das Ziel

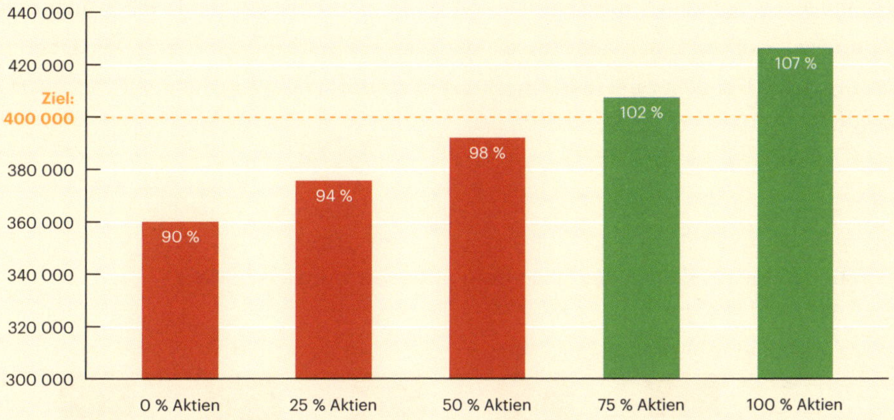

Aktien in %	0 %	25 %	50 %	75 %	100 %
Vermögensfaktor	1,00	1,08	1,17	1,26	1,36
Vermögen ohne Sparen	60 000	64 977	70 322	75 320	81 421
Sparfaktor	10,00	10,37	10,75	11,10	11,52
Vermögen aus Sparen	300 000	311 034	322 548	333 033	345 504
Vermögen erwartet	360 000	376 010	392 869	408 353	426 926
Zielvermögen	400 000	400 000	400 000	400 000	400 000
Deckungsgrad	90 %	94 %	98 %	102 %	107 %

Chart 30

4 Kannst du dir einen Börsencrash finanziell leisten?

Die Börse kann viel besser, aber auch viel schlechter laufen als erwartet. Wenn Jonas und Mira gemeinsam in ihre Zukunft gehen und vielleicht sogar heiraten, können sie ohne Kinder und mit zwei vollen Gehältern – davon ein sicheres Lehrergehalt – mit Schwankungen grundsätzlich gelassen umgehen. Allerdings müssen viele Menschen in ihrem Alltag zahlreichen finanziellen Verpflichtungen nachkommen: hohe Miete oder Haus abbezahlen, Autokredit, Versicherungen, Kinder. Bei vielen Familien zählt jeder angesparte Franken. Was, wenn hier plötzlich die Hälfte weg wäre?

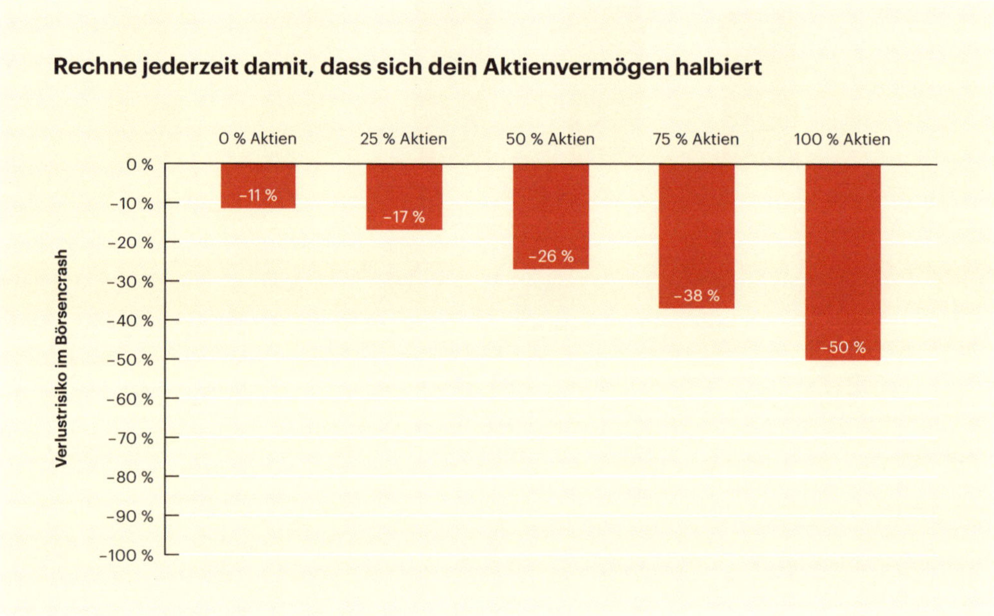

Chart 31

Eine Grundregel an der Börse besagt: Du musst auf das Schlimmste vorbereitet sein. Der Chart oben zeigt dir, mit welchen Verlusten du je nach Strategie rechnen musst: Wenn du 0 % in Aktien anlegst, also alles im Geldmarkt und in **Anleihen** belässt, dann wirst du selten mehr als 11 % von deinem Höchststand im Vermögen verlieren. Auch bei 25 % Aktien sind die Verluste oft noch zu verkraften.

Bist du aber 100 % in Aktien, kann der Rückschlag ganze 50 % betragen. Verkaufst du zu diesem Zeitpunkt deine Aktien, verlierst du dein halbes Vermögen. Merke dir deshalb als einfache Faustregel: **Dein Aktienvermögen kann sich jederzeit halbieren.** Auch wenn das Schlimmste unwahrscheinlich ist. Es nützt dir nichts, wenn es 9- von 10-mal gut geht. Du hast nicht 10 Leben, sondern nur eines!

Allerdings zwingt dich niemand, deine Aktien zu verkaufen, wenn sie sich gerade im Tief befinden. Jedenfalls nicht, wenn du genug finanziellen Puffer hast, um deinen Lebensunterhalt und deine Grundbedürfnisse anderweitig zu bestreiten. Im Optimalfall wartest du deshalb so lange, bis die Börse ihre Durststrecke überwunden hat und du dein Ziel erreicht hast. Falls dir diese Geduld oder Zeit fehlt, musst du bereit und fähig sein, mehr Geld zu sparen, als du geplant hast – womöglich sehr viel mehr Geld. Und falls du weder Zeit zum Abwarten noch Geld zum Sanieren deines Plans hast, dann bleibt dir nur noch, dein Ziel nach unten anzupassen.

Auch Mira und Jonas machen sich darüber Gedanken. Das Haus im Grünen hat für sie beide Priorität. Lieber verzichten sie auf teure Autos und Luxusferien. Auch Jonas möchte seinen Teil zu ihrer Zukunft beitragen und macht eine private Monatsbilanz. Auf diese Weise kann er berechnen, wie viel Geld er zukünftig monatlich zurücklegen kann. So können sie sich einen finanziellen Puffer aufbauen, um Börsenkrisen durchzustehen.

5 Kannst du einen Börsencrash emotional verkraften?

Bisher haben wir das Crash-Risiko sehr rational und nüchtern betrachtet. Aber wie rational und nüchtern bleibst du, wenn die Krise beginnt? Börsencrashs haben immer auch etwas mit der Panik der Anleger zu tun. Sobald der Kurs unter einen bestimmten Wohlfühlpunkt fällt, setzt die Angst ein.

Plötzlich kreisen die Gedanken immer schneller: **Wie tief wird der Kurs noch abstürzen? Was, wenn ich noch mehr Geld verliere? Was, wenn alles zusammenbricht?** Wie eine Lawine rollt die Panik weiter und steckt immer mehr Anleger an – mit dem Ergebnis, dass der Kurs weiter und weiter fällt.

Chart 32 Eigene Analyse mit Daten seit 1950, basierend u. a. auf Ortec Finance, 2021, Portfoliofonds seit 2007

Ein Aktienkurs setzt sich nie nur aus reinen Zahlen zusammen. Er enthält auch die Hoffnung der Anleger, die daran glauben, dass das Unternehmen eine glänzende Zukunft vor sich hat. Mit jedem Kursabfall sinkt diese Zuversicht. Was sagt dein Bauch, wenn der von dir gewählte ETF in kürzester Zeit um 5 %, 10 % oder 20 % sinkt? Das sind keine Fantasiezahlen. Im Coronafrühling 2020 hat der **DAX** an einem einzigen Tag 12,24 % verloren. Wie hättest du an diesem Tag reagiert? Hättest du noch ruhig schlafen können?

Der abgebildete Chart basiert auf historischen Daten seit 1950 und zeigt, wie stark die unterschiedlichen Strategien einbrechen können. Schlimmer kommt es selten. Grob geschätzt dürften die Einbrüche im Leben eines Anlegers höchstens 1 oder 2 Mal noch grösser ausfallen. Je höher der Aktienanteil, desto heftiger in der Regel der Einbruch. Die Erholung dauert aber interessanterweise bei allen Strategien etwa gleich lang, und zwar im Mittel 7 bis 8 Jahre.

Bis du alle Verluste wieder aufgeholt hast, also dein Vermögen nach Abzug aller Kosten (aber vor Steuern und **Inflation)** wieder das Ausgangsniveau erreicht hat, kann es natürlich auch weniger als 4 Jahre oder im Einzelfall 12 und mehr Jahre dauern. Und zwar selbst mit einem nur geringen Aktienanteil. Denn dann ist der Verlust im Crash zwar niedriger, aber dafür liegt die **Rendite** in den Jahren der Erholung viel tiefer als mit 100 % Aktien.

Was meinst du, bei wie viel Prozent Verlusten verlierst du die Nerven? Bei 20 %, 40 %, 50 %? Und nach wie vielen Jahren verkaufst du alles frustriert, weil sich deine erhoffte Rendite nicht erfüllt hat? Bei diesen Fragen geht es also nicht nur darum, ob du dir den Verlust finanziell leisten kannst. Die Frage nach deinem Risikoanteil zielt auch darauf ab, wie viel du dir emotional zumuten möchtest. Gerade bei Ehepaaren müssen letztlich alle Beteiligten hinter der Strategie einer grossen Investition stehen und dem Druck standhalten. Wie viel möchtest du darauf wetten?

6 Die Strategie ist alles – wäge gut ab!

100 %, 75 %, 50 % oder 25 % Aktien – in den letzten Kapiteln hast du gelernt, wie sich die unterschiedlichen Strategien entwickeln können, welche Einbrüche drohen und wie du mit diesen Einbrüchen finanziell wie auch emotional umgehen kannst.

Hast du dich bereits für eine Strategie entschieden? Denk daran: Eine Strategie ist nur dann eine Strategie, wenn du sie über viele Jahre durchziehen kannst. Änderst du hingegen deinen Plan jedes Jahr, wird sie zur Taktik. Da an der Börse die Zeit für dich arbeitet, bist du dann verloren. Deine Anlagen enden im Desaster. Denn ohne Strategie wirst du wie die meisten Anleger im Crash die Nerven verlieren, die Aktien zu Schleuderpreisen verkaufen, und erst wenn die Börsenstimmung wieder euphorisch ist, sie zu Höchstpreisen zurückkaufen.

Wähle dein Ziel mit Bedacht. So, dass du es mit einer Strategie gut erreichen kannst, die du dir sowohl finanziell wie auch emotional leisten kannst. Prüfe dabei auch, wie viel Spielraum dir die Strategie lässt. Kannst du dir im Falle von Börsenkrisen mehr Zeit geben, Geld einschiessen oder dein Ziel reduzieren? Einbrüche emotional zu verkraften, wird umso wichti-

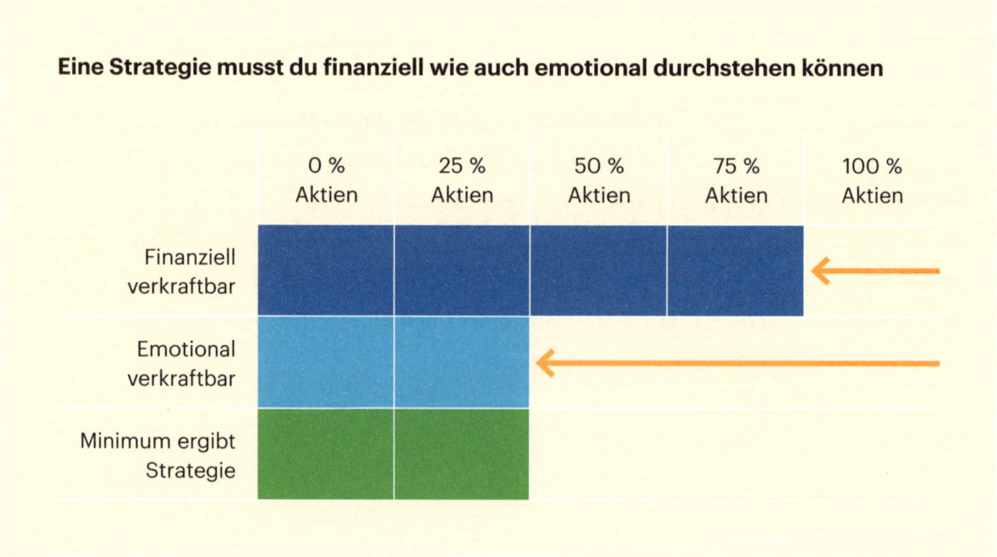

Chart 33

ger, je höher dein Vermögen ist und je älter du bist. Denn wenn du bereits auf die Pensionierung zugehst, wirst du nicht mehr viel Einkommen erzielen. Darum wird der absolute Verlust umso mehr schmerzen.

Was meinst du, wie sich Mira entscheiden wird? Mira ist eine sehr risikoaffine Person. Sie ist noch jung und glaubt daran, mit ihrem Business in den nächsten Jahren viel Einkommen zu generieren. Darum kann sie Verluste gut verkraften. Gleichzeitig gibt es finanziell aktuell noch viele unbekannte Variablen in ihrem Leben: Werden Jonas und sie wirklich zusammenbleiben? Wie entwickelt sich ihr Unternehmen, wenn eine Wirtschaftskrise aufzieht? Auch Jonas rät eher zur Vorsicht.

DAS A&O ... um mit deinem Geld mehr zu verdienen

Jetzt bist du dran! Entscheide dich, wie viel Prozent deines Vermögens und deiner Sparrate du in Aktien anlegen möchtest. So gehst du dabei vor:

1. **Errechne dir, wie viel Prozent deines Vermögens du mindestens in Aktien investieren musst,** um mit hoher Wahrscheinlichkeit dein grösstes Bedürfnis in dem von dir festgesetzten Zeitrahmen zu erfüllen. Nutze dafür die Tabellen im Anhang ab Seite 298.

2. Stell dir vor, in ein paar Monaten crasht die Börse, die Aktienmärkte halbieren sich. Auch dein Aktienvermögen halbiert sich.
   Finanzielle Verkraftbarkeit: Hast du genug Zeitpuffer, um eine Krise auszusitzen und auf Erholung zu warten? Kannst du reagieren, wenn die **Rendite** unter deinen Erwartungen bleibt? Kannst du mehr sparen, dein Ziel aufschieben oder reduzieren?
   Emotionale Verkraftbarkeit: Kannst du so viel Vermögen verlieren, ohne panisch zu verkaufen? Wann würde dein Partner/deine Partnerin nicht mehr ruhig schlafen?

3. **Liegt deine finanzielle oder emotionale Verkraftbarkeit unter dem im ersten Schritt errechneten Minimum,** musst du eine defensivere Strategie mit geringerem Aktienanteil wählen und dein Ziel entsprechend bescheidener formulieren.

F

Ökologisch und sozial: *So legst du nachhaltig an*

1 Was bedeutet Nachhaltigkeit?

Der Begriff «Nachhaltigkeit» wird seit Jahren inflationär gebraucht. Manchmal ist damit ein echtes ökologisches und soziales Handeln gemeint, ein anderes Mal wird es lediglich als Werbeslogan ohne wirklichen Inhalt gebraucht. Ursprünglich stammt der Begriff aus der Forstwirtschaft. Dabei geht es um Ressourcennutzung. Eine nachhaltige Waldwirtschaft fällt nur so viele Bäume, dass sie dem Ökosystem Wald nicht schadet und damit sich selbst erhält.

Mittlerweile reicht der Begriff in alle Bereiche unseres Lebens. Er umfasst ökologische Themen genauso wie soziale und die Frage nach Generationengerechtigkeit. Bereits der richtungsweisende Brundtland-Bericht von 1987 fasst Nachhaltigkeit als eine «Entwicklung, die die Bedürfnisse der Gegenwart befriedigt, ohne zu riskieren, dass künftige Generationen ihre eigenen Bedürfnisse nicht befriedigen können» (ARE, o. J.).

Was das genau bedeutet, hat die UNO mit der Agenda 2030 festgelegt. Darin nennt sie 17 Ziele für nachhaltige Entwicklung: beispielsweise Armut und Hunger bekämpfen, Menschenrechte schützen, Frieden, Gerechtigkeit, Inklusion und Geschlechtergleichstellung fördern sowie den dauerhaften Schutz unseres Planeten und seiner natürlichen Ressourcen sicherstellen.

Auch auf dem Finanzmarkt ist Nachhaltigkeit angekommen. Retten wir also als Anleger mit nachhaltigen Finanzprodukten die Welt? Schön wär's. Zwar werden immer mehr **Fonds** unter dem Label *Nachhaltigkeit* angeboten, allerdings bleiben viele hinter ihren Ansprüchen zurück. Trotzdem gehen sie einen kleinen Schritt Richtung Nachhaltigkeit, indem sie sich zu transparenten Regularien verpflichten und beispielsweise weder Unternehmen mit fragwürdigen Arbeitsbedingungen noch die grössten Umweltsünder unterstützen. In der Regel rapportieren die jeweiligen Anbieter dabei, wie ihre Anlagen Nachhaltigkeitsziele unterstützen.

Das spricht immer mehr Menschen an, die verantwortungsbewusst handeln und trotzdem **Rendite** machen wollen. Möchte man heute in Unternehmen investieren, die nachhaltig wirtschaften und zum Erreichen der Umweltziele beitragen, muss man also nicht auf Vermögenszuwachs verzichten.

Die 17 Nachhaltigkeitsziele der UNO bis 2030

Chart 34 *Quelle: UNRIC – Regionales Informationszentrum der Vereinten Nationen (o. J.)*

2 Wege zur Nachhaltigkeit

Du interessierst dich für nachhaltiges Anlegen? Dann also ab aufs Fahrrad und in den grünen Supermarkt! Bei der Auswahl kannst du dich vor allem aus diesen zwei Regalen bedienen:

1. **Nein zu Bösem:** Deine Anlagen sollen deine Wertvorstellungen abbilden und nichts unterstützen, was du ablehnst. Das heisst, in deinem Einkaufskorb landen keinerlei ethisch zweifelhafte Unternehmen, Industrien oder Staaten.
2. **Ja zu (mehr) Gutem:** Dir geht es beim nachhaltigen Anlegen darum, nachhaltig wirtschaftende Firmen gezielt zu unterstützen. Du tust mit deinem Geld also bewusst etwas Gutes und greifst bei deinem Einkauf vor allem zu besonders vorbildlichen Produkten.

In welchen Bereichen du Böses ausschliessen oder Gutes stärker gewichten möchtest, liegt bei dir. Frieden, Menschenrechte, Schutz unseres Planeten, Klimawandel oder alle davon: Du hast die Wahl. Du entscheidest, hinter welchen Anlagen du stehen kannst.

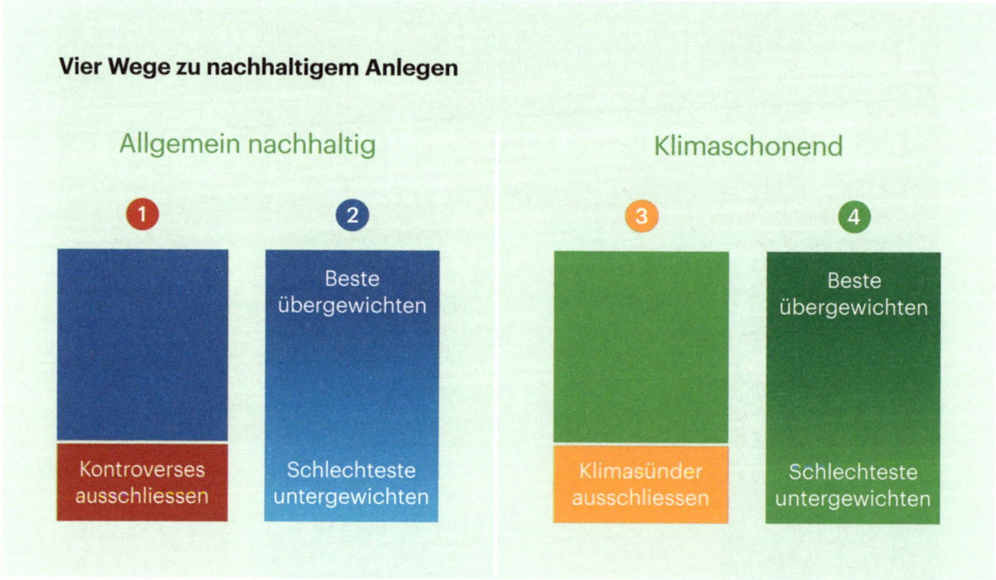

Chart 35

Beim nachhaltigen Investieren bieten sich analog zum Kauf im grünen Supermarkt vor allem diese vier Wege an (CFA Institute, 2015):

1. **Ausschluss kontroverser Firmen und Industrien:** Kaufe nur **Fonds,** die fragwürdige Anlagen ausschliessen; sei es aus ethischen Gründen (Tabak, Alkohol, Glücksspiel etc.) oder aufgrund internationaler Standards und Normen (UN Global Compact, geächtete Waffen wie Streuminen etc.).

2. **Best-in-Class-Prinzip nachhaltig:** Fokussiere dich auf die nachhaltigsten Firmen und Länder aufgrund fester Kriterien (ESG-Rating, Demokratie-Rating etc.). Es wird nur in die Klassenbesten investiert oder die Besten werden höher, die Schlechtesten tiefer gewichtet als im Gesamtmarkt.

3. **Ausschluss von Klimasündern:** Kaufe Fonds, die beispielsweise Kohlekraftwerke oder Förderer fossiler Energien wie Kohle, Erdöl und Erdgas ausschliessen.

4. **Best-in-Class-Prinzip klimaschonend:** Wie bei der vorigen Strategie investierst du hier nur in die Klassenbesten bzw. gewichtest sie höher als die anderen. Dabei fokussierst du dich jedoch auf den Klimawandel, nimmst also Unternehmen mit geringen CO_2-Emissionen und anspruchsvollen Klimaplänen in den Blick. Firmen mit einer schlechteren Umweltbilanz gewichtest du schwächer als im Gesamtmarkt.

3 Die All-in-one-Lösung: nachhaltig in eine bessere Welt

Längst ist eine ökologisch bewusste Haltung keine Frage mehr von einer kleinen Minderheit. Der Klimawandel geht uns alle an, auch wenn noch ein paar Zögerliche die Augen davor schliessen möchten. Wenn du also nachhaltig investieren willst, empfehle ich dir, auf klimafreundliche Anlagen zu setzen.

Doch selbst wenn dir die Welt und kommende Generationen egal sind, spricht einiges für klimafreundliches Anlegen. Denn die Klimakrise hat reale Auswirkungen. Aus diesem Grund birgt es Gefahren, in die grössten Klimasünder zu investieren. Natürlich kannst du auf Unternehmen setzen, die besonders energieintensiv sind und auf billiges Gas oder Kohle bauen. Allerdings gehst du damit die Gefahr ein, auf eine aussterbende Art zu setzen. Denn trotz grosstuerischer Reden aus Amerika hat der vernünftige Teil der Welt längst begriffen, dass erneuerbare Energien die Zukunft sind. Langfristig profitierst du darum voraussichtlich in mehrfacher Hinsicht von Windturbinenherstellern oder Wasserstoffproduzenten, die den Klimawandel mindern.

Bei der Frage nach der Unterstützung ethisch fragwürdiger Unternehmen geht es vor allem darum, in welcher Welt wir leben wollen. Menschenrechte, Frieden, Gerechtigkeit und Inklusion sind Werte, die wir als Demokratie unterstützen sollten. Dazu gehört auch eine verantwortungsvolle Unternehmensführung ohne überrissene Löhne und Boni, mit fairer Behandlung von Minderheitsaktionären wie dir.

Bei einem nachhaltigen **Portfolio** stimmst du mit deinem Geldbeutel darüber ab, welche Grundsätze dir wichtig sind. Dabei musst du dich nicht zwischen Ökologie und sozialen Werten entscheiden. Die im Chart skizzierte Lösung schliesst Firmen und Länder aus, die sich generell kontrovers verhalten, beispielsweise Menschenrechte missachten, Tabak oder Streuminen herstellen. Aber auch Klimasünder wie Kohleproduzenten werden ausgeschlossen. Ausserdem werden Firmen übergewichtet, die sich generell oder im Klimabereich besonders nachhaltig verhalten.

Die folgenden Kapitel widmen sich den Dimensionen von Nachhaltigkeit: Ökologie (E), Soziales (S) und Governance (G). Zum Schluss fragen wir uns, ob Nachhaltigkeit deiner **Rendite** eher nutzt oder schaden wird.

Gleichzeitig allgemein nachhaltig wie besonders klimaschonend investieren

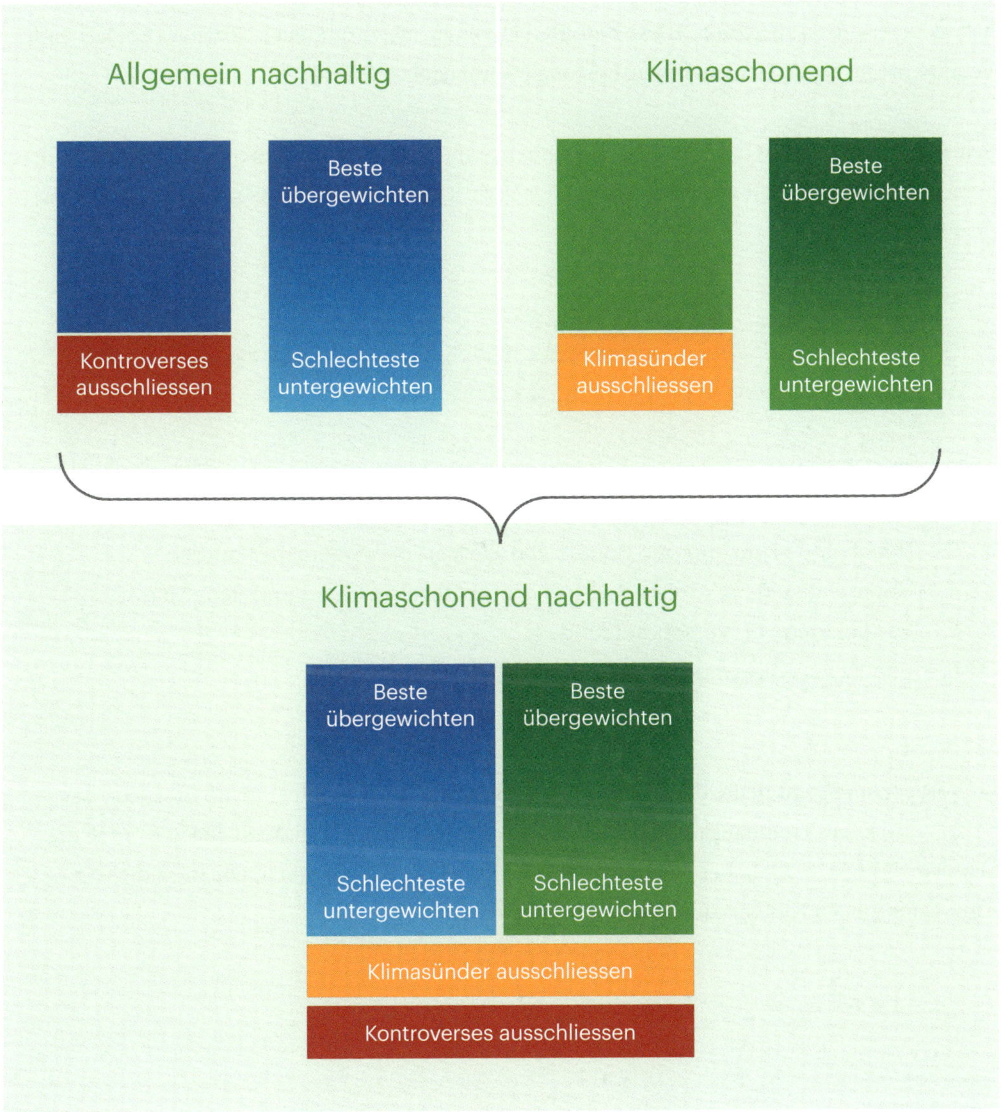

Chart 36

4 Ökologisch investieren

Wie kann man die Nachhaltigkeit einer Anlage beurteilen? Als Massstab für Nachhaltigkeit gilt in der Wirtschaft der – durch die Vereinten Nationen 2004 ins Spiel gebrachte – Bewertungsrahmen «ESG». Sogenannte **ESG-Fonds** versprechen, bei ihrer Auswahl auf wichtige Nachhaltigkeitskriterien zu achten. Diese betreffen Ökologie (**E**nvironment), Soziales (**S**ocial) und Verantwortungsvolle Unternehmensführung (**G**overnance).

Sehen wir uns zunächst das E in ESG an: «Environment» umfasst Themen wie Klimawandel, Verschmutzung von Luft und Meeren und der Verlust an Artenvielfalt. Was aber heisst das für dein **Depot?**

Die EU hat 2020 eine Taxonomie verabschiedet, die festlegt, welche Ziele die als ökologisch deklarierten Anlagen unterstützen sollten (Schiffler, o. J.):

1. Abschwächung des Klimawandels
2. Anpassung an den Klimawandel
3. Nachhaltige Nutzung und Schutz von Wasser- und Meeresressourcen
4. Übergang zu einer Kreislaufwirtschaft, Abfallvermeidung und Recycling
5. Vermeidung von Verschmutzung
6. Schutz von Ökosystemen und Biodiversität

Im Vordergrund steht heute der Klimawandel. Bis 2050 will die Welt klimaneutral sein, das heisst netto keine Treibhausgase mehr in die Atmosphäre emittieren. Viele Staaten, auch die Schweiz (UFAM, o. J.), haben Klimastrategien entwickelt, die vorgeben, wie stark die CO_2-Anpassung an den Klimawandel somit jedes Unternehmen ableiten.

Unternehmen, die mit der Einhaltung dieser Vorgaben Mühe haben, nehmen hingegen das Risiko in Kauf, hohe Strafzahlungen verbüssen zu müssen. Auch Absatzverbote, Reputationsprobleme und eine Ächtung durch die Investoren und Investorinnen sowie die Kunden und Kundinnen droht ihnen. Viele Pensionskassen investieren beispielsweise nicht mehr in den Kohleabbau: Das Verbrennen von Kohle belastet das Klima extrem, saubere Prozesse einzuführen, ist teuer, Preise und Absatzmengen leiden, Aktienkurse sinken.

Umgekehrt gibt es Industrien, die im Kampf gegen den Klimawandel helfen, beispielsweise aus den Bereichen erneuerbare Energien, Energieeffizienz, Elektromobilität, nachhaltige Baumaterialien, Aufforstung, Recycling oder ökologische Landwirtschaft.

5 Sozial investieren

Das S in dem Bewertungsrahmen für Nachhaltigkeit ESG steht für «Social». **ESG-Fonds** achten darauf, wie Unternehmen mit ihren Mitarbeitern und Mitarbeiterinnen, Lieferanten und Lieferantinnen, Kunden und Kundinnen sowie dem Umfeld umgehen, in dem sie tätig sind.

Der von Anlegern stark beachtete «UN Global Compact» (UN Global Compact, o. J.) verpflichtet Unternehmen zu zehn Prinzipien. Unter anderem sollen sie diese sozialen Mindeststandards einhalten:

- Menschenrechte respektieren
- Gewerkschaften zulassen
- keine Zwangsarbeit
- keine Kinderarbeit
- Gleichstellung sicherstellen

Nachhaltige Fonds screenen die Unternehmen im **Portfolio** in der Regel auf Einhaltung des Global Compact. Sie nehmen mit kontroversen Unternehmen den Dialog auf, motivieren sie zu Korrekturen und schliessen als letzte Konsequenz solche Unternehmen aus ihrem Anlageuniversum aus.

Der Global Compact bietet allerdings nur grobe Richtlinien. In der Praxis werden sich kaum Unternehmen offen gegen Menschenrechte aussprechen. Trotzdem gibt es immer wieder Player, die gerne mal ein Auge zudrücken, wenn zum Beispiel ein Lieferant ein unschlagbares Angebot macht. Auch ein nachhaltiger **Fonds** gibt darum keine hundertprozentige Garantie, dass die darin gelisteten Unternehmen in jedem Bereich zu jeder Zeit sozial handeln.

Soziale Investments umfassen noch einen anderen Aspekt: Menschenrechte und Demokratie sind eng miteinander verbunden und stärken sich gegenseitig. Menschenrechte sind die Grundpfeiler der Demokratie. In der Regel möchten soziale Anleger darum zum Beispiel **Staatsanleihen** von Staaten meiden, die die Menschenrechte missachten. Wenn du dich darüber informieren möchtest, kannst du beim V-Dem Institute ein jährliches Demokratie-Ranking aller Staaten einsehen (V-Dem Institute, 2025).

F

6 Verantwortungsvolle Unternehmensführung als Investitionsthema

Das **G** in ES**G** steht für «Governance», was so viel bedeutet wie «verantwortungsvolle Unternehmensführung». Dieser Bereich umfasst folgende Aspekte:

- Vergütung der Führungskräfte: Ist sie angemessen und entspricht sie den Interessen der Aktionäre und Aktionärinnen?
- Verwaltungsrat: Ist er unabhängig, kompetent, divers?
- Ethik: Beharrt die Führung konsequent auf ethisch korrektem Verhalten?
- Korruption: Unterbindet die Führung jegliches korrupte Verhalten weltweit?
- Rechte der Aktionäre: Werden beispielsweise Minderheitsaktionäre und -aktionärinnen fair behandelt?

Was bedeutet das für dich als Aktionär oder Aktionärin? Als Anleger ist es nicht in deinem Interesse, wenn Führungskräfte, also vor allem der CEO und die Geschäftsleitung, übermässig hoch entlöhnt und nur an kurzfristigen finanziellen Erfolgen gemessen werden. Das kommt oft vor, wenn der Verwaltungsrat nicht unabhängig ist, sondern mit der Geschäftsleitung und untereinander stark verbandelt ist. Auch wenn der Verwaltungsrat wenig divers ist, birgt das Gefahren. Denn dies kann dazu führen, dass das Unternehmen auf Kosten von Mitarbeitenden, Kundinnen und Aktionären geschröpft wird. Unethisches oder gar korruptes Verhalten können den Zerfall des Unternehmenswertes weiter beschleunigen. Es folgt der Konkurs – oder die Rettung durch den Staat. Zuletzt profitierst du als Minderheitsaktionär oder -aktionärin von einem Stimmrecht, damit du zum Beispiel bei Fusionen und Übernahmen gegenüber den Grossaktionären und -aktionärinnen nicht benachteiligt wirst.

Die Qualität der «Governance» ist kein neues Thema, sondern seit Jahrzehnten fester Bestandteil der Finanzanalyse. Die allermeisten Fonds nehmen ihre Aktionärsrechte wahr und stimmen für dich an der Generalversammlung ab. Trotzdem gibt es Unterschiede. So haben nachhaltige Fonds striktere Richtlinien, beispielsweise was die Gestaltung des Verwaltungsrats betrifft.

F

7 Greenwashing: hellgrüne und dunkelgrüne Fonds

Nicht überall, wo Nachhaltigkeit draufsteht, ist Nachhaltigkeit drin. Da nachhaltige Themen im Trend sind, schmücken sich Unternehmen und Fonds allzu gern mit dem Label, ohne wirklich nachhaltig zu sein. Sie waschen sich grün. Auch die ESG-Kriterien können unterschiedlich streng ausgelegt werden und verhindern den Etikettenschwindel nicht vollständig.

Die EU versucht auf dem Finanzmarkt Greenwashing zu verhindern, indem sie eine Offenlegungsverordnung (**S**ustainable **F**inance **D**isclosure **R**egulation, SFDR) beschlossen hat. Diese soll Transparenz schaffen und Anlegern ermöglichen, Anlageprodukte auf ihre Nachhaltigkeitskriterien hin zu vergleichen (Europäisches Parlament und Rat, 2019).

Die SFDR-Klassifizierung unterscheidet zwischen sogenannten Artikel-9-Fonds, Artikel-8-Fonds und Artikel-6-Fonds:

- **Artikel-9-Fonds (dunkelgrüne Fonds)** müssen Nachhaltigkeit als zentrales Ziel verfolgen und alle Anlagen vermeiden, die dieses Ziel beeinträchtigen. Sie haben also einen positiven Impact. Nur Fonds dieser Kategorie stuft die EU als wirklich nachhaltig ein.
- **Artikel-8-Fonds (hellgrüne Fonds)** berücksichtigen gewisse Nachhaltigkeitskriterien. Sie fördern ökologische und/oder soziale Merkmale, jedoch ohne zwingend nachhaltige Investitionen als Hauptziel zu haben oder nicht-zielkonforme Anlagen auszuschliessen.
- **Artikel-6-Fonds** tragen nicht wesentlich zur Nachhaltigkeit bei. Sie müssen aber immerhin rapportieren, wie sie Nachhaltigkeitsrisiken analysieren.

Viele **ESG-Fonds** lassen sich zwar heute noch nicht eindeutig den jeweiligen Artikeln zuordnen (Disabato & Ng, 2021), aber sie erfüllen weitgehend wenigstens die Anforderungen von Artikel 8. Auch findest du die Angaben gemäss EU-Richtlinie immer häufiger auf dem Fonds-Factsheet, das die Charakteristiken des jeweiligen Fonds ausführt.

Wirklich nachhaltig sind höchstens die Artikel-9-Fonds

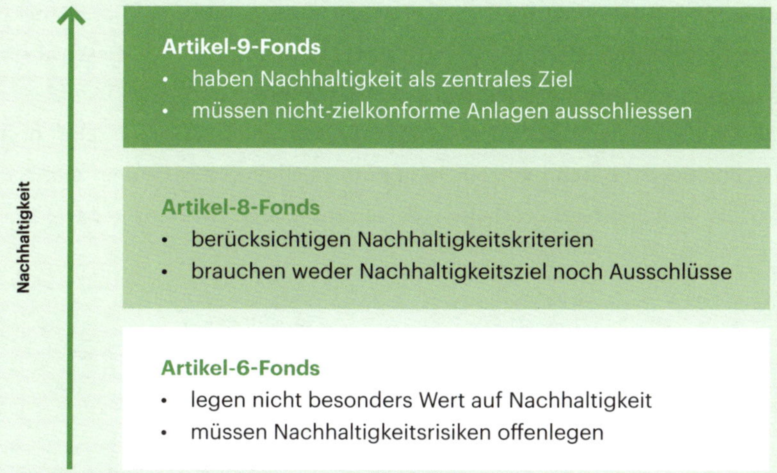

Chart 37 *Vgl. Europäisches Parlament und Rat, 2019*

8 Was bringt nachhaltiges Investieren der Welt – und dir?

Die wenigsten Menschen werden anzweifeln, dass nachhaltiges Investieren die Welt ein bisschen besser macht. Wenn du und viele andere ihr Geld nur noch in nachhaltige Firmen und Ländern anlegen, wird es für die übrigen Firmen schwieriger, an Geld zu kommen: Für Kohlekraftwerke zum Beispiel steigen die Kapitalkosten, sie müssen **Anleihen** mit höheren Zinsen ausstatten, um genug Investoren und Investorinnen anzuziehen. Damit verlieren sie an Wettbewerbsfähigkeit gegenüber Produzenten erneuerbarer Energien – es sei denn, sie finden selbst nachhaltige Lösungen. Nachhaltigere Firmen zahlen nicht nur für Anleihen etwas weniger Zins, sie können sich auch Aktienkapital günstiger beschaffen (Friede et al., 2015; Atz et al., 2022).

Der Einfluss von Nachhaltigkeit auf die Rendite ist umstritten
Anteil aus 238 Studien

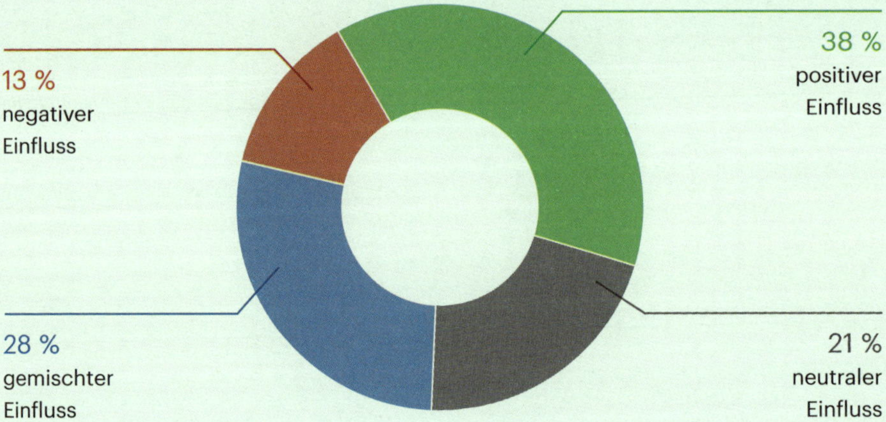

Chart 38 *Quelle: Friede et al., 2015*

Aber was bleibt bei dir hängen? Schliesslich geht es um deine Altersvorsorge, dein Haus im Grünen oder einen anderen Wunsch, auf den du fleissig sparst. Der Einfluss von Nachhaltigkeit auf die **Rendite** ist umstritten: Aus 238 Studien aus dem Zeitraum 2015 bis 2020 lässt sich ablesen, dass sich der Fokus auf nachhaltige Anlagen zu 38 % positiv auf die Rendite auswirkt. Zu

13 % der Studien ist der Effekt negativ, bei den restlichen 49 % fiel er neutral oder gemischt aus (Friede et al., 2015).

F

Tatsächlich zeigt die Auswertung wissenschaftlicher Studien also gemischte Ergebnisse: Mal nützt, mal schadet Nachhaltigkeit der Rendite. Vor allem der Ausschluss unethischer Branchen scheint Rendite zu kosten – Tabak und Alkohol sind seit Langem finanziell attraktive Anlagen. Allerdings sind nachhaltigere Firmen weniger von Misswirtschaft und Skandalen betroffen. Du wirst bei ihnen seltener einen Totalverlust erleben. Zudem scheinen sie krisenfester zu sein. In der Finanzkrise 2008 und während der Pandemie schnitten nachhaltige Anlagen relativ gut ab (Atz et al., 2022).

Auch ob klimaschonende Anlagen eine bessere Rendite bringen als Klimasünder, ist noch völlig unklar (ebd.). Mit Ausbruch des Ukrainekriegs stieg die Nachfrage nach Alternativen zu Öl und Gas aus Russland. Durch die Verknappung boomten Öl- und Gas-Aktien aus aller Welt. Je dringlicher aber die Bekämpfung des Klimawandels wird, desto mehr könnten klimaschädliche Investments unter Druck kommen. Gleichzeitig kosten jedoch **ETFs** und **Indexfonds** mit dem Etikett «nachhaltig» im Schnitt mehr Gebühren, was deine Nettorendite beeinträchtigt.
Lohnt es sich also, in nachhaltige Produkte zu investieren? Fest steht: Nachhaltiges Anlegen hat positive Effekte auf unsere Welt. Wie viel dir das Wert ist, musst du selbst entscheiden.

Auch Mira interessiert sich übrigens für nachhaltige Fonds. Du möchtest wissen, für welche Produkte sie sich entschieden hat? Das erfährst du im nächsten Kapitel.

... um mit deinem Geld mehr zu verdienen

1. Nachhaltige Finanzprodukte liegen bei der Rendite oft kaum hinter anderen zurück. Es lohnt sich darum, sich mit dem Thema zu beschäftigen.

2. Beim nachhaltigen Anlegen kannst du entweder ethisch kontroverse Unternehmen ausschliessen oder besonders vorbildliche stärker gewichten.

3. Legt dein nachhaltiges **Portfolio** Wert auf die Bekämpfung des Klimawandels, könnte sich das sogar finanziell auszahlen.

4. Nachhaltige Fonds werden auch als **ESG-Fonds** bezeichnet. ESG steht für «Environment» (Umwelt), «Social» (Soziales) und «Governance» (verantwortungsvolle Unternehmensführung).

5. Viele Fonds verkaufen sich dem Anleger als nachhaltig, sind es aber nicht wirklich. Um sich zu orientieren, hilft die Bezeichnung Artikel-9-Fonds bzw. Artikel-8-Fonds.

6. Nachhaltig zu investieren, verbessert die Welt – ein bisschen. Ob es dir mehr **Rendite** bringt, ist allerdings fraglich, zumal die Fondskosten höher ausfallen. Trotzdem: Gut möglich, dass du in manchen Krisen mit nachhaltigen Fonds besser abschneidest als mit regulären Anlageprodukten – vor allem wenn sich die Klimakrise zuspitzt.

G

Aktien, Anleihen, Geldmarkt: *Wähle dein Portfolio*

1 Überblick: von der Strategie zum Portfolio

Inzwischen kennst du dein finanzielles Ziel und hast die für dich geeignete Strategie ausgewählt. Mit den vorherigen Kapiteln konntest du dir auch einen Überblick über die wichtigsten **Anlageklassen** und deren Renditepotenziale verschaffen. Jetzt müssen wir nur noch beides miteinander verbinden: die passenden Instrumente und deine Strategie. Um die bisher sehr grob formulierten Strategien von 0 % bis 100 % **Aktien** zu verfeinern, folgt hier zunächst noch einmal das Schema:

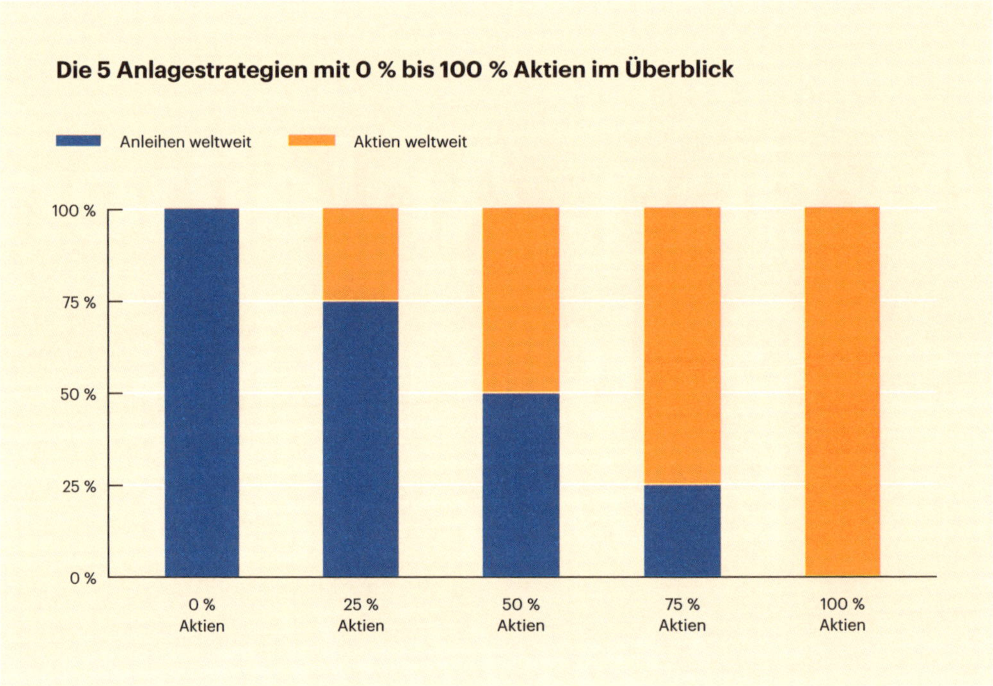

Chart 39

Viele Anleger juckt es in den Fingern, Aktien nachzukaufen, wenn sie gerade gut laufen. Andersherum ist die Versuchung gross, Aktien abzustossen, wenn man eine Rezession befürchtet. Ein solches **Markt-Timing** wird dir langfristig allerdings niemals gelingen, denn Marktprozesse sind viel zu komplex, um sie über einen kürzeren Zeitraum zu prognostizieren. Für welche Strategie du dich auch entscheidest: Du solltest dich künftig strikt an sie halten. Hast du dich zum Beispiel für 50 % Aktien entschieden, dann bleib dabei und ändere die Quote nicht zugunsten eines Markttrends.

ZUM WEITERLESEN

Markt-Timing und andere Irrtümer von Anlegern. Dass Markt-Timing nicht funktioniert, bestätigt nicht nur die Erfahrung, sondern auch die Wissenschaft. Lies in *Kapitel N Sieben Kapitalsünden* (Seite 265), warum das so ist und welche Irrtümer bei Anlegern noch weit verbreitet sind. Auf Seite 292 findest du zudem Literaturempfehlungen zum Thema, wie zum Beispiel: Nassim Talebs Bestseller *Der Schwarze Schwan,* Roger Lowensteins *When genius failed,* Michael Lewis' *Flash boys* und Burton Malkiels *A random walk down Wall Street.*

Aber mit welchen Anlageprodukten solltest du dein **Portfolio** nun befüllen? Je tiefer die Kosten, desto mehr **Rendite** bleibt für dich. Darum empfehle ich dir, deine Kosten so niedrig wie möglich zu halten. Einzig mit **ETFs** und **Indexfonds** drückst du deine laufenden Kosten auf 0,2 % oder noch weniger pro Jahr. Deshalb sind sie die Mittel der Wahl! Trotzdem solltest du die Zusammensetzung deines Portfolios an deine individuelle Situation anpassen. Wie das aussehen kann, zeigt uns Mira.

Mira hat sich das gesamte Angebot an ETFs, Indexfonds und anderen **Fonds** genau angeschaut. Sie hat Lösungen sowohl für Kleinstanleger als auch vermögende Anleger gesucht: von XS bis XL. Mit nachhaltigen Anlagen hat sie sich ebenfalls beschäftigt. Miras Auswahl kann dir darum als Referenz dienen, aber das Produktangebot ändert sich über die Zeit. Fonds können zu klein werden, ihre Strategien ändern oder passen nicht zu deinen Bedürfnissen. Auch können günstigere Fonds auf den Markt kommen. Du musst darum für jeden einzelnen Fonds klären, was für dich aktuell die beste Lösung darstellt.

Fonds finden über die ISIN

Was sich bei einem Fonds nicht ändert, ist seine **ISIN** (International Security Identification Number), das heisst die 12-stellige Nummer, durch die du **Wertpapiere** eindeutig identifizieren kannst. Sie beginnt mit 2 Buchstaben für den Ländercode, gefolgt von 9 Stellen und einer Prüfziffer am Ende, beispielsweise IE00BYM11L64.

2 Geeignete Online-Tools für die Suche nach ETFs und anderen Fonds

Morningstar für die Suche nach Indexfonds und anderen Fonds

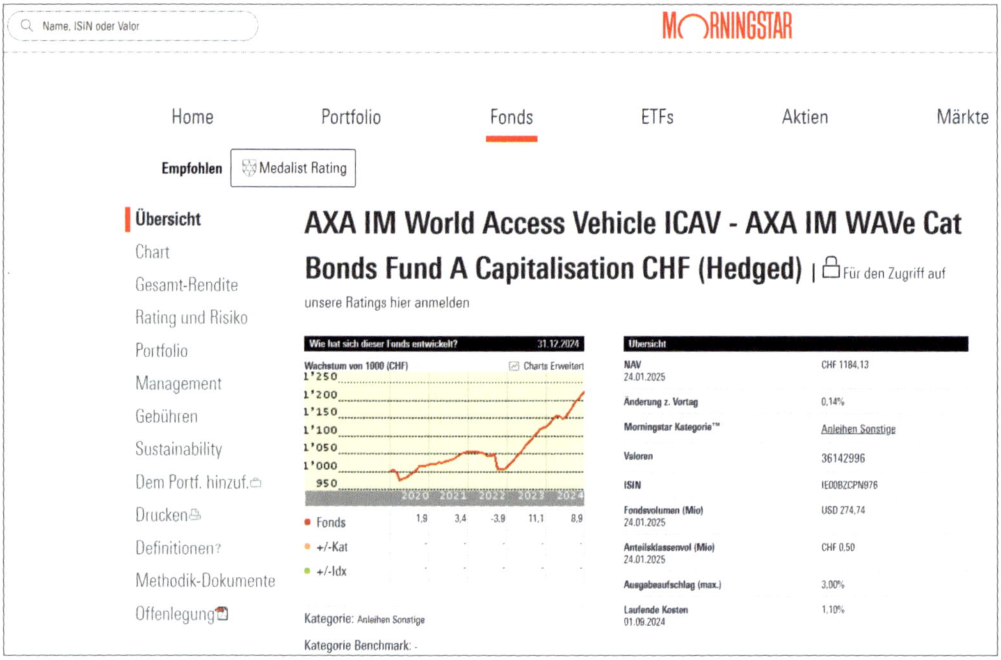

Chart 40 *Screenshot: morningstar.ch*

Mira möchte für sich und ihre Familie ein mögliches **Portfolio** zusammenstellen. Aber wie soll sie dabei vorgehen? Da sie bisher keinen Berührungspunkt zum Thema **Wertpapiere** hatte, fragt sie ChatGPT: «Welche Plattformen eignen sich am besten, um **ETFs** zu finden und zu vergleichen?» ChatGPT spuckt, ohne zu zögern, eine Liste aus. An erster Stelle schlägt die KI *justETF.com* vor.

justETF ist eine deutsche Verbraucherplattform mit Informationen rund um ETFs. 2011 gegründet, gehört sie seit 2021 zur Scalable-Gruppe, die im Investmentmanagement und als **Broker** tätig ist. Hauptaktionär ist der weltweit grösste Investmentmanager BlackRock. Trotz dieser Verflechtung scheint *justETF* jedoch weiterhin sehr objektiv und unabhängig zu operieren.

Danach fragt Mira ChatGPT nach einer Plattform für **Indexfonds** und andere **Fonds.** Wieder liefert ihr die KI eine Liste. Dieses Mal steht an deren Spitze *morningstar.ch*. *Morningstar* ist ein amerikanischer, an der Börse gelisteter Finanzdienstleister, der sich auf unabhängige Investmentanalysen spezialisiert hat. Der weltweite Marktführer bietet Daten, Analysen und Ratings für Fonds, **Aktien** und andere Finanzprodukte an.

Mira surft auch auf anderen vorgeschlagenen Websites, zum Beispiel *onvista.de, finanzfluss.de, finanzen.ch, fondsweb.com oder e-fundresearch.com*. Da sie jedoch weniger umfassend wirken und sie sich schlechter darauf zurechtfindet, bleibt sie bei der ersten Wahl von ChatGPT: *justETF.* Sie entscheidet sich, in erster Linie dort nach möglichen ETFs zu suchen. Als Ergänzung möchte sie das Tool «Fund Screener» von *Morningstar* verwenden.

Surftipp: justETF.com

Auf *justETF.com* finden Anleger unter «ETF-Suche» eine Vielzahl von Filtern, um geeignete ETFs zu identifizieren und anschliessend deren Eigenschaften, historischen **Renditen** und Risiken zu vergleichen.

Surftipp: Fund Screener von Morningstar

Auf *morningstar.ch* finden Anleger unter «Tools» den sogenannten «ETF Screener», «Index Screener» oder «Fund Screener». Im Letzteren kannst du für die Suche nach Indexfonds im Textfilter den Begriff *Index* setzen und in «Morningstar Kategorie» beispielsweise *Anleihen CHF* auswählen. Für die Suche nach Cat-Bond-Fonds gibst du im Textfilter den Begriff *Cat Bond* ein.

3 Passende ETFs finden

justETF ermöglicht es, nach geeigneten ETFs zu suchen

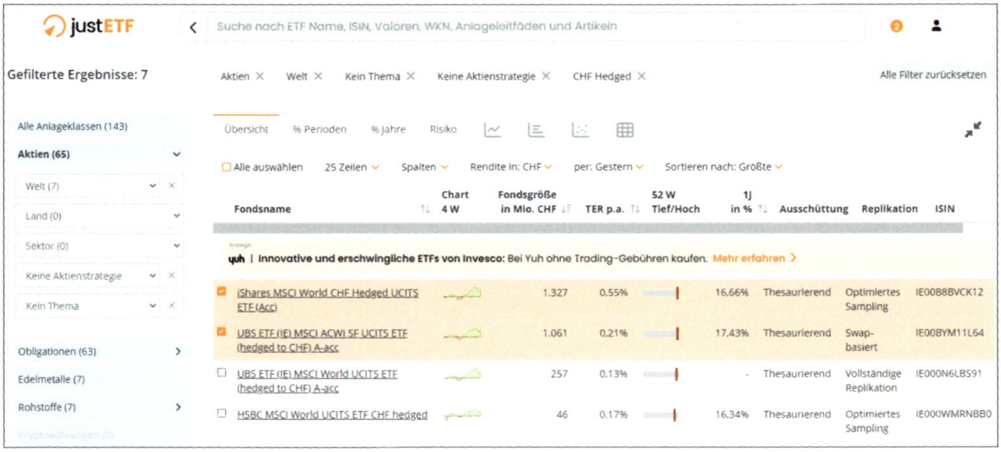

Chart 41 *Screenshot: justETF.com*

Da Mira ein Vermögen von 60 000 CHF besitzt, orientiert sie sich an der empfohlenen Portfoliostruktur für mittelgrosse Anleger *(siehe Seite 138)*. Für die Suche nach Aktien-ETFs geht sie auf *justETF.com* und klickt auf «ETF Suche». Dann geht sie wie folgt vor:

- **Anlageklasse:** Unter *Anlageklassen* wählt sie *Aktien* und dort bei Regionen beispielsweise Welt. Bei Aktienstrategie wählt sie immer *keine Aktienstrategie* aus oder *Sozial/Nachhaltig* für nachhaltige **Portfolios.** Bei *Thema* stellt sie *kein Thema* ein.
- **Währungssicherung:** Da sie *Aktien Welt* in CHF kaufen möchte, wählt sie unter *Währungssicherung* die Kategorie *CHF Hedged* aus.

Mit dieser Auswahl ist sie glücklich. In den folgenden Wochen beschäftigt sie sich mit weiteren Filtern, die für die Zusammenstellung des Portfolios nicht essenziell sind, aber hilfreich sein können:

- **Ausschüttung:** *Ausschüttend* (oder «DIS» für «Distributing») sind **Fonds,** die jährlich die eingesammelten Zinsen oder **Dividenden** auszahlen. ***Thesaurierend*** (oder «ACC» für «Accumulating») sind Fonds, die diese Zinsen oder Dividenden sofort wieder anlegen. Beide Varianten haben ihre Vorteile: Die eine liefert regelmässig Cash, die andere nimmt einem die Arbeit ab, den Gewinn wieder selbst anlegen zu müssen.
- **Indexauswahl:** Hier einen Filter zu setzen, ist selten sinnvoll, aber gerade bei Anleihen-ETFs lohnt sich eine Durchsicht der verfügbaren **Indizes.**
- **Fondsdomizil:** Für *Aktien Welt* oder *USA* wäre Irland steuerlich optimal.
- **Börsenplatz:** *SIX Swiss Exchange* empfiehlt sich für Mira, da sie dort die meisten **ETFs** in CHF handeln kann, was ihr teure Währungskäufe abnimmt.
- **Replikationsmethode:** Mira akzeptiert alle Methoden. Es gibt aber Anleger, die sich mit *Swap-basiert* nicht so wohl fühlen. Hier hat man etwas weniger Transparenz, da der ETF-Anbieter Tauschgeschäfte *(Swaps)* mit einer Bank vornimmt, um die Wertentwicklung eines Indexes nachzubilden.

Durch die Feinjustierung findet sie einige ETFs, die für sie infrage kommen. Aber wie soll sie sich für den richtigen entscheiden?

4 Dich für einen konkreten ETF entscheiden

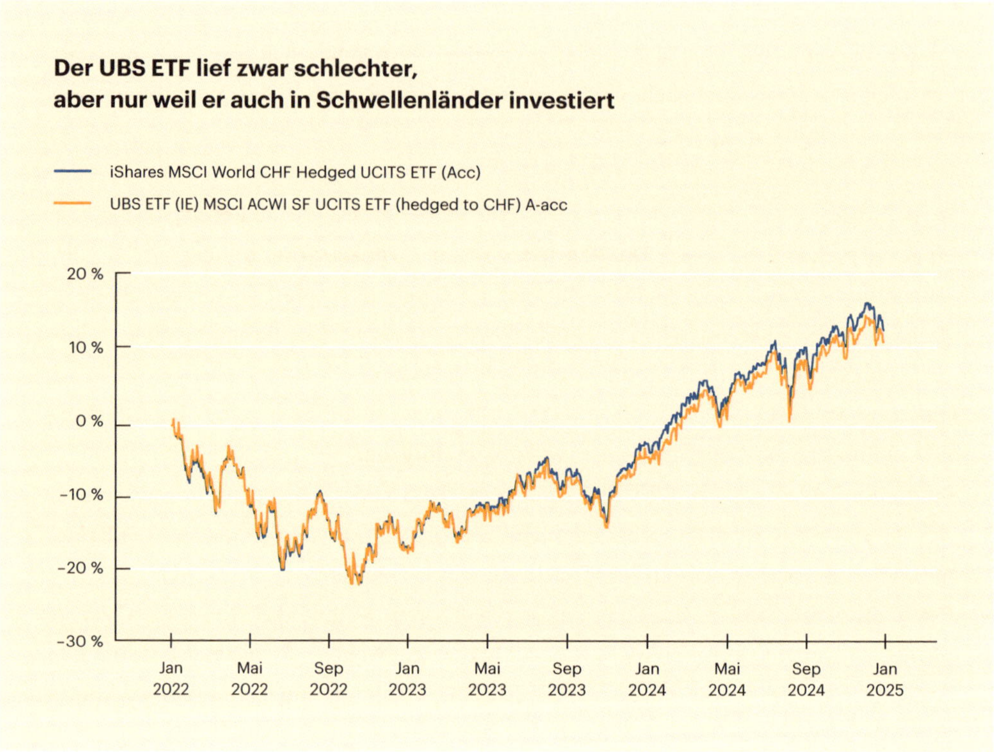

Chart 42 *Quelle: justETF.com*

Nachdem Mira alle Filter für *Aktien Welt* in CHF gesetzt hat, bleiben ihr 5 ETFs zur Auswahl. Um zu entscheiden, welcher am besten zu ihr passt, überlegt sie sich konkrete Faktoren – von der Fondsgrösse über die laufenden Kosten bis zur vergangenen Performance:

- **Fondsgrösse:** Die besten ETFs weisen meist das höchste Fondsvolumen auf. Mindestens sollte das Volumen aber bei 100 Mio. CHF liegen. Für *Aktien Welt in CHF* bleiben Mira damit noch 2 ETFs von *UBS* und *iShares* übrig.
- **Index:** *UBS* verwendet **MSCI ACWI.** *AC* steht für «All Countries», also inklusive Schwellenländern. Der **MSCI World** hingegen schliesst Schwellenländer aus. Diesem **Index** folgt *iShares*. Mira tendiert darum zum *UBS*.
- **Kosten:** Noch ein anderer Faktor spricht für *UBS*. Bei *iShares* fallen die laufenden jährlichen Kosten mit 0,55 % viel höher aus als bei *UBS* mit 0,21 %.

- **Rendite:** Abschliessend will Mira die **Renditen** der 2 ETFs vergleichen. Sie wählt unter *Auswahl vergleichen* den Menüpunkt *Auswahl im Detail vergleichen.* Sie sieht hier, dass die Rendite des *UBS* ETFs zuletzt deutlich schlechter ausfiel. Das kümmert sie aber nicht, denn die ETFs verfolgen unterschiedliche **Indizes** bzw. Ziele. Vor allem 2023 liefen die Schwellenländer schlecht.
- **Factsheet:** Auf *justETF.com* findet Mira auf der Übersichtsseite des ETFs einen Link zum Factsheet. Nach ihm hat der Fonds die letzten 5 Jahre jährlich mit 0,14 % sogar weniger zum Index verloren, als die aktuellen Kosten von 0,21 % erwarten liessen (Stand: Dezember 2024). Sie entscheidet sich deshalb für den *UBS* ETF.

Surftipp: Fondsdokumente zum Informieren

Auf *fundinfo.com* gibt es nebst dem Factsheet noch viele weitere Dokumente zu einem Fonds und seinen Anteilklassen. Millionen von Fondsdokumenten stehen dort gratis zum Abruf bereit.

- **Basisinformationsblatt («Key Information Document», «KID»):** Das standardisierte Dokument soll dich über den Fonds, seine Ziele, Zielgruppe, Risiken und Kosten aufklären. Es muss jedem Privatanleger vor dem Kauf eines Fonds zur Verfügung gestellt werden.
- **Prospekt:** Dieser erklärt auf meist Hunderten von Seiten die rechtliche Basis des Fonds. Darin findet man, wer welche Anteilsklassen erwerben darf: Privatanleger mit kleinem Vermögen dürfen oft nur die teuersten **Anlageklassen** kaufen, Grossinvestoren fahren günstiger.
- **Jahresbericht:** Hier findet sich der geprüfte Abschluss zum Ende des Geschäftsjahres und die oft vollständige Auflistung der Wertschriften des Fonds.

5 Deine wichtigste Informationsquelle vor dem Kauf

Bevor Mira den ETF kauft, möchte sie ganz sicher sein, dass sie sich richtig entschieden hat. Darum setzt sie sich mit Jonas zusammen und geht noch einmal das Factsheet von *UBS* mit ihm durch. Jeder Fondsanbieter produziert zu Marketingzwecken für seine Fonds Factsheets oder Monatsberichte.

Die wichtigsten Informationen auf einem Factsheet:

1. **Indexname:** Index, mit dem sich der Fonds vergleicht (passive ETFs und Indexfonds bilden diesen Index möglichst genau nach)
2. **ISIN, Valorennummer (VALOR), Wertpapierkennnummer:** eindeutige Identifikation des Fonds
3. **Total Expense Ratio** oder **Ongoing Charges:** laufende jährliche Kosten
4. **Inventarwert:** Wert eines einzelnen Anteils am Fonds
5. **(Gesamt-)Fondsvermögen:** Anlagesumme im Fonds
6. **Performancevergleich:** Abschneiden des Fonds im Vergleich zum Index

Auch Jonas ist vom ETF überzeugt. Die Grafik im obigen Factsheet zeigt, dass der Fonds präzise dem **Index** folgte und kaum an Boden verlor. Die Tabelle bestätigt, dass der Fonds über die letzten 4 Jahre nur 0,13 % pro Jahr zum Index verloren hat, also weniger als die Kosten von 0,28 %. Das ist möglich, weil der Fonds vielleicht steuerlich besser aufgestellt ist oder Einnahmen mit der Ausleihe von **Wertpapieren** generiert.

Auf weiteren Seiten des Factsheets finden sich meist Angaben zum Portfolio, beispielsweise die grössten 10 Positionen, die Gewichtung regional und nach Industrien oder Informationen zur Nachhaltigkeit.

Das interessanteste Fondsdokument ist das Factsheet

UBS

Für Marketingzwecke
Ausgabe Schweiz
Daten per Ende Dezember 2024

G

UBS ETF (IE) MSCI ACWI Socially Responsible UCITS ETF (hedged to CHF) A-acc Fonds Factsheet

UBS Exchange Traded Funds > UBS (Irl) ETF plc

Fondsbeschreibung

- Der Fonds investiert grundsätzlich in den MSCI ACWI SRI Low Carbon Select 5% Issuer Capped with Developed Markets 100% hedged to CHF Index. Die relative Gewichtung der Gesellschaften entspricht dabei der jeweiligen Indexgewichtung.
- Das Anlageziel besteht darin, die Kurs- und Renditeentwicklung des MSCI ACWI SRI Low Carbon Select 5% Issuer Capped with Developed Markets 100% hedged to CHF Index nach Abzug von Gebühren nachzubilden. Der Börsenkurs kann vom Nettoinventarwert abweichen.
- Der Fonds wird passiv gemanagt.

(2) Fondsname	**UBS (Irl) ETF plc – MSCI ACWI Socially Responsible UCITS ETF**
Anteilsklasse	UBS (Irl) ETF plc – MSCI ACWI Socially Responsible UCITS ETF (hedged to CHF) A-acc
ISIN	IE00BDR55F85
Valoren Nr.	38 547 049
UCITS V	Ja
(3) Lancierungsdatum	20.12.2017
Währung des Fonds / der Anteilsklasse	USD/CHF
Verwaltungsgebühr p.a.	0.28%
Total Expense Ratio (TER) p.a.[1]	0.28%
Name der Verwaltungsgesellschaft	UBS Fund Management (Ireland) Limited, Dublin 2
Abschluss Rechnungsjahr	31. Dezember
Ausschüttung	Thesaurierung
Replikationsmethode	Physisch (Voll repliziert)
Vertreter des Portfoliomanagements	UBS Asset Management (UK) Ltd., London
Fondsdomizil	Irland
SFDR Ausrichtung	Art.8

1 per 30.06.2024

Fondsstatistik

(4) Inventarwert (CHF, 31.12.2024)	15.52
Letzte 12 Monate (CHF) – Höchst	16.21
– Tiefst	12.96
(5) Gesamtfondsvermögen (CHF in Mio.)	2 526.28
Vermögen der Anteilsklasse (CHF in Mio.)	485.78

	2 Jahre	3 Jahre	5 Jahre
Volatilität[1]			
– Fonds	12.40%	16.85%	16.99%
– Benchmark	12.41%	16.84%	16.98%
Tracking Error (ex post)	0.05%	0.06%	0.07%

1 Annualisierte Standardabweichung

Performance (Basis CHF, nach Abzug von Gebühren)[1]

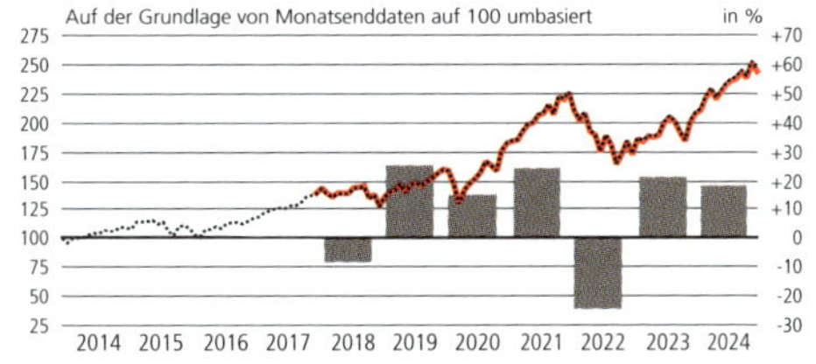

Fondsperformance nach Abzug von Gebühren (linke Skala)
Fondsperformance pro Jahr in % (nach Abzug von Gebühren) (rechte Skala)
Indexperformance (linke Skala)

Die Wertentwicklung in der Vergangenheit ist kein zuverlässiger Indikator für zukünftige Ergebnisse.

Performance in % (nach Abzug von Gebühren)

(6)

in %	2020	2021	2022	2023	2024 YTD[2]	Dez. 2024	5 Jahre	Ø p.a. 5 Jahre
Fonds (CHF)	14.33	23.67	-23.68	20.65	17.56	-2.76	53.06	8.89
Index[3]	14.66	23.82	-23.55	20.76	17.74	-2.74	54.33	9.07

1 Diese Zahlenangaben beziehen sich auf die Vergangenheit. **Stimmt die Währung eines Finanzprodukts bzw. einer Finanzdienstleistung oder die Kosten nicht mit ihrer Referenzwährung überein, so kann sich die Rendite und/oder die Kosten aufgrund von Währungsschwankungen erhöhen oder verringern.** Quelle für sämtliche Daten und Grafiken (sofern nicht anders vermerkt): UBS Asset Management.
2 YTD: year-to-date (seit Jahresbeginn)
3 Referenzindex in der Währung der Anteilsklasse (ohne Kosten)

Indexbeschreibung

Der MSCI ACWI SRI Low Carbon Select 5% Issuer Capped with Developed Markets 100% hedged to CHF Index enthält Large- und Mid-Cap-Aktien aus 23 Industrie- und 24 Schwellenländern. Der kapitalisierungsgewichtete Index bietet ein Engagement in Unternehmen mit herausragenden Ratings in Bezug auf ökologische, soziale und governancebedingte Aspekte (ESG) und schliesst Unternehmen aus, deren Erzeugnisse negative soziale bzw. ökologische Auswirkungen nach sich ziehen.

Indexname (1)	MSCI ACWI SRI Low Carbon Select 5% Issuer Capped with Developed Markets 100% hedged to CHF Index
Indextyp	Total Return Net
Anzahl der Indexkomponenten	603
Länder im Index	47
Bloomberg Ticker	M9CXUSH
Reuters	.dMIWD000FmZCH
Dividendenrendite	1.65%
KGV	25.80
Börsenkapitalisierung (USD in Mia)	19 396.18

Weitere Informationen

Registrierung für den Vertrieb an die

Chart 43 *Quelle: fundinfo.com*

6 XS-Portfolio: als Kleinstanleger investieren

Auf Basis ihrer Fondsrecherchen hat sich Mira Portfolios zusammengestellt. Mit einem Vermögen der Grösse XS bis etwa 20 000 CHF bietet es sich an, einen einzigen **Aktienfonds** zu kaufen und auf **Anleihen** ganz zu verzichten. **Warum kompliziert, wenn es auch einfach geht?** Mit nur einem Fonds kannst du dir auch einen sehr einfachen **Sparplan** einrichten, der automatisch jeden Monat oder jedes Quartal einen bestimmten Betrag in diesen Fonds investiert *(siehe Seite 178)*. Auf diese Weise hältst du Aufwand und Kosten minimal.

Bei ihrer Recherche stösst Mira für **Aktien** auf einen ETF, der alle wesentlichen Aktienmärkte der Welt einschliesslich Schwellenländern abdeckt. Mit nur einem Fonds könnte sie so von Anlagechancen rund um den Globus profitieren, wobei weit mehr als die Hälfte in den USA investiert wird. Immerhin ist das der mit Abstand grösste und die letzten Jahrzehnte erfolgreichste Aktienmarkt der Welt.

Für Nerds: Fonds mit Absicherung der Wechselkursrisiken

In Krisenzeiten, wenn die Aktienmärkte weltweit fallen, verlieren meist gleichzeitig deren Währungen zum Schweizer Franken. Dieses doppelte Risiko von Verlusten auf Aktien und Währungen willst du nicht unbegrenzt eingehen. Wenn du also nur einen einzigen Aktienfonds kaufst, solltest du einen Weltaktienfonds auswählen, der die Wechselkursrisiken absichert **(hedged).** Eine solche Absicherung erkennst du in diesem Buch im Fondsnamen am Ausdruck «CHFh».

Im Chart auf der folgenden Seite kannst du die **reale Nettorendite** pro Jahr und den möglichen Verlust bei einem Börsencrash für die 5 **Anlagestrategien** von 0 % bis 100 % Aktien ablesen. Beides sind sehr grobe langfristige Schätzungen. Ausserdem findest du in der letzten Zeile die Kosten, die du für die eingesetzten Produkte im Schnitt pro Jahr bezahlst.

Alles, was du nicht in einen Aktienfonds anlegst, kannst du auf einem **Sparkonto** parkieren. Liegt der Leitzins der Nationalbank jedoch bei mindestens 0,25 %, fährst du mit einem **Geldmarktfonds** fast immer besser. Auf diesen Teil fressen dir zwar Kosten und Teuerung mehr als die Zinsen weg, dafür ist das Geld krisensicher und du kannst flexibel darauf zugreifen.

Standard-Portfolios für Kleinstanleger (Fallstudie)

Portfolio XS	Währ.	Fondsname	ISIN	Strategien nach Aktienanteil				
				0 %	25 %	50 %	75 %	100 %
Aktien								
Welt	CHF	UBS MSCI ACWI U. ETF CHFh acc	IE00BYM11L64		25 %	50 %	75 %	100 %
Rest								
Geldmarkt	CHF	Pictet CH - Short-Term Money Market CHF dis	CH0011292312	100 %	75 %	50 %	25 %	
Total				**100 %**	**100 %**	**100 %**	**100 %**	**100 %**
davon CHF				*100 %*	*100 %*	*100 %*	*100 %*	*100 %*
Reale Nettorendite				-0,5 %	0,4 %	1,3 %	2,2 %	3,1 %
Verlust im Börsencrash				0 %	-13 %	-25 %	-38 %	-50 %
Jährliche Produktkosten				0,15 %	0,17 %	0,18 %	0,20 %	0,21 %

Chart 44

7 XS-Portfolio: als Kleinstanleger *nachhaltig* investieren

Da sich Mira und ihre Familie auch für nachhaltiges Anlegen interessiert, stöbert sie weiter und wird fündig. Denn auch wer nachhaltig orientiert investieren will, kann mit nur einem Fonds auskommen. Mit einem Vermögen der Grösse XS bis etwa 20 000 CHF bietet es sich hier ebenfalls an, einen einzigen **Aktienfonds** zu kaufen und auf **Anleihen** ganz zu verzichten.

Im Chart siehst du, dass Mira für Aktien einen ETF ausgewählt hat, der alle wesentlichen Aktienmärkte der Welt einschliesslich Schwellenländern abdeckt. Der ETF schliesst praktisch alle ethisch kontroversen Industrien – von Waffen über Atomenergie bis Glücksspiel und Alkohol – aus und verzichtet auch auf Unternehmen, die in fossilen Energien wie Kohle und Erdöl tätig sind. Umgekehrt sind im Fonds besonders nachhaltig wirtschaftende Unternehmen stark vertreten. Ausserdem werden die CO2-Emissionen tief gehalten.

Wie bei der nicht-nachhaltigen Variante auf der vorigen Doppelseite entscheidet sich Mira für einen Weltaktienfonds, der die Wechselkursrisiken absichert **(hedged).** Im Chart erkennst du diese Absicherung im Fondsnamen am Ausdruck «CHFh» und an der Spalte «Währ.» (für Währung), die CHF als Währung des Risikos anzeigt.

Welche **reale Nettorendite** pro Jahr und welchen möglichen Verlust bei einem Börsencrash du für die 5 **Anlagestrategien** von 0 % bis 100 % Aktien grob geschätzt erwarten kannst, zeigt der Chart ebenfalls. Ausserdem findest du in der letzten Zeile die Kosten, die du für die eingesetzten Produkte im Schnitt pro Jahr bezahlst. Wenn du diese Kosten mit der vorherigen Doppelseite vergleichst, erkennst du die leicht höheren Produktkosten, die man für die Nachhaltigkeit bezahlt.

Wie beim nicht-nachhaltigen Portfolio dieser Grösse gilt auch hier: Alles, was du nicht in einen Aktienfonds anlegst, kannst du auf einem **Sparkonto** parkieren. Liegt der Leitzins der Nationalbank jedoch bei mindestens 0,25 %, fährst du mit einem **Geldmarktfonds** fast immer besser. Auf diesen Teil fressen dir zwar Kosten und Teuerung mehr als die Zinsen weg, dafür ist das Geld krisensicher und du kannst flexibel darauf zugreifen.

Nachhaltig orientierte Portfolios für Kleinstanleger (Fallstudie)

Portfolio XS	Währ.	Fondsname	ISIN	Strategien nach Aktienanteil				
				0 %	25 %	50 %	75 %	100 %
Aktien								
Welt	CHF	UBS MSCI ACWI Socially Responsible U. ETF CHFh acc	IE00BDR55F85		25 %	50 %	75 %	100 %
Rest								
Geldmarkt	CHF	Pictet CH - Short-Term Money Market CHF dis	CH0011292312	100 %	75 %	50 %	25 %	
Total				**100 %**	**100 %**	**100 %**	**100 %**	**100 %**
davon CHF				*100 %*	*100 %*	*100 %*	*100 %*	*100 %*
Reale Nettorendite				-0,5 %	0,4 %	1,3 %	2,2 %	3,1 %
Verlust im Börsencrash				0 %	-13 %	-25 %	-38 %	-50 %
Jährliche Produktkosten				0,15 %	0,18 %	0,22 %	0,25 %	0,28 %

Chart 45

G

8 S-Portfolio: als Kleinanleger investieren

Mit einem Vermögen der Grösse S von 20 000 CHF bis 50 000 CHF oder auch weit mehr kaufst du am besten nur 2 bis 4 Fonds. Entsprechend einfach bleibt die Anlagestruktur: Dieses Mal splittest du deine Anlage in Aktien. Zum einen wählst du einen ETF, der alle wesentlichen Aktienmärkte der Welt einschliesslich Schwellenländern abdeckt. Da damit jedoch hohe Wechselkursrisiken einhergehen, die du dieses Mal nicht absicherst, kaufst du zum anderen einen ETF für Schweizer Aktien. So entfällt für diesen Teil das Wechselkursrisiko bzw. die Schweizer Firmen tragen es für dich. Auf diese Weise bist du verstärkt in deinem Heimmarkt investiert.

Auch bei dem sichereren Anteil deines Vermögens wird es beim S-Portfolio spannender. Sofern du eine Strategie mit einem hohen Anteil an sicheren **Anleihen** wählst, kann es sich lohnen, sie nicht nur in Schweizer Franken zu kaufen. Stattdessen bietet es sich an, auch Anleihen, die weltweit auf ausländischen Märkten herausgegeben wurden, zu erwerben. Die Wechselkursrisiken solltest du dabei jedoch vollständig absichern **(hedged),** sie rechnen sich nicht. Im Chart erkennst du diese Absicherung im Fondsnamen am Ausdruck «CHFh» und an der Spalte «Währ.» (für Währung). Aber Achtung! Für Anleihen Schweiz hat Mira in der Fallstudie einen **Indexfonds** ausgewählt. Unten im Chart findest du als Alternative jedoch noch einen ETF. Denn der Indexfonds ist zwar günstiger im Handel, aber nicht auf allen Plattformen verfügbar.

Im Chart siehst du erneut die **reale Nettorendite** pro Jahr und den möglichen Verlust bei einem Börsencrash für 0 % bis 100 % Aktien. Beides sind sehr grobe langfristige Schätzungen. Beachte zudem die niedrigen Produktkosten von unter 0,2 % pro Jahr.

Für Nerds: Warum sich Anleihen aus dem Ausland lohnen

Anleihen ausländischer Märkte könnten dir zu einer etwas besseren Rendite verhelfen, selbst wenn das Wechselkursrisiko abgesichert ist. Vor allem aber bist du damit besser diversifiziert: Die Risiken steigender und fallender Renditen gleichen sich über die Staaten ein wenig aus. Die meisten Anleihen laufen zwischen 1 und 10 Jahren, im Schnitt um die 3 Jahre. Natürlich schwanken die Kurse über die Zeit. Der **Marktzins** müsste allerdings um stattliche 3 % bis 4 % ansteigen, damit deine Anleihen vorübergehend um 11 % fallen.

Standard-Portfolios für Kleinanleger mit über 20 000 CHF (Fallstudie)

Portfolio S	Währ.	Fondsname	ISIN	Strategien nach Aktienanteil				
				0 %	25 %	50 %	75 %	100 %
Aktien								
Welt	Welt	iShares MSCI ACWI U. ETF acc	IE00B6R52259		19 %	38 %	57 %	75 %
Schweiz	CHF	iShares Core SPI (CH) ETF dis	CH0237935652		6 %	12 %	18 %	25 %
Anleihen								
Schweiz	CHF	UBS (CH) Index Fund - Bonds CHF AAA-BBB 1-5 acc	CH0214975333	75 %	56 %	37 %	25 %	
Welt	CHF	SPDR Bloomb. Global Aggregate Bond U. ETF CHFh acc	IE00BF1QPK61	25 %	19 %	13 %		
Total				**100 %**	**100 %**	**100 %**	**100 %**	**100 %**
davon CHF				*100 %*	*81 %*	*62 %*	*43 %*	*25 %*
Reale Nettorendite				0,0 %	0,8 %	1,6 %	2,3 %	3,1 %
Verlust im Börsencrash				-11 %	-17 %	-26 %	-38 %	-50 %
Jährliche Produktkosten				0,15 %	0,16 %	0,16 %	0,17 %	0,18 %

Chart 46

G

9 S-Portfolio: als Kleinanleger *nachhaltig* investieren

Auch wer ein Vermögen der Grösse S von 20 000 CHF bis 50 000 CHF oder weit mehr nachhaltig orientiert investieren will, kann mit 2 bis 4 Fonds hervorragende Portfolios zusammenstellen. Um weltweit von den Chancen der Aktienmärkte profitieren zu können, bietet sich derselbe ETF wie für die nachhaltig orientierten Kleinstanleger an. Hier aber ohne die Wechselkursabsicherung, denn rund ein Viertel der Aktienanlagen soll mit einem ETF auf den Schweizer Aktienmarkt abgedeckt werden.

Wie der weltweite Aktien-ETF bevorzugt der Schweizer Aktien-ETF nachhaltig wirtschaftende Firmen und schliesst viele Industrien aus. Allerdings gibt es im Schweizer Markt kaum Firmen, die in ethisch besonders fragwürdigen Industrien wie Tabak, kontroversen Waffen oder auf dem Gebiet fossiler Energien tätig sind. Deshalb hat die nachhaltige Ausrichtung des Indexfonds für Anleihen in der Schweiz beziehungsweise des ETFs als Ersatzkandidaten nur geringfügige Auswirkungen. Diese Lösungen sind also in der Praxis kaum nachhaltiger als die anderen Anlagen.

Der ETF für Anleihen, die auf der ganzen Welt herausgegeben wurden, arbeitet hauptsächlich mit dem Ausschluss von Schuldnern aus kontroversen Industrien oder Ländern, verfolgt aber keine gezielten Klimaziele. Bessere Alternativen finden sich allerdings zurzeit nicht.

Eine gute Nachricht gibt es bei dieser nachhaltig orientierten Variante jedoch: Für dich fallen nur minimal höhere Produktkosten im Vergleich zum Musterportfolio der vorherigen Doppelseite an. Die reale Nettorendite kann sich darum sehen lassen. Und auch hier sind die Wechselkursrisiken zum Schweizer Franken abgesichert (hedged).

Nachhaltig orientierte Portfolios für Kleinanleger mit über 20 000 CHF (Fallstudie)

Portfolio S	Währ.	Fondsname	ISIN	Strategien nach Aktienanteil				
				0 %	25 %	50 %	75 %	100 %
Aktien								
Welt	Welt	UBS MSCI ACWI Socially Responsible U. ETF acc	IE00BDR55471		19 %	38 %	57 %	75 %
Schweiz	CHF	UBS SPI ESG (CH) ETF acc	CH0590186661		6 %	12 %	18 %	25 %
Anleihen								
Schweiz	CHF	Swisscanto (CH) Index Fund - B. CHF AAA-BBB 1-5 Resp. dis	CH1286048215	75 %	56 %	37 %	25 %	
Welt	CHF	iShares Global Aggregate Bond ESG U. ETF CHFh acc	IE000Z8F16G5	25 %	19 %	13 %		
Total				**100 %**	**100 %**	**100 %**	**100 %**	**100 %**
davon CHF				*100 %*	*81 %*	*62 %*	*43 %*	*25 %*
Reale Nettorendite				0,0 %	0,8 %	1,6 %	2,3 %	3,1 %
Verlust im Börsencrash				-11 %	-17 %	-26 %	-38 %	-50 %
Jährliche Produktkosten				0,16 %	0,17 %	0,19 %	0,21 %	0,22 %

Chart 47

10 M-Portfolio: als mittelgrosser Anleger investieren

Dein Vermögen liegt zwischen 50 000 CHF und etwa 1 Mio. CHF? Glückwunsch, dann kannst du dein Vermögen auf 4 bis 7 Fonds aufteilen und dabei die Produktkosten atemberaubend niedrig halten.

Legst du mindestens die Hälfte in Aktien an, kannst du die Anlage nach Regionen steuern. Denn in ETFs, die weltweit Aktienwerte abbilden, finden sich in der Regel weit mehr als 50 % US-Aktien, Ende 2024 waren es sogar zwei Drittel. So erfolgreich die US-Firmen auch sind, sollte man nach Möglichkeit dieses Klumpenrisiko etwas reduzieren. Um das Portfolio zu diversifizieren, empfiehlt es sich deshalb, vermehrt in Europa, in Asien-Pazifik (v. a. Japan und Ozeanien) und in den Schwellenländern (zu 80 % in China, Taiwan, Indien und Südkorea) anzulegen. Mit der starken Investition in Schweizer Aktien gibst du deinem Heimmarkt eine bevorzugte Stellung.

Sofern du eine Strategie mit einem hohen Anteil in Anleihen wählst, kann es sich lohnen, nicht nur heimische Anleihen zu kaufen, sondern auch Anleihen, die weltweit auf ausländischen Märkten herausgegeben wurden. Die Wechselkursrisiken solltest du dabei allerdings vollständig absichern, sie rechnen sich nicht. Erwirb darum die ausländischen Anleihen-ETFs in der Variante *hedged.*

Um dich möglichst diversifiziert aufzustellen, kaufst du einen Anleihen-ETF, der sehr breit in ausländische Märkte investiert. Die Anleihen können von Staaten, Unternehmen und supranationalen Instituten wie der Weltbank herausgegeben werden. Auch mit Hypotheken besicherte Anleihen darf der ETF enthalten. Schliesslich soll die Beimischung eines ETFs mit Anleihen zahlungskräftiger Unternehmen langfristig etwas mehr Rendite liefern.

Damit die Anleihen im Schnitt nicht zu lang laufen und das Kursschwankungsrisiko nicht zu gross wird, rate ich dazu, etwas Gewicht aus den Anleihen zu nehmen und in den **Geldmarktfonds** zu schieben. Ist auf der von dir gewählten Finanzplattform kein Indexfonds mit Fokus auf kürzere Laufzeiten verfügbar, musst du für die Schweiz einen Anleihen-ETF kaufen und entweder etwas grössere Wertschwankungen in Kauf nehmen oder noch mehr Gewicht in den Geldmarktfonds verschieben.

Standard-Portfolios für mittelgrosse Anleger mit über 50 000 CHF (Fallstudie)

Portfolio M	Währ.	Fondsname	ISIN	Strategien nach Aktienanteil				
				0 %	25 %	50 %	75 %	100 %
Aktien								
Welt	Welt	iShares MSCI ACWI U. ETF acc	IE00B6R52259		19 %			
Schweiz	CHF	iShares Core SPI (CH) ETF dis	CH0237935652		6 %	9 %	15 %	21 %
Europa	EUR	Vanguard FTSE Developed Europe U. ETF acc	IE00BK5BQX27			9 %	13 %	18 %
USA	USD	Vanguard S&P 500 U. ETF dis	IE00B3XXRP09			24 %	36 %	47 %
Asien-Pazifik	Welt	UBS MSCI Pacific Socially Responsible U. ETF dis	LU0629460832			4 %	5 %	6 %
Schwellenländer	Welt	Xtrackers MSCI Emerging Markets U. ETF acc	IE00BTJRMP35			4 %	6 %	8 %
Anleihen								
Schweiz	CHF	UBS (CH) Index Fund - Bonds CHF AAA-BBB 1-5 acc	CH0214975333	40 %	32 %	25 %	25 %	
Welt	CHF	SPDR Bloomb. Global Aggregate Bond U. ETF CHFh acc	IE00BF1QPK61	40 %	35 %	25 %		
Welt Unternehmen	CHF	Vanguard ESG Global Corporate Bond U. ETF CHFh acc	IE00BNDS1R53	10 %				
Geldmarkt								
Geldmarkt CHF	CHF	Pictet CH - Short-Term Money Market CHF dis	CH0011292312	10 %	8 %			
Total				**100 %**	**100 %**	**100 %**	**100 %**	**100 %**
davon CHF				*100 %*	*81 %*	*59 %*	*40 %*	*21 %*
Reale Nettorendite				0,0 %	0,8 %	1,6 %	2,3 %	3,1 %
Verlust im Börsencrash				-11 %	-17 %	-26 %	-38 %	-50 %
Jährliche Produktkosten				0,14 %	0,15 %	0,12 %	0,12 %	0,10 %

Chart 48

11 M-Portfolio: als mittelgrosser Anleger *nachhaltig* investieren

Willst du nachhaltig orientiert anlegen, bieten sich dir bei einem M-Portfolio von 50 000 CHF bis zu 1 Mio. CHF mehr Gestaltungsmöglichkeiten als bei einer kleineren Summe. Strukturell präsentiert sich das Portfolio gleich wie auf der vorherigen Doppelseite mit den Standard-Musterportfolios.

Mira hat vom deutschen Anbieter Xtrackers Aktien-ETFs für Europa, USA und Asien-Pazifik gefunden, die Nachhaltigkeitskriterien ähnlich wie die beiden Aktien-ETFs von *UBS* berücksichtigen: Sie schliessen praktisch alle ethisch kontroversen Industrien – von Waffen über Atomenergie bis Glücksspiel und Alkohol – aus und verzichten auch auf Unternehmen, die in fossilen Energien wie Kohle und Erdöl tätig sind. Umgekehrt sind besonders nachhaltig wirtschaftende Unternehmen in den ETFs stark vertreten. Und vor allem sollen die CO_2-Emissionen besonders tief gehalten werden. Mira hat hier also eine Lösung gefunden, die sowohl klimaschonend als auch allgemein nachhaltig ausgerichtet ist. Genau so, wie wir das in *Kapitel F* angestrebt haben.

Die Anlagen in Anleihen setzen sich wie beim S-Portfolio zusammen. Sie bestehen aus demselben Indexfonds für Schweizer Anleihen und dem ETF für Anleihen der ganzen Welt. Dessen Wechselkursrisiken werden auch hier abgesichert (hedged). Hinzu kommt der bereits für die mittelgrossen Standard-Musterportfolios verwendete ETF mit Anleihen zahlungskräftiger Unternehmen. Dieser ETF von Vanguard schliesst abgesehen von militärischen Waffen die üblichen ethisch fragwürdigen Industrien aus und bedenkt bei der Schuldnerauswahl unterdurchschnittliche CO_2-Emissionen.

Damit die Laufzeiten der Anleihen nicht zu lang werden und das Kursschwankungsrisiko nicht zu gross wird, verschiebst du auch hier etwas Vermögen aus den Anleihen in den Geldmarktfonds.

Nachhaltig orientierte Portfolios für mittelgrosse Anleger mit über 50 000 CHF (Fallstudie)

Portfolio M	Währ.	Fondsname	ISIN	Strategien nach Aktienanteil				
				0 %	25 %	50 %	75 %	100 %
Aktien								
Welt	Welt	UBS MSCI ACWI Socially Responsible U. ETF acc	IE00BDR55471		19 %			
Schweiz	CHF	UBS SPI ESG (CH) ETF acc	CH0590186661		6 %	9 %	15 %	21 %
Europa	EUR	Xtrackers MSCI Europe ESG U. ETF acc	IE00BFMNHK08			9 %	13 %	18 %
USA	USD	Xtrackers MSCI USA ESG U. ETF acc	IE00BFMNPS42			24 %	36 %	47 %
Asien-Pazifik	Welt	UBS MSCI Pacific Socially Responsible U. ETF dis	LU0629460832			4 %	5 %	6 %
Schwellenländer	Welt	Xtrackers MSCI Emerging Markets ESG U. ETF acc	IE00BG370F43			4 %	6 %	8 %
Anleihen								
Schweiz	CHF	Swisscanto (CH) Index Fund - B. CHF AAA-BBB 1-5 Resp. dis	CH1286048215	40 %	32 %	25 %	25 %	
Welt	CHF	iShares Global Aggregate Bond ESG U. ETF CHFh acc	IE000Z8F16G5	40 %	35 %	25 %		
Welt Unternehmen	CHF	Vanguard ESG Global Corporate Bond U. ETF CHFh acc	IE00BNDS1R53	10 %				
Geldmarkt								
Geldmarkt CHF	CHF	Pictet CH - Short-Term Money Market CHF dis	CH0011292312	10 %	8 %			
Total				**100 %**	**100 %**	**100 %**	**100 %**	**100 %**
davon CHF				*100 %*	*81 %*	*59 %*	*40 %*	*21 %*
Reale Nettorendite				0,0 %	0,8 %	1,6 %	2,3 %	3,1 %
Verlust im Börsencrash				-11 %	-17 %	-26 %	-38 %	-50 %
Jährliche Produktkosten				0,14 %	0,16 %	0,16 %	0,18 %	0,17 %

Chart 49

12 XL-Portfolio: grosses Vermögen investieren

Ab einem Vermögen von 1 Mio. CHF kannst du dein Vermögen hervorragend auf verschiedene **Anlageklassen** aufteilen. Im Vergleich zu den Lösungen für die mittelgrossen Anleger kommen zur breiteren Streuung der Chancen und Risiken noch je ein Aktien- und ein Anleihenfonds hinzu. Bei den Aktien mischst du einen Fonds für **Nebwenwerte** bei. Damit erweiterst du deine Anlagen um mehrere Tausend kleinere Unternehmen auf der ganzen Welt. Bei den Anleihen berücksichtigst du einen Fonds für Hochzinsanleihen, um Prämien für das erhöhte Kreditrisiko zu kassieren. Die Wechselkursrisiken sicherst du dabei vollständig ab, sie lohnen sich nicht. Den Geldmarktfonds kaufst du, um die zum Teil langen Laufzeiten ausländischer Anleihen zu kompensieren.

Für Nerds: Lohnen sich Anleihen bei ultratiefen Zinsen?
Warum solltest du einen Anleihenfonds kaufen, wenn die Zinsen nahe bei 0 % oder sogar im Minusbereich liegen? Tatsächlich kannst du dir überlegen, in diesem Fall ganz auf einen Kauf zu verzichten und dein Geld auf dem Konto zu belassen. Allerdings könnten die Zinsen noch weiter sinken: Im Jahr 2021 lagen die Zinsen für fünf Jahre laufende Schweizer Staatsanleihen bei –0,7 %. Angenommen, sie liegen aktuell bei 0 % und sinken in den kommenden Wochen erneut auf –0,7 %, dann würdest du innert Kürze rund 3,5 % Rendite erzielen (vgl. Mechanismus auf Seite 57 und prüfe die aktuellen Zinssätze je nach Laufzeit auf *de.investing.com/rates-bonds/switzerland-government-bonds*).

Sicher ist dir aufgefallen, dass ich im Portfolio auch **alternative Anlagen** erwähne.

- Gold dient in Krisenzeiten oft als sicherer Hafen und steigt an Wert.
- Immobilien aus der Schweiz generieren ein regelmässiges Einkommen und haben das Potenzial, an Wert zuzulegen.
- **Cat Bonds** oder Katastrophenanleihen zahlen dir attraktive Prämien, sofern Erdbeben und Windstürme mit extremen Schäden ausbleiben. Damit erschliesst du dir eine zusätzliche Einnahmequelle, die weitgehend unabhängig zur Entwicklung von Aktien und Zinsen läuft.

Du vermisst eine Anlage in **Krypto?** Du kannst dir überlegen, statt richtigen Golds dieses «digitale Gold» zu kaufen. Da ich in Bitcoin und Co. jedoch keine Werthaltigkeit, sondern reine Spekulation erkenne, kann ich es dir nicht empfehlen.

Standard-Portfolios für sehr Vermögende mit 1 Mio. CHF und mehr (Fallstudie)

Portfolio XL	Währ.	Fondsname	ISIN	Strategien nach Aktienanteil				
				0 %	25 %	50 %	75 %	100 %
Aktien								
Schweiz	CHF	iShares Core SPI (CH) ETF dis	CH0237935652		5 %	9 %	14 %	20 %
Europa	EUR	Vanguard FTSE Developed Europe U. ETF acc	IE00BK5BQX27		4 %	9 %	12 %	17 %
USA	USD	Vanguard S&P 500 U. ETF dis	IE00B3XXRP09		12 %	24 %	33 %	43 %
Asien-Pazifik	Welt	UBS MSCI Pacific Socially Responsible U. ETF dis	LU0629460832		2 %	4 %	5 %	6 %
Schwellenländer	Welt	Xtrackers MSCI Emerging Markets U. ETF acc	IE00BTJRMP35		2 %	4 %	6 %	8 %
Welt Nebenwerte	Welt	SPDR® MSCI World Small cap U. ETF acc	IE00BCBJG560				5 %	6 %
Anleihen								
Schweiz	CHF	UBS (CH) Index Fund - Bonds CHF AAA-BBB 1-5 acc	CH0214975333	35 %	26 %	16 %	15 %	
Welt	CHF	SPDR Bloomb. Global Aggregate Bond U. ETF CHFh acc	IE00BF1QPK61	33 %	22 %	13 %		
Welt Unternehmen	CHF	Vanguard ESG Global Corporate Bond U. ETF CHFh acc	IE00BNDS1R53	10 %	7 %	3 %		
Welt Hochzins	CHF	iShares EUR High Yield Corp. Bond ESG U. ETF CHFh acc	IE00BMWPV587	7 %	4 %	3 %		
Geldmarkt								
Geldmarkt CHF	CHF	Pictet CH - Short-Term Money Market CHF dis	CH0011292312	10 %	7 %	5 %		
Alternativen								
Gold	Gold	Credit Suisse Index Fund - Gold	CH0209106787	2 %	2 %	2 %	2 %	
Immobilien CH	CHF	UBS SXI Real Estate® Funds (CH) ETF dis	CH0105994401		3 %	3 %	3 %	
Cat Bonds	CHF	AXA WAVe Cat Bonds Fund CHFh acc [Min. 25 000 CHF]	IE00BZCPN976	3 %	4 %	5 %	5 %	
Total				**100 %**	**100 %**	**100 %**	**100 %**	**100 %**
davon CHF				*98 %*	*78 %*	*57 %*	*37 %*	*20 %*
Reale Nettorendite				0,0 %	0,8 %	1,6 %	2,3 %	3,1 %
Verlust im Börsencrash				-11 %	-17 %	-26 %	-38 %	-50 %
Jährliche Produktkosten				0,18 %	0,20 %	0,20 %	0,21 %	0,13 %

Chart 50

13 XL-Portfolio: grosses Vermögen *nachhaltig* investieren

Willst du nachhaltig orientiert anlegen und liegt dein Vermögen über 1 Mio. CHF? Dann hast du Grund zu feiern, denn dir bieten sich sehr viele Gestaltungsmöglichkeiten. So viele, dass du aufpassen musst, dich nicht zu verzetteln. Damit würdest du nur Aufwand und Kosten generieren, aber unter dem Strich nichts gewinnen.

Von der Struktur her präsentiert sich das Portfolio gleich wie auf der vorherigen Doppelseite. Wie bei der nicht nachhaltigen Variante kannst du bei den Aktien weltweit in **Nebenwerte** investieren.

Mira hat dafür einen ETF ausgewählt, der praktisch alle ethisch kontroversen Industrien ausschliesst und auch auf Unternehmen verzichtet, die in fossilen Energien wie Kohle und Erdöl tätig sind. Für Anleihen aus dem renditestarken Hochzins-Bereich hat Mira mangels Alternativen einen Fonds ausgewählt, der nur Anleihen berücksichtigt, die in Euro und nicht auch noch in anderen Währungen wie dem US-Dollar herausgegeben wurden. Das reicht aber für eine gute Risikostreuung. Die Wechselkursrisiken möchte sie vollständig absichern, sie lohnen sich nicht.

Für Anlagen in Gold hat Mira einen Indexfonds gefunden, der Gold zweifelhafter Herkunft zu meiden versucht. Das ist zwar nur bedingt möglich, aber immerhin ein Anfang. **Cat Bonds** können als nachhaltige Finanzinstrumente gesehen werden, da sie Klimarisiken absichern und den Wiederaufbau nach Katastrophen erleichtern. Sie fördern Resilienz und eine nachhaltige Entwicklung. Aus diesem Grund gelten sie als ESG-konforme Investments zur Klimaanpassung und Risikominimierung.

Nachhaltig orientierte Portfolios für Anleger mit 1 Mio. CHF und mehr (Fallstudie)

Portfolio XL	Währ.	Fondsname	ISIN	Strategien nach Aktienanteil				
				0 %	25 %	50 %	75 %	100 %
Aktien								
Schweiz	CHF	UBS SPI ESG (CH) ETF acc	CH0590186661		5 %	9 %	14 %	20 %
Europa	EUR	Xtrackers MSCI Europe ESG U. ETF acc	IE00BFMNHK08		4 %	9 %	12 %	17 %
USA	USD	Xtrackers MSCI USA ESG U. ETF acc	IE00BFMNPS42		12 %	24 %	33 %	43 %
Asien-Pazifik	Welt	UBS MSCI Pacific Socially Responsible U. ETF dis	LU0629460832		2 %	4 %	5 %	6 %
Schwellenländer	Welt	Xtrackers MSCI Emerging Markets ESG U. ETF acc	IE00BG370F43		2 %	4 %	6 %	8 %
Welt Nebenwerte	Welt	UBS MSCI World Small Cap Socially Responsible U. ETF acc	IE00BKSCBX74				5 %	6 %
Anleihen								
Schweiz	CHF	Swisscanto (CH) Index Fund - B. CHF AAA-BBB 1-5 Resp. dis	CH1286048215	35 %	26 %	16 %	15 %	
Welt	CHF	iShares Global Aggregate Bond ESG U. ETF CHFh acc	IE000Z8F16G5	33 %	22 %	13 %		
Welt Unternehmen	CHF	Vanguard ESG Global Corporate Bond U. ETF CHFh acc	IE00BNDS1R53	10 %	7 %	3 %		
Welt Hochzins	CHF	iShares EUR High Yield Corp. B. ESG U. ETF CHFh acc	IE00BMWPV587	7 %	4 %	3 %		
Geldmarkt								
Geldmarkt CHF	CHF	Pictet CH - Short-Term Money Market CHF dis	CH0011292312	10 %	7 %	5 %		
Alternativen								
Gold	Gold	Raiffeisen Solid Gold Responsibly Sourced & Tr. (CH) ETF	CH1122756724	2 %	2 %	2 %	2 %	
Immobilien Schweiz	CHF	UBS SXI Real Estate® Funds (CH) ETF dis	CH0105994401		3 %	3 %	3 %	
Cat Bonds	CHF	AXA WAVe Cat Bonds Fund CHFh acc [Min. 25 000 CHF]	IE00BZCPN976	3 %	4 %	5 %	5 %	
Total				**100 %**	**100 %**	**100 %**	**100 %**	**100 %**
davon CHF				*98 %*	*78 %*	*57 %*	*37 %*	*20 %*
Reale Nettorendite				0,0 %	0,8 %	1,6 %	2,3 %	3,1 %
Verlust im Börsencrash				-11 %	-17 %	-26 %	-38 %	-50 %
Jährliche Produktkosten				0,18 %	0,22 %	0,24 %	0,25 %	0,18 %

Chart 51

G

... um mit deinem Geld mehr zu verdienen

1. **Halte dein Portfolio so einfach wie möglich:** Indem du nur wenige **Fonds** wählst, behältst du den Überblick, minimierst deinen Aufwand für Transaktionen und damit auch die Kosten.

2. **Investiere weltweit:** Du willst von Anlagechancen auf der ganzen Welt profitieren. Ein Fokus auf dein Heimatland oder nur die USA könnte fatal enden.

3. **Streue deine Anlagen breit:** Weisst du sicher, welche Regionen, Branchen und Unternehmen die Zukunft dominieren? Da Prognosen immer fehlerhaft sind, solltest du dir alle Chancen wahren.

4. **Beachte im Falle ultratiefer Zinsen:** Ein **Geldmarktfonds** mag nun nicht mehr attraktiver sein als ein **Sparkonto.** Anleihenfonds erzielen trotzdem schöne **Renditen,** solange die Zinsen weiter fallen *(siehe Seite 142)*.

5. **Prüfe neue Einnahmequellen:** Gold, **Immobilienfonds** oder **Cat Bonds** können dein Anlagenspektrum erweitern, sodass du noch besser diversifiziert bist. Allerdings solltest du sie genau verstehen und dir das Risiko bewusst machen, das mit ihnen einhergeht. Hast du schon selbst viel Geld in Immobilien gesteckt oder sind dir Cat Bonds zu kompliziert, lass es bleiben.

6. **Fondssuche:** Verwende beispielsweise *justETF.com* für die Suche nach ETFs und *morningstar.ch* für alle anderen Fonds. Die meisten Fondsdokumente findest du auf *fundinfo.com.*

H

Die beste (Online-)Bank *für deine Vermögensverwaltung*

1 Kategoriensieger für verschiedene Anleger

Seit einiger Zeit spriessen **Direktbanken, Neobanken** und andere Finanzdienstleister wie Pilze aus dem Boden – immer mit dem Versprechen, dein Leben als Anleger zu vereinfachen und die besten Konditionen anzubieten. Aber welche halten, was sie versprechen? Und wie kannst du sicher sein, dass dein Geld dort sicher ist? Keine Plattform ist für jeden Anleger die beste Wahl. Vielmehr kommt es darauf an, den Finanzdienstleister zu finden, der am besten zu dir passt.

Bevor wir näher auf die einzelnen Angebote eingehen, findest du hier einen Überblick über meine persönlichen Kategoriensieger für die jeweilige Anlegergruppe:

Die wichtigsten Plattformen für deine Vermögensverwaltung

Anlegergruppe	Kategoriensieger
Geldanlage für alle	Swissquote
Automatisierter Sparplan	finpension
Geldanlage für Kleinanleger	Yuh
Geldanlage für Tech-Affine	Interactive Brokers (USA)
Geldanlage für Uninteressierte	VZ VermögensZentrum
Vorsorge mit Säule 3a	TrueWealth
Vorsorge mit Freizügigkeitsgeldern	VIAC

Chart 52

- **Swissquote:** Die führende Direktbank der Schweiz ist der Alleskönner mit vollständigem Angebot zu akzeptablen Preisen: **ETF, Indexfonds,** übrige **Fonds** und Direktanlagen. Sie ist optimal für Handelsaufträge ab 2000 CHF.
- **finpension:** Die Plattform ist ideal, falls du regelmässig in eine Strategie wie beispielsweise 100 % **Aktien** einzahlen willst und das Vermögen unter 100 000 CHF liegt. *finpension* teilt automatisch deine Einzahlung auf die gewählten Fonds auf und hält deren Gewichtung über die Zeit konstant.
- **Yuh:** Diese Neobank lässt sich leicht bedienen und eignet sich besonders für Kleinanleger sowie Einsteiger und Einsteigerinnen, die ihre Bankgeschäfte möglichst einfach abwickeln wollen. Mit einem Aktienfonds-Sparplan kannst du schon mit 25 CHF im Monat zu attraktiven Konditionen starten.
- **Interactive Brokers (USA):** Der Finanzdienstleister ist ideal für Tech-affine Anleger. Er glänzt durch ein breites Angebot an ETFs und Direktanlagen und ist extrem günstig im Währungstausch. Für Handelsaufträge von 1000 CHF bis 20 000 CHF und für einfache Sparpläne gibt es nichts zu meckern.
- **VZ VermögensZentrum:** Wer sich um nichts kümmern möchte, lässt sich beim *VZ* beraten und investiert in ein Indexportfolio zu akzeptablem Preis.

Interessierst du dich für die besten Vorsorgelösungen, sieh dir diese Plattformen an:

- **TrueWealth:** Hier werden deine 3a-Gelder vergleichsweise gut verzinst. Nirgends kostet eine Anlage in die Säule 3a weniger. Mit einem **Sparplan** kannst du automatisiert investieren und steueroptimal auf 5 Konti verteilen.
- **VIAC:** Auf der Plattform bekommst du auf deinen Freizügigkeitsgeldern einen relativ guten Zins und bezahlst die tiefsten Gebühren für Anlagen in ETFs und Indexfonds.

Welche Plattform zu dir persönlich am besten passt, hängt davon ab, wie viel Geld du aktuell oder laufend investieren möchtest, in welche Instrumente du anlegen willst, wie du deine Vorsorge gestaltest und welchen Service du erwartest. Informiere dich auf Websites wie *justetf.com, missFinance.ch, moneyland.ch, schweizerfinanzblog.ch, schwiizerfranke.com, simplemoney.ch* oder *thePoorSwiss.com* über die genauen Konditionen. Hast du 2 oder 3 Favoriten, kannst du dir ein (Test-)Depot erstellen, um zu prüfen, welche halten, was sie versprechen.

2 Die drei wichtigsten Kriterien für die Wahl der Plattform

Bei deiner Recherche, welche (Neo-)Bank am besten zu dir passt, solltest du dir drei Fragen stellen:

1. Entsprechen Qualität und Service meinen Ansprüchen?
2. Kann ich mein Geld in die gewünschten Anlageprodukte investieren?
3. Wie hoch sind die Kosten (und Zinsen)?

1. Entsprechen Qualität und Service meinen Ansprüchen?
Ist der Kontakt kundenfreundlich? Etablierte Banken werben mit einem gut ausgebauten Kundenservice, sind darum aber sehr teuer. Online-Anbieter sind zwar günstig, aber auch wenn du dein Geld online selbst verwalten willst, möchtest du von einem guten Service profitieren. Du solltest deshalb auf eine intuitive App und einen Support achten, der deine Sprache spricht und innert einer vernünftigen Frist deine Probleme löst.

Noch ein anderes Kriterium ist besonders bei **Neobanken** und Onlinebrokern relevant. *Wie wird sich der Anbieter entwickeln?* Auch wenn neue Plattformen mit Schnäppchen werben, ist ein häufiger Wechsel nicht immer die beste Wahl. Du brauchst nicht nur heute eine passende Lösung, sondern auch die nächsten Jahre und Jahrzehnte. Junge Start-ups mit aggressivem Marketing und Lockangeboten bei einer Handvoll **ETFs** passen ihr Businessmodell vielleicht morgen schon an und werden für dich unattraktiv.

Seit Jahren bewährte Anbieter mit breitem Anlageuniversum inklusive nicht an der Börse gehandelter **Fonds** sind vielleicht im Moment etwas teurer, dafür verlässlicher in ihrem Versprechen. Die wichtigste Frage dabei lautet: *Ist dein Geld sicher?* Geht die Bank bankrott, kommt dein Geld auf dem Konto in die Konkursmasse. Es ist zwar sehr unwahrscheinlich, dass es dann wirklich verloren ist, und es gibt auch noch die Einlagensicherung, aber dieses Risiko willst du keinesfalls eingehen. Digitale Anbieter, mit deren App du dein Geld verwaltest, sind oft nur **Broker**, ihnen fehlt die Banklizenz. Darum lassen sie im Hintergrund eine Bank dein Cash und deine Wertschriften aufbewahren. Die Bonität dieser Bank bzw. dieses kontoführenden Wertpapierhauses musst du im Auge behalten.

2. Kann ich mein Geld in die gewünschten Anlageprodukte investieren?

Digitale Anbieter locken mit Tiefstpreisen und Gutscheinen. Oft ist ihre Produktauswahl jedoch sehr klein: ungeeignete oder teure ETFs, keine **Indexfonds,** keine Fremdwährungskonti usw. Der beste Serviceapparat hilft dir nichts, wenn du damit keine passenden Anlageprodukte kaufen kannst. Häufige Stolpersteine sind:

H

- **Indexfonds:** Viele Plattformen bieten keine Indexfonds oder andere Fonds.
- **Geldmarktfonds:** Darauf solltest du für dein Cash nicht verzichten (Gebühren beachten!).
- **Aktien Schweiz:** Du brauchst einen Fonds mit Domizil Schweiz (**ISIN** beginnt mit «CH»), sonst verlierst du 35 % auf die **Dividenden.**
- **Aktien Welt:** Oft fehlen Fonds, die Schwellenländer einschliessen und die das Wechselkursrisiko zum Schweizer Franken absichern.

Aktien für Gesamteuropa, nachhaltige Produkte, Fonds für Schweizer Immobilien, für Gold und für Katastrophenanleihen fehlen ebenfalls oft. Auch ist ein US-Dollar-Konto von grossem Vorteil, sobald du einen Fonds in Dollar kaufst oder ein Fonds jährlich Erträge in US-Dollar auszahlt. Sonst entsteht ein teures Hin und Her!

3. Wie hoch sind die Kosten (und Zinsen)?

Jeder Anbieter verwendet andere Preismodelle, darum fällt die Antwort auf diese einfache Antwort oft komplex aus. Je nachdem wie viel Geld du investierst, wie oft du Transaktionen tätigst und welche Produkte du kaufst, kann der eine oder der andere Anbieter günstiger oder teurer sein. Besonders tückisch sind die versteckten Kosten: Im Handel mit Wertschriften und Fremdwährungen sind oft die höchsten Kosten im Handelskurs eingeschlossen und für dich schwer zu erkennen.

ZUM WEITERLESEN

Kosten. Mehr zu der Frage, welche Kosten besonders relevant sind und welche Plattform die beste Preisstruktur anbietet, erfährst du ab Seite 154.

3 Die richtige Wahl zum risikolosen Sparen

Bei der Entscheidung, welcher Finanzdienstleister am besten zu deiner Vermögensverwaltung passt, kannst du dir als Erstes die Konditionen für Sparmodelle ansehen, bei denen du dein Geld sehr sicher anlegen kannst.

Etablierte Anbieter kennen alle das **Sparkonto** (in der Grafik in Orange dargestellt): Während du auf dem **Privatkonto,** dem Salärkonto, (fast) keinen Zins erhältst, bekommst du auf dem Sparkonto wenigstens ein kleines Plus. Allerdings kannst du hier nur unter Einhaltung von Kündigungsfristen beschränkte Summen beziehen. Ziemlich mühsam und unattraktiv. Trotzdem: Auch wenn die Zinsen bei quasi risikolosem Sparen oft nicht berauschend sind, machen sie über die Jahre einen Unterschied. Sehen wir uns an, was es dir bringt, wenn du 10 Jahre lang 80 000 CHF auf Sparkonti und in ähnlichen Modellen rumliegen lässt.

Geldmarktfonds und Yuh glänzen mit dem besten Zins
Total Zinsen netto für 80 000 CHF Cash über 10 Jahre

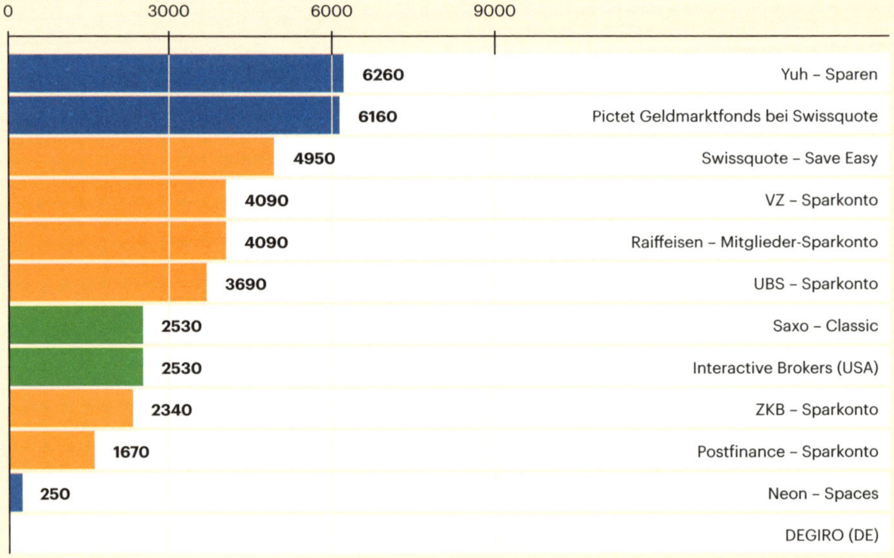

Chart 53 *Stand: November 2024 als langfristige Referenzgrösse*

Im November 2024 lag der **Leitzins** der Schweizer Nationalbank bei 1 %. Wenn wir diesen Stand als langfristige Referenzgrösse nutzen, dann wären das auf 80 000 CHF über 10 Jahre 8370 CHF Zins und Zinseszins. So viel bekommst du aber nirgends.

Mit einem **Geldmarktfonds** kannst du sicher sein, fast immer den höchsten Zins einzukassieren. Zum Beispiel mit dem *Pictet* Geldmarktfonds: Er zahlte im November 2024 immerhin 0,69 % nach Abzug der laufenden Fondskosten. Zwar kostet bei *Swissquote* das **Depot** 80 CHF im Jahr und jeder Kauf oder Verkauf 9 CHF. Trotzdem bleibt auf 80 000 CHF Anlage unter dem Strich mit 6160 CHF weit mehr als fast überall.

Gar nichts bleibt dir an Zinsen bei *DEGIRO* und auch *Neon* ist sehr knauserig. Ein Geldmarktfonds ist nicht im Angebot: Hier solltest du nie Geld rumliegen lassen.

Saxo und *Interactive Brokers* (in Grün dargestellt) bieten einen besonderen Service: Sie verzinsen alle Guthaben, egal auf welchem Konto sie liegen. Allerdings fällt die Höhe des Zinses nicht berauschend aus.

Mit Abstand am stärksten rentierte das Konto von *Yuh*: 0,75 % Zins, unabhängig vom Betrag. Dafür muss das Geld einem Sparprojekt zugeordnet werden. Das kannst du allerdings mit ein paar Klicks ganz einfach umsetzen und auch wieder auflösen, wenn du das Geld anderweitig brauchst. Auf diese Weise könntest du sogar deinen Zahlungsverkehr managen. Die Frage ist nur, für wie lange *Yuh* dieses attraktive Angebot aufrechterhält.

Während der Leitzins im Februar 2024 noch bei 1,75 % lag, nahm ihn die Schweizerische Nationalbank bis im Juni 2025 auf 0 % zurück. Als Faustregel kannst du dir merken: Ist der Leitzins unter 0,25 %, lohnen sich Geldmarktfonds nicht mehr. Solange du auf dem Konto wenigstens 0 % bekommst, kannst du dein Geld dort liegen lassen. Mehr als die von der Einlagensicherung garantierten 100 000 CHF je Kundenbeziehung sollten es allerdings nicht sein. Verteile wenn nötig dein Cash auf mehrere Banken oder prüfe den Kauf eines **Fonds** mit kurzlaufenden Schweizer Staatsanleihen, siehe im Musterportfolio unter *Anleihen Schweiz.*

4 Auf die Kosten kommt es an

Wir haben gesehen, wie unterschiedlich die Zinsen beim **Sparkonto** und Co. je nach Anbieter ausfallen. Aber noch viel grösser sind die Differenzen bei den Kosten für die Vermögensanlage. Was kostet es dich zum Beispiel, einen Betrag von 80 000 CHF für 10 Jahre in **ETFs** für die Strategie 100 % **Aktien** anzulegen?

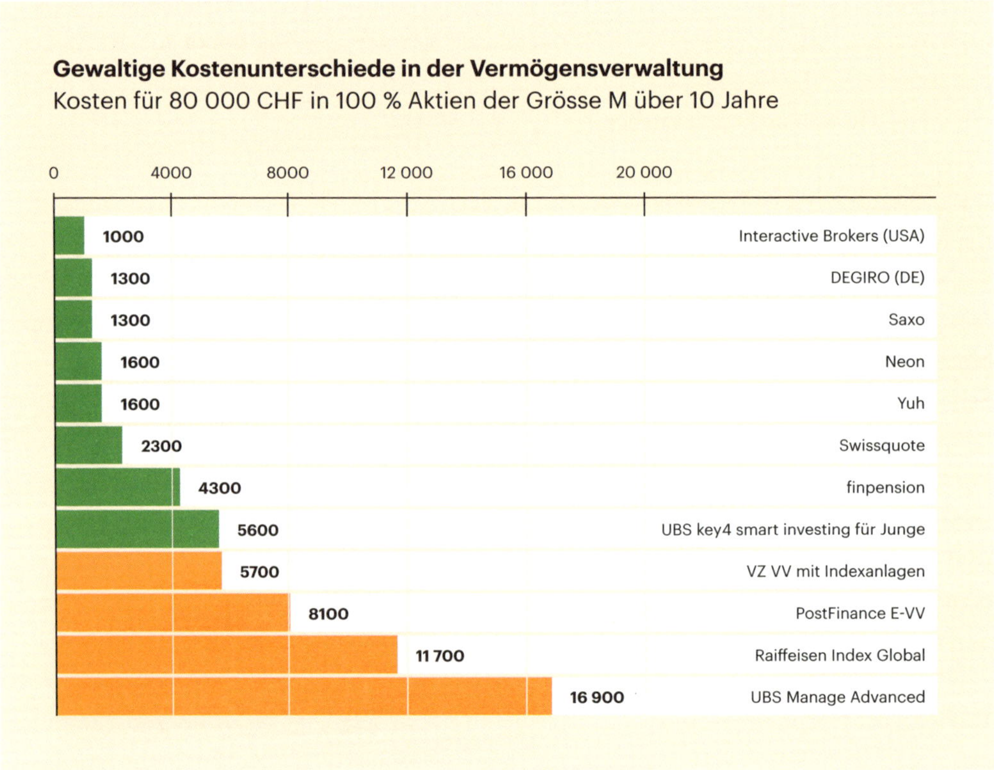

Chart 54 *Stand: März 2025*

Am günstigsten schneidet *Interactive Brokers* ab, die international tätige Online-Plattform aus den USA. Mit 1000 CHF für die DIY-Lösung zahlst du nur 0,13 % pro Jahr. Nur wenig dahinter folgen *DEGIRO* und *Saxo*. Auch *Swissquote* kann sich sehen lassen, falls du eine Schweizer Lösung mit umfassendem Produktangebot und telefonischem Support bevorzugst. Hier betragen die Kosten 2300 CHF, das entspricht 0,29 % pro Jahr.

Für Nerds: alle Kostenkomponenten

Die Übersicht berücksichtigt sowohl alle Kosten der jeweiligen Anbieter, also der Online-Plattformen und der Banken, als auch die laufenden Kosten der verwendeten Fonds sowie Stempelsteuern und Börsengebühren. *DEGIRO* beinhaltet zusätzlich 35 % Verrechnungssteuer auf Schweizer Aktien, da kein Schweizer Fonds verfügbar ist. Der Einfachheit halber gehen wir davon aus, dass sich die Börse nicht bewegt bzw. um die Kosten ansteigt, dein Vermögen also über die Jahre konstant bei 80 000 CHF verharrt. Das bedeutet, du hast am Anfang 80 000 CHF gekauft und nach 10 Jahren verkaufst du 80 000 CHF.

Ebenfalls günstig sind die Schweizer Neo-Banken *Neon* und *Yuh,* aber ihr Angebot ist beschränkt. *Finpension* scheint hingegen recht teuer, aber: Immerhin ist die Plattform 2025 abgesehen von Produktkosten und Steuern gratis! Und für 2026 sind Gebührensenkungen durchaus denkbar.

Die Online-Lösung *UBS key4 smart investing* ist nur für Junge halbwegs konkurrenzfähig. Damit kann das *VZ VermögensZentrum* mithalten. Selbst die günstigsten Angebote etablierter Player werden hingegen zu einem teuren Vergnügen. Besonders kostspielig sind die 16 900 CHF für *UBS Manage Advanced,* ein komfortables Vermögensverwaltungsmandat bei *UBS.* Das sind 2,11 % pro Jahr für die bequeme Lösung mit Zugang zu Beratung.

Du siehst also: **Mehr Service ist selten kostenlos.** Wenn du schlecht wählst, bezahlst du ihn mit Tausenden von Franken und erhältst kaum eine Gegenleistung.

Gutscheine nutzen

Auf Websites von Finfluencern findest du oft Gutschein-Codes für Online-Broker, um dein **Portfolio** etwas günstiger zu starten. Da diese mit der Vermittlung Geld verdienen, sind sie natürlich nicht ganz unabhängig und zeigen nur ausgewählte Anbieter. Trotzdem spricht nichts dagegen, für deine Wunschbank ein Schnäppchen zu machen.

5 Welche Kosten fallen für ETFs und Fonds besonders ins Gewicht?

Die Kostenstruktur ist an der Börse oft unübersichtlich. Tatsächlich gibt es eine Reihe verschiedener Kostenarten, die auf dich zukommen. Einerseits betrifft das die laufenden Kosten, die jährlich für die Führung deines **Depots** und die Verwaltung deiner Fonds anfallen. Anderseits zahlst du einmalige Kosten beim Kauf und Verkauf von Anlagen. Handelst du häufig, musst du deshalb vor allem auf tiefe Einmalgebühren achten.

Da die hier vorgestellten **Portfolios** jedoch langfristig angelegt sind, fallen die Handelskosten weniger ins Gewicht und auch die laufenden Kosten der ETFs und **Indexfonds** fallen minimal aus. Aus diesem Grund können insbesondere die laufenden Depotgebühren ins Geld gehen.

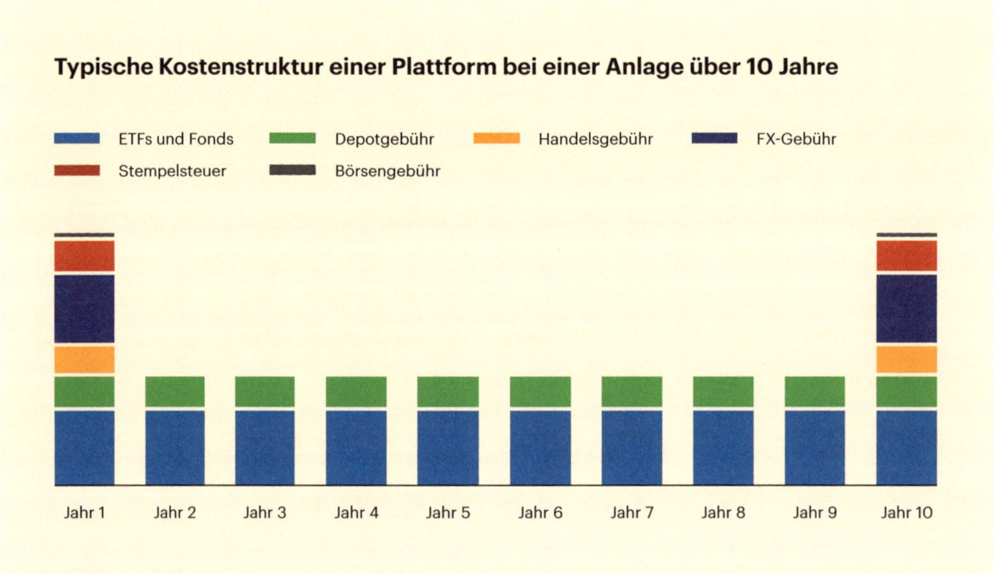

Chart 55

Zu den laufenden Gebühren zählen:

- **Depotgebühren:** Die Höhe dieser Gebühr ist sehr wichtig, da sich die Kosten über die Jahre anhäufen. Einige Anbieter verzichten ganz auf sie, ansonsten werden die Depotgebühren oft proportional zum Anlagevolumen erhoben, manchmal mit einem Minimum oder Maximum.
- **Laufende Kosten der ETFs und Fonds:** Sie sind so wichtig wie die Depotgebühren, da sie sich über die Jahre anhäufen, und liegen zwischen 0,03 % und bei schlechter Wahl über 3 %.
- **Kontoführungsgebühr:** Bei etablierten Banken zahlst du als Kunde oder Kundin eine Grundgebühr. Bei Online-Anbietern entfallen diese Kosten.

H

Laufende Kosten von ETFs und Fonds ermitteln

Laufende Kosten werden von der Plattform meist nicht ausgewiesen, sondern verstecken sich im Produkt. Auf *justETF.com* oder *fundinfo.com* kannst du allerdings anhand der **ISIN** bzw. des Factsheets die laufenden Kosten prüfen.

Einmalige Kosten im Handel beinhalten:

- **Transaktionskosten:** Viele Fonds kann man inzwischen für 3 bis 8 CHF handeln – oft wie bei *Yuh* über eine Pauschale, die beispielsweise auch Börsengebühren beinhaltet. Meist gibt es ein Minimum, das bei kleinen Transaktionen sehr teuer wird. Die Kosten können auch mit dem Handelsvolumen ansteigen. Mehr als 0,5 % sollte ein Kauf oder Verkauf nicht kosten.
- **Schweizer Stempelsteuer:** Beim Kauf und Verkauf von CH-ETFs beträgt sie 0,075 %, für ausländische ETFs zahlst du das Doppelte. Für ausländische Fonds werden nur beim Kauf 0,15 % fällig. Sie entfällt beim Handel auf ausländischen Plattformen und bei Schweizer Fonds (also mit «CH»-ISIN), weshalb Schweizer Indexfonds besonders attraktiv sind.
- **Börsengebühren:** Von vernachlässigbar wenig bis 0,2 %, manchmal mit Minimalgebühr bis zu 30 CHF, findest du hier alles. Manche Anbieter wie *Yuh* schliessen diese Kosten in ihr Angebot ein, andere wie *Swissquote* verrechnen separat.
- **Währungstausch:** Die Kosten sind meist im Wechselkurs versteckt. Sie liegen bei 0,02 % bis 0,95 % und mehr. Vermeide Währungswechsel: Handle Produkte möglichst in Schweizer Franken und vermeide Ausschüttungen aus Produkten in Fremdwährungen!

6 Auswertung – Kosten der Kategoriensieger nach Strategie

Damit du dich nicht mit dem Kleingedruckten herumschlagen musst, habe ich bereits analysiert, wie viel die **Anlagestrategie** mit 50 % bzw. 100 % Aktien für die Grössenklassen XS bis XL auf die Frist von 10 Jahren insgesamt kostet. Der Kostenvergleich liest sich zeilenweise. Das heisst, 20 000 CHF für 10 Jahre in 100 % Aktien (nach dem XS-Portfolio) anzulegen, kostet bei *Yuh* beispielsweise nur 160 CHF – inklusive Kauf und Verkauf, aber ohne laufende Fondskosten. Aktuelle Rabattaktionen wurden nicht eingerechnet. Anleger sollten die aktuellen Konditionen immer noch einmal genau prüfen. Nach aktuellem Stand lässt sich jedoch festhalten:

- **Swissquote** verrechnet jährlich mindestens 80 CHF Depotkosten bis zu 200 CHF plus 0,03 % ab 1 Mio. CHF. Das erklärt den relativ hohen Preis für kleinere Vermögen. Der Fixpreis von 9 CHF ab 1000 CHF je Auftrag für den Handel mit ETFs oder Fonds ist vor allem für grössere Anleger attraktiv, wobei noch Börsengebühren von mindestens 2 CHF und bis zu 152 CHF hinzukommen. Währungswechsel sind mit 0,95 % teuer.
- **Saxo** hat im Gegensatz zu *Swissquote* keine Depotkosten. Die Handelskosten starten tief, können aber für Anleger bis 250 000 CHF Vermögen, die viel traden, mit 0,08 % des Handelsvolumens beachtlich ausfallen. Bis 1 Mio. CHF Vermögen betragen sie etwas erträglichere 0,05 %, darüber 0,03 %.
- **Yuh** hat ein erfreulich einfaches Gebührenmodell mit 0,5 % des Handelsvolumens und ohne Depotgebühren. Es gibt allerdings eine Mindestgebühr von 1 CHF je Auftrag, mit Ausnahme weniger ETFs in einem **Sparplan.** *Yuh* lohnt sich weniger für grössere Anleger ab 100 000 CHF Vermögen, da die volumenabhängigen Gebühren zu hoch werden.
- **finpension:** Im Gegensatz zu *Yuh* ist hier der Handel gratis, dafür fallen 0,39 % jährliche Kosten für Depotführung und Vermögensverwaltung an. Ab 100 000 CHF Vermögen wird das teuer. Dafür wird das **Portfolio** automatisch auf der Zielstrategie gehalten. Auch kann für alle Anlagevolumen von 20 000 CHF bis 1 Mio. CHF das M-Portfolio umgesetzt werden, da keine Handelskosten anfallen.
- **Interactive Brokers** wird mit 0,05 % bzw. mindestens 5 EUR je Trade akzeptabel, sobald du Aufträge über mindestens 1000 CHF erteilst. Mit dem Handelsvolumen steigen aber die Kosten – bei einem Auftrag von 80 000 CHF etwa auf 40 Euro. Depotkosten und Schweizer Stempelsteuer fallen nicht an. Je weniger man handelt und je grösser das Anlagevermögen, desto attraktiver ist diese Plattform. Die grösste Stärke liegt aber im Währungswechsel zu lediglich etwa 0,02 %.

Je nach Anlagevolumen sind andere Anbieter günstigster oder teurer
Plattformkosten über 10 Jahre für kaufen, halten, verkaufen – ohne Fondskosten

		Swissquote	Saxo	Yuh	finpension	Interactive Brokers (USA)
Eignung für	**Portfolio**	**alle**	**fast alle**	**Kleinanleger**	**Online-Komfort**	**Nerds**
20 000 CHF in 100 % Aktien	XS	963	92	160	829	20
20 000 CHF in 50 % Aktien	XS	951	62	145	829	20
80 000 CHF in 100 % Aktien	S	1360	332	626	3314	80
80 000 CHF in 50 % Aktien	S	1345	181	578	3314	80
250 000 CHF in 100 % Aktien	S	2910	1038	1955	10 358	250
250 000 CHF in 50 % Aktien	S	2717	816	1805	10 358	250
250 000 CHF in 100 % Aktien	M	3078	1068	k. A.	10 358	250
250 000 CHF in 50 % Aktien	M	2850	921	k. A.	10 358	250
1 Mio. CHF in 100 % Aktien	M	5292	3670	k. A.	41 430	1000
1 Mio. CHF in 50 % Aktien	M	4541	3085	k. A.	41 430	1000
5 Mio. CHF in 100 % Aktien	XL	29 555	16 425	k. A.	k. A.	5000
5 Mio. CHF in 50 % Aktien	XL	28 750	13 050	k. A.	k. A.	k. A.

Chart 56 *Stand: März 2025*

7 Auswertung – Qualität und Anlageuniversum der Kategoriensieger

Der Chart zeigt eine Übersicht der jeweiligen Kategoriensieger hinsichtlich ihrer Qualität und ihres Angebots. *Swissquote, Saxo, Yuh* und *finpension* sind in der Schweiz etabliert. Sie arbeiten direkt oder indirekt mit einer Schweizer Bankenlizenz, *finpension* mit Lizenz als kontoführendes Wertpapierhaus. Sie stützen sich also auf die Schweizer Einlagensicherung. *Interactive Brokers* mag genauso sicher sein. Allerdings ist die Durchsetzung der Rechte im Ausland schwieriger.

Der Chart zeigt auch, dass die Nutzerfreundlichkeit bei *Interactive Brokers* etwas geringer ausfällt: Der **Broker** wendet sich eher an erfahrene, technisch versierte Anleger und bietet eine umfangreiche, mitunter verwirrende Funktionalität. Die Servicequalität bei *Swissquote* stützt sich vor allem auf kompetente Mitarbeitende. Bei *Saxo* ist kein Deutsch sprechender Kontakt garantiert. Bei *Yuh* und *Interactive Brokers* gestaltet sich die direkte Kontaktaufnahme schwieriger.

Bei *Swissquote* und *Interactive Brokers* dürfen Anleger davon ausgehen, dass sie sich noch lange am Markt behaupten können. Bei *Saxo* wird sich zeigen, ob die zuletzt stark reduzierten Preise nachhaltig sind. Die Angebote von *Yuh* und *finpension* sind noch jung, weshalb mit Anpassungen zu rechnen ist. Wie aber steht es um die Breite des Angebots?

- **Swissquote** bietet Zugang zu allen gewünschten Anlagen. Die in diesem Buch vorgestellten Strategien lassen sich damit optimal umsetzen. Zinsen bekommst du aber nur mit der Sparstrategie *Invest Easy,* von wo du über 25 000 CHF nur unter Einhaltung einer Kündigungsfrist von 3 Monaten kostenlos abziehen kannst.
- **Saxo** kann Lücken bei den Indexfonds oder beim Gold-Fonds mit ETFs zufriedenstellend schliessen. Für XL-Portfolios sind allerdings keine Cat-Bond-Fonds verfügbar. Es ist aber denkbar, dass auf Nachfrage alle in diesem Buch besprochenen Anlagen ermöglicht werden.
- **Yuh** weist ein eingeschränktes Produktangebot auf. Einfachere Strategien können aber problemlos umgesetzt werden und *Yuh* bietet meist noch relativ gute Zinsen auf dem Konto, was die geringe Auswahl an Anleihen-ETFs verschmerzen lässt.
- **finpension** glänzt mit einer vollständig automatisierten Vermögensverwaltung. Das Angebot an ETFs und Indexfonds ist für Aktien gut, für **Anleihen** lückenhaft. Da es keine Mindestkosten gibt, lässt sich auch mit kleinstem Vermögen eine Strategie von Typ M umsetzen.
- **Interactive Brokers** lässt bei Aktien und ETFs praktisch keine Wünsche offen. Einzig bei (Index-)Fonds gibt es ein paar Schwachstellen.

Grosse Unterschiede im Anlageuniversum bei den Online-Plattformen

	Swissquote	Saxo	Yuh	finpension	Interactive Brokers (USA)
Eignung für	**alle**	**fast alle**	**Kleinanleger**	**Online-Komfort**	**Nerds**
Qualität					
Sitz	Schweiz	Dänemark	Schweiz	Schweiz	USA
Bankenlizenz	Schweiz	Schweiz	Nein	Nein	Nein
Gegenpartei für Cash	Swissquote	Saxo Bank (CH)	Swissquote	finpension	8 US Banken
Einlagensicherung für Konti	100 000 CHF	100 000 CHF	100 000 CHF	100 000 CHF	250 000 USD
Mobile-App	Ja	Ja	Ja	Ja	Ja
Web-App	Ja	Ja	Nein	Ja	Ja
Nutzerfreundlichkeit	★★★★☆	★★★★☆	★★★★★	★★★★★	★★★☆☆
Servicequalität	★★★★★	★★★★☆	★★★☆☆	★★★★☆	★★★☆☆
Zukunftssicherheit	★★★★★	★★★★☆	★★★☆☆	★★★★☆	★★★★★
Anlageuniversum					
Hauptkonto	CHF	CHF	CHF	CHF	CHF
Konti in anderer Währung	Ja	Ja	Ja	Nein	Ja
ETF	★★★★★	★★★★☆	★★☆☆☆	★★★★☆	★★★★★
Indexfonds	★★★★★			★★☆☆☆	★★★☆☆
Andere Fonds	★★★★★	★★★☆☆		★★☆☆☆	★★★☆☆
Nachhaltige Fonds	★★★★★	★★★★★	★★☆☆☆	★★★☆☆	★★★★☆
Aktien	★★★★★	★★★★★	★★★☆☆		★★★★★
Krypto	★★★★★	★★★★★	★★★★★		★★★★★
Zinsen CHF Konto	bis 100 000 0,10 % darüber 0 %	0 %	0 %	Geldmarkt- fonds	0 %
CHF Geldmarktfonds	★★★★★	★★★★★		★★★★☆	★★★★☆
CHF Obligationen Indexfonds	★★★★★	★★★☆☆		★★★★☆	★★☆☆☆
CHF Obligationen ETF	★★★★★	★★★☆☆	★★★☆☆		★★★★★
CHF Aktien Fonds mit Domizil Schweiz	★★★★★	★★★★☆	★★★☆☆	★★★★☆	★★★★☆
Umsetzbarkeit der Strategien					
Standard 100 % Aktien	XS S M XL	XS S M XL	XS S M XL	XS S M XL	XS S M XL
Standard 0–75 % Aktien	XS S M XL	XS S M XL	XS S M XL	XS S M XL	XS S M XL
Nachhaltig 100 % Aktien	XS S M XL	XS S M XL	XS S M XL	XS S M XL	XS S M XL
Nachhaltig 0–75 % Aktien	XS S M XL	XS S M XL	XS S M XL	XS S M XL	XS S M XL

Chart 57

Stand: Juli 2025

8 Swissquote – die digitale Bank für alle

Bevor du dich für einen oder mehrere Anbieter entscheidest, folgt auf dieser und den nächsten Doppelseiten noch einmal ein Überblick über die Vor- und Nachteile der jeweiligen Kategoriensieger.

Swissquote
Qualität: ★★★★★
Anlageuniversum: ★★★★★
Kosten: ★★★☆☆

Zielgruppe: alle ab 50 000 CHF Vermögen, ideal für ETFs und Fonds, eher teuer für Aktien.

Qualität: Die bewährte, sichere Lösung mit Schweizer Bankenlizenz ist tätig seit 1996 und hat heute über 500 000 Kunden und Kundinnen. *Swissquote* bietet Zugang über Web und Mobile. Der Kundensupport ist telefonisch erreichbar und antwortet prompt und sehr kompetent. Als etablierter Anbieter ist *Swissquote* nicht besonders günstig, bietet aber Stabilität für die Zukunft.

Anlageuniversum: *Swissquote* bietet die beste Auswahl an ETFs und Fonds, Aktien und auch für **Krypto.** Du kannst damit jede hier vorgestellte Strategie konsequent umsetzen.

Sparplan: Auf *Swissquote* kannst du dir einen **Sparplan** einrichten, der täglich bis monatlich einen von dir bestimmten Betrag in verschiedene ETFs anlegt. Dazu musst du unter den Einstellungen das **Fractional Trading** aktivieren. Interessant sind dazu die ETFs für Aktien Schweiz, Aktien weltweit inklusive Schwellenländer und für Schweizer Staatsanleihen mit kurzen Laufzeiten. Ein automatisiertes **Rebalancing** bietet *Swissquote* nicht an. Du könntest also das Musterportfolio der Grösse S in vereinfachter Form umsetzen, müsstest aber die Gewichte gelegentlich auf die Zielquoten anpassen.

Kosten: Die meisten ETFs und Fonds kosten im Handel 9 CHF. Ab Transaktionen von 1800 CHF wird dieser Preis attraktiv. Transaktionen unter 500 CHF kosten nur 3 CHF, unter 1000 CHF 5 CHF. Die Depotkosten sind akzeptabel, Aktienhandel und Währungsumtausch hingegen eher teuer. Die Kontozinsen gibt es nur mit einer Rückzugslimite von 25 000 CHF im Monat. Die Transparenz zu den Handelskosten ist bei Anbietern wie *Saxo* oder *Interactive Brokers* besser.

Fazit: *Swissquote* bietet alles, was du von einer Bank brauchst. Du könntest also bedenkenlos deine Hausbank mit dem All-in-one-Dienstleister ersetzen.

Die beste Alternative zu Swissquote

Saxo, eine dänische Handelsplattform mit Schweizer Bankenlizenz, ist seit 1992 am Markt. Heute hat *Saxo* über 1 Mio. Kunden und Kundinnen und ist mehrheitlich im Besitz der Basler Privatbank *J. Safra Sarasin.* Die Plattform leistet zwar kein vollwertiges Dienstleistungsangebot einer Bank, aber die Konditionen für die Geldanlage gestalten sich nach mehreren Preissenkungen attraktiver als bei *Swissquote.* Es gibt keine Depotgebühren mehr, der Währungsumtausch ist mit etwa 0,02 % (0,25 % im Sparplan) sehr attraktiv, ETFs können ab 3 CHF gehandelt werden.

Andere Fonds von Interesse für die Musterportfolios finden sich aber abgesehen vom **Geldmarktfonds** nicht. Auch *Saxo* bietet einen Sparplan, AutoInvest genannt, an. Allerdings kannst du nur monatlich investieren und es fehlt noch ein Fractional Trading. Entsprechend ist ein Sparplan erst ab etwa 1000 CHF im Monat gut umsetzbar. Insgesamt bietet also *Swissquote* die besseren Dienstleistungen, aber zu einem deutlich höheren Preis.

9 finpension – der automatisierte Sparplan

finpension

Qualität: ★★★★★

Anlageuniversum: ★★★★☆

Kosten: ★★★☆☆

Zielgruppe: alle bis 100 000 CHF Vermögen, die systematisch sparen und anlegen wollen

Qualität: *finpension* besitzt eine Schweizer Lizenz als kontoführendes Wertpapierhaus. Tätig seit 2016, verwaltete die Plattform im Frühling 2025 rund 3,5 Mia. CHF Vermögen (Dietrich, 2025). Das überzeugende Angebot an fixfertigen **Anlagestrategien** ist leicht verständlich, entsprechend ist der Support kaum notwendig und wenig ausgebaut. Nebst Sparplan gibt es auch einen Entnahmeplan, zum Beispiel für den Vermögensverzehr im Alter.

Anlageuniversum: Vorgegebene wie auch eigene Strategien können mit rund 50 ETFs und Indexfonds umgesetzt werden. Für Aktien ist das Angebot breit genug, für Anleihen hingegen eingeschränkt.

Kosten: Direkt fallen keine Transaktionskosten an. Dafür gibt es eine jährliche Depotgebühr von 0,3 % plus 0,09 % für die Vermögensverwaltung. Hinzu kommen wie bei allen Plattformen die laufenden Kosten der ETFs und Indexfonds. Für hohe Vermögen wird das Gesamtpaket auf Dauer etwas teuer. Allerdings verzichtet *finpension* 2025 zur Verkaufsförderung auf die Gebühren. 2026 könnten die Gebühren ebenfalls reduziert werden, da ihnen der Konkurrent *VIAC* mit 0,25 % im Nacken sitzt.

Fazit: *finpension* bietet den idealen Strategie-Sparplan für kleine bis mittlere Vermögen. Wählst du eine Strategie, teilt die Plattform deine Einzahlungen automatisch auf die gewählten Fonds auf und hält deren Gewichtungen mit einem **Rebalancing** konstant.

Die beste Alternative zu finpension

VIAC liefert sich mit *finpension* ein Kopf-an-Kopf-Rennen. *VIAC* wurde 2017 gegründet und verwaltet heute rund 4 Mia. CHF (Huber, 2024b). Hinter der *VIAC*-Plattform stehen verschiedene Anbieter und Gesellschaften, was die Lösung etwas unübersichtlicher macht als bei *finpension*.

Trotzdem ist *VIAC* wie *finpension* vor allem stark in der Verwaltung von Vorsorgegeldern und offeriert ebenfalls automatisierte Strategie-Sparpläne und Entnahmepläne. Ausserhalb der Vorsorgelösungen ist das Angebot an ETFs und Indexfonds für Anleihen bislang etwas breiter als bei *finpension*. 2026 kostet die Verwaltung jährlich 0,25 % des verwalteten Vermögens. Allerdings verwendet *VIAC* im freien Sparen Indexfonds unter eigenem Namen, verwaltet von *UBS*. Diese sind etwas teurer als übliche Indexfonds, *VIAC* dürfte daran mitverdienen. Ausserdem sind sie bei der Rückforderung von Quellensteuern nicht optimal. Die 0,25 % scheinen also günstiger, als sie wirklich sind.

10 Yuh – die Mobile-App für Kleinanleger

Yuh
Qualität: ★★★★☆
Anlageuniversum: ★★★☆☆
Kosten: ★★★☆☆

Zielgruppe: alle ab 1000 CHF Ersparnis, die erste Erfahrungen sammeln wollen

Qualität: *Yuh* ist ein Gemeinschaftsunternehmen von *Postfinance* und *Swissquote*. Damit profitiert der Dienstleister vor allem von der langjährigen Online-Expertise von *Swissquote*. Die Wertaufbewahrung erfolgt auch bei *Swissquote*. Auf *Yuh* kannst du über die intuitive Mobile-App zugreifen. Angesichts der Einfachheit wirst du wenig Support benötigen.

Anlageuniversum: Mit *Yuh* kannst du einfache Strategien wie die Musterportfolios für Grösse S umsetzen: Dazu bietet *Yuh* je einen ETF für *Aktien Schweiz* und *Aktien Welt* sowie bei Bedarf für *Anleihen Schweiz* und *Anleihen Welt,* abgesichert in Schweizer Franken. Nebst weiteren ETFs kannst du mit *Yuh* in 300 Aktien und in 40 **Kryptowährungen** handeln.

Kosten: Depotkosten gibt es keine, du kannst also deine Positionen zum Nulltarif halten. Transaktionen kosten für in der Schweiz gehandelte ETFs 0,5 %. Zurzeit sind sogar 2 ETFs kostenlos handelbar, die du für deine Strategie kombinieren könntest:

- für *Aktien Welt: Vanguard FTSE All-World UCITS Dist (VWRL, in CHF)*
- für *Aktien Schweiz: iShares* **SMI** *(CSSMI).*

Vermeide bei *Yuh* aber immer einen Währungstausch, denn dieser ist mit 0,95 % so teuer wie bei *Swissquote.*

Fazit: Mit *Yuh* kannst du die wichtigsten Bankgeschäfte via App erledigen. Damit eignet sich die Neo-Bank für Einsteiger, die online ein günstiges und modernes Angebot suchen, um zu zahlen, zu sparen und zu investieren.

Die beste Alternative zu Yuh

Neon, der Zwilling von *Yuh,* ist ein Start-up aus dem Jahr 2019 und arbeitet mit der *Hypothekarbank Lenzburg* für Handel und Wertaufbewahrung zusammen. Mit *Neon* kannst du ebenfalls alle wichtigen Bankgeschäfte erledigen.

Beide Dienstleister liefern sich aktuell ein Kopf-an-Kopf-Rennen. *Yuh* bietet geeignetere ETFs und offerierte in der Vergangenheit höhere Zinsen. *Neon* bietet dafür zurzeit eine attraktive Debit-Karte von Mastercard für das Shoppen im Ausland.

11 Interactive Brokers – die ausländische Lösung für Nerds

Interactive Brokers
Qualität: ★★★★☆
Anlageuniversum: ★★★★☆
Kosten: ★★★★★

Zielgruppe: alle Technologie-Begeisterten ab 3000 CHF Ersparnis

Qualität: *Interactive Brokers* ist eine Handelsplattform aus den USA, gegründet 1978 mit heute etwa 2 Mio. Kunden und Kundinnen. Deine Positionen auf den Cash-Konti werden je nach Währung bei verschiedenen US-Banken gehalten. Du wärst höchstwahrscheinlich durch die amerikanische «Securities Investor Protection Corporation» (SIPC) gegen den Verlust von Bargeld und Wertpapieren geschützt, und zwar unabhängig von deinem Wohnort bis 500 000 US-Dollar, davon bis 250 000 US-Dollar auf das Bargeld (SIPC, o. J.). Darum ist die Sicherheit im Konkursfall sogar eher besser als in der Schweiz oder in der EU. Trotzdem fühlst du dich vielleicht wohler, wenn dein Geld in der Schweiz liegt und du genau weisst, bei wem.

Die Web-App ist eher anspruchsvoll, aber mit der Mobile-App lässt sich einfach arbeiten. Der Zugang zum Support ist praktisch unmöglich, du musst dir mit FAQs und Foren selbst zu helfen wissen.

Anlageuniversum: Das Angebot ist sehr umfangreich, hat aber ein paar Lücken. Du kannst so alle Strategien umsetzen, sofern du keine Schweizer Immobilien oder **Cat Bonds** willst. Auch Indexfonds für Anlagen in Schweizer **Anleihen** sind kaum verfügbar, aber immerhin für den Schweizer Geldmarkt. Ansonsten kannst du quasi alles traden, was es gibt, inklusive **Kryptowährungen.**

Kosten: Du kannst dein Geld in Schweizer Franken an *Interactive Brokers* (vermutlich Inlandzahlung an Citibank Zürich) überweisen. Der Währungsumtausch ist mit 2 CHF (oder 0,02 %) sehr günstig. Die meisten ETFs kosten im Handel mindestens 5 CHF (oder 0,05 %). Ab Transaktionen von 1000 CHF wird dieser Preis attraktiv. *Interactive Brokers* kennt zwei verschiedene Gebührenmodelle, das hier beschriebene mit Festpreisen und eines mit Staffelpreisen, das dir je nach Konstellation noch bessere Preise bietet. Du kannst in der Kontoverwaltung das Modell wechseln. Wichtig: Bei *Interactive Brokers* entfällt die Schweizer Stempelsteuer. Depotkosten gibt es keine, du kannst also deine Positionen zum Nulltarif halten.

Fazit: *Interactive Brokers* lässt dich sehr günstig investieren, ist aber im Ausland zu Hause. Du brauchst also auf jeden Fall eine weitere Bankbeziehung.

Die beste Alternative zu Interactive Brokers

DEGIRO wurde 2006 als niederländischer Zweig der deutschen Bank *flatexDEGIRO* gegründet und hat heute über 2,5 Mio. Kunden und Kundinnen. Im Anlageuniversum finden sich keine in der Schweiz beheimateten ETFs oder Index- und andere Fonds. *DEGIRO* ist somit für Schweizer Anleger ungeeignet für Anlagen im Geldmarkt und in Anleihen.

Der Online-Broker ist allerdings sehr günstig für Direktanlagen in Aktien und auch für Aktien-ETFs. Wie bei *Interactive Brokers* entfällt die Schweizer Stempelsteuer und es gibt keine Depotkosten.

12 VZ VermögensZentrum – ein Mandat mit persönlicher Beratung

VZ VermögensZentrum
Qualität: ★★★★★
Anlageuniversum: ★★★★☆
Kosten: ★★☆☆☆

Zielgruppe: alle, die eine persönliche Beratung suchen und sich nicht um die Verwaltung ihres Vermögens kümmern wollen

Qualität: Das *VZ VermögensZentrum* wurde 1993 in Zürich gegründet, verwaltet Kundengelder von 45 Mia. CHF und die Holding ist an der Schweizer Börse kotiert. Die *VZ Depotbank* verfügt über eine Bankenlizenz. Die Stärke liegt in der umfassenden persönlichen Beratung beim Anlegen von Vermögen, aber auch betreffend Pensionierung, Vorsorge, Versicherung, Hypotheken, Steuern und Nachlass. Diese Beratung erfolgt gegen Honorar. Um Interessenskonflikte zu vermeiden, vertreibt *VZ* keine Produkte gegen Provision.

Anlageuniversum: Interessant sind 2 Mandatsformen ab einer Mindestanlage von 100 000 CHF: Vermögensanlage mit Indexanlagen, mit bzw. ohne Einbezug von Nachhaltigkeit. Lass dir kein anderes, teureres Mandat aufschwatzen.

Kosten: Diese beiden Mandate kosten jährlich 0,55 %. Hinzu kommen Produktkosten in der Grössenordnung von 0,15 %. Darin eingeschlossen sind regelmässige Besprechungen mit einer Beraterin oder einem Berater des *VZ* und ein vergünstigter Zugang zu weiteren Beratungsleistungen.

Fazit: Über das *VZ VermögensZentrum* kannst du alle Bankgeschäfte abwickeln. Es berät dich umfassend in allen finanziellen Angelegenheiten, was vor allem für Personen ab 50 Jahre mit Fragen zu Vorsorge, Pensionierung und substanziellem Vermögen interessant ist.

Die besten Alternativen zum VZ VermögensZentrum

Falls dich das *VZ* nicht überzeugt, kann dir ein Vermittler wie *finguide.ch* helfen, deine Bedürfnisse zu erkennen und einen geeigneten Vermögensverwalter zu finden. Du bekommst ein Beratungsgespräch per Videokonferenz oder persönlich in Zürich.

Alternativ kannst du auf *moneyland.ch* Anbieter vergleichen. Wirf auch einen näheren Blick auf diese Angebote: *UBS key4 smart investing, Sparkasse Schwyz, Raiffeisen Index Global (Standard)* oder *Futura Global (nachhaltig), Zürcher Kantonalbank Vermögensverwaltung Index (Standard) oder Nachhaltig (ESG).*

13 Anbieter kostengünstig wechseln

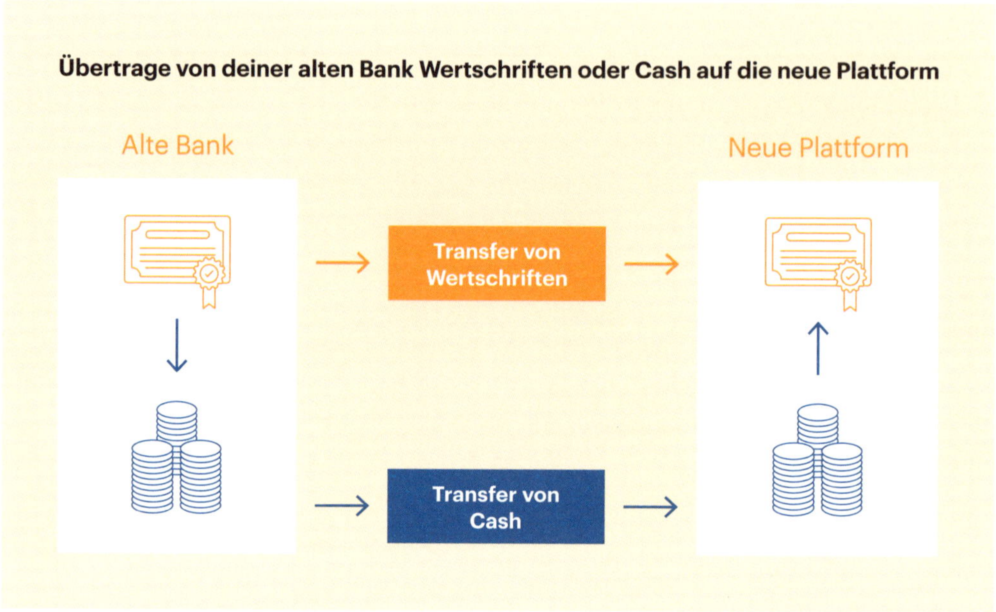

Chart 58

Hast du die beste Plattform für deine Vermögensverwaltung gefunden, kannst du dich dort in der Regel unkompliziert anmelden und deine Identität bestätigen. Aber was passiert, wenn du schon ein Anlageportfolio besitzt und zu einem besseren, günstigeren Anbieter wechseln möchtest? Hierfür gibt es zwei Möglichkeiten.

1. **Du verkaufst deine Wertschriften** wie Aktien und überweist dein Geld auf die neue Plattform.
2. **Du überträgst deine Wertschriften** wie Aktien direkt von der alten Bank zur neuen Plattform.

Verkaufst du die Wertschriften auf deinem alten Portfolio und transferierst den Cash-Erlös, zahlst du Gebühren für den Verkauf und Neukauf. Sind die Kosten vom Anlagevolumen abhängig, kann sich diese Variante für sehr kleine Depots trotzdem lohnen. Auch ist es möglich, dass deine neue Bank den Übertrag einiger Anlageprodukte nicht akzeptiert. Erkundige dich dazu am besten vor dem Wechsel. So oder so solltest du jedoch einen Währungsumtausch vermeiden. Überweise deshalb auch die Fremdwährungsbestände.

Um die Wertschriften direkt ohne Umweg zu transferieren, kannst du deiner alten Bank zum Beispiel per E-Mail mitteilen, wohin sie die Titel transferieren soll. Die Kosten hängen von der Anzahl der Positionen ab, nicht vom Anlagevolumen. Bei 10 oder weniger verschiedenen Aktien oder Fonds ist dieser Weg darum oft der günstigere. Trotzdem lässt dich die Bank, die du verlässt, selbstverständlich für diese Auslieferung bezahlen: pro Position meist 5 CHF bis 100 CHF für den üblichen elektronischen Transfer im Inland.

Der Anbieter, der dich empfängt, verlangt hingegen für die Einlieferung nichts. Im Gegenteil: Immer wieder gibt es Gutscheine, die dir den Transfer finanzieren und dich so zum Wechsel motivieren sollen. So lockt beispielsweise *Swissquote* immer wieder mit Angeboten von bis zu 500 CHF gegen Bestätigung der Auslieferungskosten.

Kostencheck vor dem Verkauf

Selbst wenn du einige oder alle Titel deines Portfolios verkaufen möchtest, kann sich ein Übertrag vor dem Verkauf lohnen. Denn wahrscheinlich hast du eine Plattform gewählt, die wesentlich günstiger ist als deine alte Bank.

DAS A&O ... um mit deinem Geld mehr zu verdienen

1. Wähle für deine Vermögensverwaltung eine Plattform, die deinen Erwartungen an den Service entspricht, die von dir gewünschten Anlagen auch wirklich anbietet und niedrige Kosten hat.

2. Prüfe vor deiner Wahl mit einem (Test-)**Depot,** ob du dein gewünschtes **Portfolio** auf der Plattform zusammenstellen kannst. Nur das Anlageuniversum von *Swissquote* ist wirklich vollständig.

3. Achte beim Angebot deiner Wunschplattform insbesondere darauf, ob **Indexfonds** angeboten werden. Sie sind meist günstiger als **ETFs,** allerdings ist das Angebot oft beschränkt.

4. Manche Kosten fallen versteckt an – lies das Kleingedruckte und prüf die Kosten mit einer Test-Transaktion.

5. Anfänger mit wenig Geld sollten sich *Yuh* genauer anschauen, für **Sparpläne** eignet sich vor allem *finpension*. Wer ein breites Angebot zu einem guten Preis sucht, sollte *Swissquote* prüfen. Für Nerds ist *Interactive Brokers* als meist günstigste Plattform eine Option.

6. Wer eine Lösung mit persönlicher Beratung sucht, wählt *VZ Vermögens-Zentrum* oder sucht zum Beispiel mit *finguide.ch* den passenden Partner.

7. Online findest du etwa bei *moneyland.ch* aktuelle Informationen, die dich in der Wahl der Plattform für deine Vermögensverwaltung unterstützen.

8. Du kannst oft sehr einfach und günstig Wertschriften von deiner alten Bank zur neuen Plattform transferieren.

I

Starte mit deiner Geldanlage und *richte einen Sparplan ein*

1 So steigst du in den Aktienmarkt ein

Du hast dich bereits mit den unterschiedlichen Plattformen, die dein Vermögen verwalten können, beschäftigt und dich für eine **Anlagestrategie** entschieden. Wie aber kannst du nun endlich Geld verdienen?

Du hast noch keine Wertschriften und wenig Vermögen? Dann solltest du dein Anlagevermögen schrittweise aufbauen. Am einfachsten geht das mit einem **Sparplan.** Wie er funktioniert, erfährst du ab der nächsten Doppelseite.

Du hast schon Wertschriften oder Vermögen? Prüfe, welche deiner Titel im **Portfolio** du für deine künftige Strategie noch brauchen kannst. Diese kannst du innert ein paar Tagen von deiner bisherigen Bank einfach auf die neue Plattform übertragen lassen *(siehe Seite 172)*. Wenn du keine **Aktien** oder **Anleihen** besitzt, sondern dir über Jahre etwas angespart oder geerbt hast und alles noch auf dem **Sparkonto** liegt, ist die Lage etwas kniffliger. Nehmen wir an, du möchtest nun alles in Aktien investieren. Sollst du jetzt sofort für den gesamten Betrag Aktien kaufen? Oder ist es smarter, bis zur nächsten Börsenkrise zu warten?

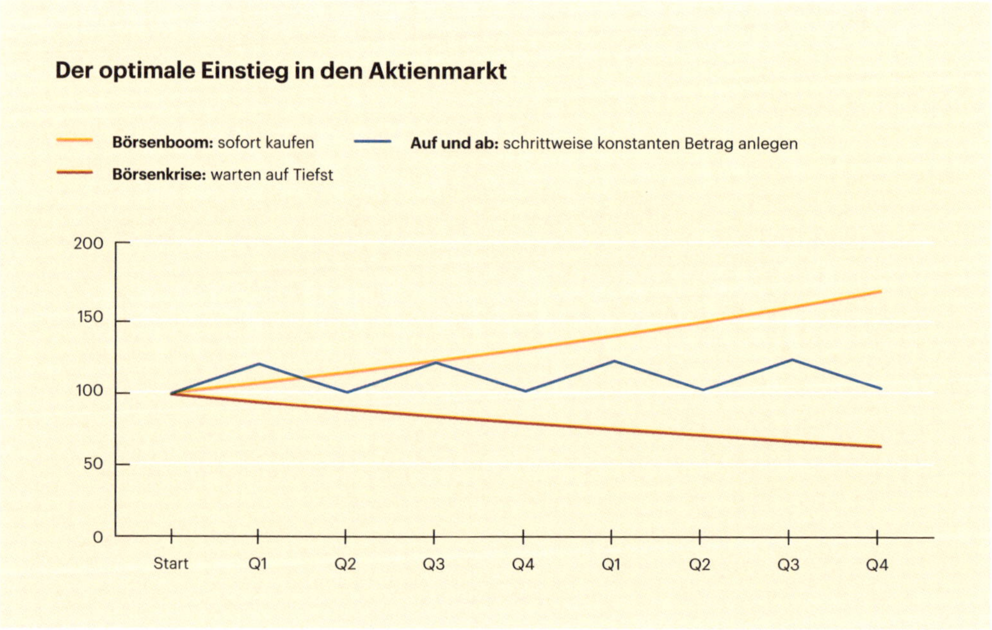

Chart 59

Die Antwort ist einfach. Wenn du absolut sicher weisst, dass die Aktienmärkte die nächsten Jahre weiter steigen, investiere alles sofort. So steigst du zum günstigsten Preis ein und nimmst die grösstmögliche Rendite mit. Bist du dir hingegen absolut sicher, dass die Aktienmärkte die nächsten Jahre fallen, warte so lange ab wie möglich. Denn jeden Monat wird es günstiger.

Nur, wie kann man sich absolut sicher sein? Auch hier ist die Antwort sehr einfach. Sie lautet nämlich: «Gar nicht.» Niemand von uns besitzt eine Kristallkugel und kann in die Zukunft sehen. Das gilt für Börsenneulinge genauso wie für Profis, für Crashpropheten wie für Zahlenjongleurinnen. Die cleverste Art, einen grösseren Betrag zu investieren, ist deshalb, ihn über mehrere Quartale zu verteilen, und zwar den gleichen Betrag stur nach Terminplan.

Mit dieser Staffelung erzielst du einen guten Durchschnittspreis. Investierst du alles sofort und die nächsten Monate kommt der Crash, wirst du nicht gut schlafen. Wartest du hingegen auf eine günstige Gelegenheit, verpasst du womöglich grosse Gewinne. Viele zögern jahrelang, während die Kurse steigen und steigen … Über die **Inflation** verliert das Vermögen damit aktiv an Kaufkraft: Es schmilzt. **«Timing ist nichts. Zeit ist alles!»** Wenn du möglichst viele Jahre in Aktien investiert bist, profitierst du vom langfristigen Aufwärtstrend. Dein Investment über einen längeren Zeitraum als 2 oder 3 Jahre zu strecken, ist darum selten hilfreich.

ZUM WEITERLESEN

ETF-Shopping. Geh jetzt auf Shoppingtour und wähle die **ETFs** deiner Wahl, die zu deiner gewählten Vermögensplattform und deiner Strategie passen. Eine Kopiervorlage dafür findest du im Anhang ab Seite 304.

2 Sparpläne für Börsenneulinge und Kleinanleger

Willst du systematisch sparen und anlegen, richtest du dir am besten einen **Sparplan** ein. Sehen wir uns erst den Fall an, wenn du über wenig Vermögen verfügst. Angenommen, du willst 10 Jahre lang jedes Quartal 1000 CHF in eine Aktienstrategie wie im XS- oder S-Portfolio *(siehe ab Seite 130)* investieren. In unserem Beispiel legst du dein Geld in 1 oder 2 **Fonds** an und verkaufst nach 10 Jahren alles. Was kosten dich dann die verschiedenen Plattformen?

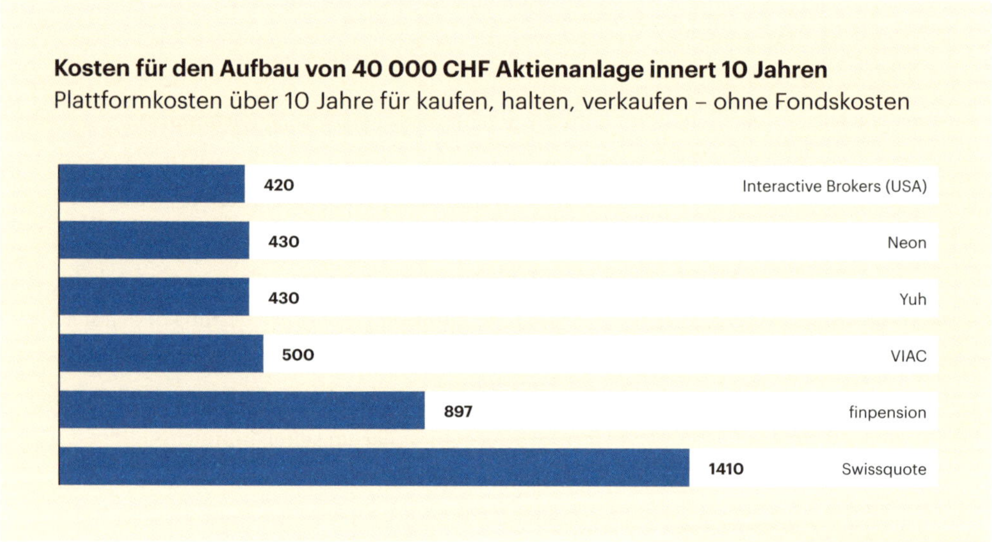

Chart 60 *Stand: März 2025*

Der Chart zeigt, dass du sehr einfache Aktienfonds-Sparpläne günstig bei *Yuh* und *Neon* oder bei *Interactive Brokers* im Ausland umsetzen kannst. Bei *Swissquote* musst du tiefer in die Tasche greifen. Bei all diesen Anbietern zahlst du manuell in einzelne Fonds ein.

Alternativ kannst du bei *finpension* und *VIAC* einen Strategie-Sparplan verfolgen. Hier investierst du direkt in eine Strategie, zum Beispiel in 50 % **Aktien.** Die beiden Plattformen teilen dann automatisch deine Einzahlung auf die betroffenen Fonds auf. Wenn sich über die Zeit die Gewichtung wegen unterschiedlicher **Renditen** verschiebt, führen sie mit einem **Rebalancing** diese wieder auf die Strategie zurück. Eine Mindestanlage gibt es nicht. Rabatte für 2025 wurden nicht berücksichtigt. Ab 2026 soll *VIAC* 0,25 % kosten, *finpension* wird seine 0,39 % vermutlich auch senken müssen.

Richte deinen Sparplan ein

finpension oder VIAC: Überweise quartalsweise per Dauerauftrag 1000 CHF von deinem Bankkonto auf dein Konto bei *finpension* oder *VIAC*. Wähle eine Strategie, die Investition erfolgt automatisch.

Yuh: Richte unter der Rubrik «Investieren» monatlich wiederkehrende Aufträge ein, quartalsweise ist aktuell leider nicht möglich. Für einen klassischen Aktiensparplan investierst du am einfachsten alles beispielsweise in den *Invesco FTSE All-World UCITS ETF CHFh (FWCA),* damit investierst du weltweit inklusive Schwellenländer und sicherst die Wechselkursrisiken zum CHF ab.

Neon: Wähle «Sparplan» aus. Der Handel kostet 0,5 %, mit dem Vorteil, dass bei Sparplänen das Minimum von 1 CHF je Transaktion entfällt. Für einen klassischen Aktiensparplan investierst du am einfachsten 30 % in *Aktien Schweiz* und 70 % in *Aktien weltweit*. Beispielsweise kaufst du 1 Anteil im *UBS SPI (CH) ETF (CH0131872431)* für *Aktien Schweiz* zu etwa 80 CHF und 30 Anteile zu etwa 6 CHF im *Invesco FTSE All-World UCITS ETF (IE000716YHJ7)* für *Aktien Welt*.

Interactive Brokers: Gehe zur Auftragsart «Wiederkehrende Investition». Hier kannst du den gewünschten **ETF** auswählen. Nachdem du den Betrag eingegeben hast, stellst du das Anlageintervall ein.

3 Sparpläne, um ein grösseres Vermögen zu investieren

Nicht nur, um monatlich oder quartalsweise etwas anzusparen, eignet sich ein **Sparplan.** Auch wenn du etwas geerbt hast oder du bereits ein nicht unerhebliches Vermögen auf dem **Sparkonto** hortest, lohnt er sich.

Gehen wir davon aus, dass du 400 000 CHF geerbt hast. Wie sieht dein Investitionsplan aus? Um dich vor zufälligen Schwankungen abzusichern, kaufst du 8 Quartale lang für je 50 000 CHF **Aktien.** Du kaufst damit weniger Aktien bei hohen Kursen und eine grössere Menge bei tieferen Kursen. Befinden sich die Aktienpreise gerade im Keller, kaufst du mehr Stück, um auf 50 000 CHF zu kommen. Sind die Aktienpreise hoch, kaufst du weniger Stück. Am besten erteilst du für den Sparplan einen «Dauerauftrag», der jedes Quartal oder jeden Monat den gewünschten Betrag automatisch anlegt. So musst du dich um nichts kümmern.

Kosten für 400 000 CHF Aktienanlage innert 2 Jahren aufbauen und 8 Jahre halten
Plattformkosten über 10 Jahre für kaufen und halten – ohne Fondskosten

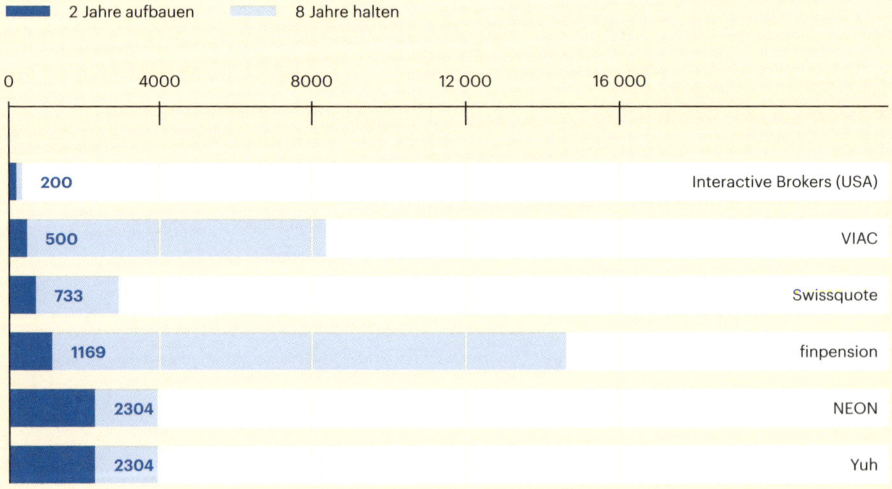

Chart 61 *Stand: März 2025*

Der Chart zeigt die Kosten, wenn du gemäss Strategie 100 % Aktien für das S-Portfolio über 8 Quartale in 2 **ETFs** investierst und das fertige **Portfolio** weitere 8 Jahre hältst, wobei jährlich 5 % Anpassungen erfolgen. Im Aufbau (dunkelblau) sind *Interactive Brokers* und *VIAC* aktuell am günstigsten, aber auch *finpension* und *Swissquote* glänzen mit günstigen Preisen. (Bei *Swissquote* ist der Sparplan im Angebot noch eingeschränkt, wird aber wohl ausgebaut.) *Yuh* und *Neon* sind im Aufbau teurer.

finpension und *VIAC* sind nicht nur im Aufbau sehr günstig, sondern offerieren auch das beste Produkt: Nur hier kannst du in eine ganze Strategie wie etwa 50 % Aktien einzahlen, denn die beiden teilen automatisch deine Einzahlung auf die betroffenen **Fonds** auf. Sie sind allerdings in den Folgejahren teuer, weil sie eine prozentuale Gebühr auf das investierte Vermögen verlangen. Bei *Interactive Brokers*, *Yuh* und *Neon* bezahlt man hingegen nur die Transaktionen, also anfangs viel, dann sehr wenig. Bei *Swissquote* zahlt man sowohl für Transaktionen wie für den Bestand – aber wenig.

Werden die Angebote von *finpension* und *VIAC* in Zukunft nicht günstiger, kann sich folgendes Vorgehen lohnen: Du baust dein Portfolio günstig mit *finpension* oder *VIAC* auf. Nach Abschluss des Aufbaus verkaufst du alles (praktisch ohne Gebühren), zahlst das Cash bei *Swissquote* ein und investierst alles sofort wieder.

Für Nerds: digitale Vermögensverwalter

Eine moderne, aber wenig erfolgversprechende Methode, um dein Vermögen zu verwalten, sind sogenannte Robo-Advisor: Dabei handelt es sich um Anlage-Apps, die für dich die Anlageentscheidung treffen. Du wählst lediglich eine grobe Strategie, zum Beispiel mit 50 % Aktien. Taktisch kann aber die Aktienquote mal höher, mal tiefer liegen, je nach Einschätzung des Anlagekomitees oder eines automatisierten Algorithmus bzw. eines Robo-Advisors. Nicht nur die Aktienquote variiert, sondern auch die Aufteilung der Anlagen auf Regionen, mehr oder weniger spekulative **Anleihen, Immobilienfonds** oder Gold. Diese taktischen Massnahmen versprechen keinen Mehrwert in Form besserer **Rendite.** Du solltest deshalb dafür auch nicht mehr bezahlen als für die Sparpläne bei *finpension* oder *VIAC*.

4 Wann und wie genau du kaufen oder verkaufen solltest

Erinnerst du dich daran, dass **Markt-Timing** beim Investieren nichts bringt *(siehe Seite 177)*? Das bedeutet allerdings nicht, dass es völlig egal ist, zu welcher Uhrzeit du deine Anlagen kaufst bzw. verkaufst. Bei ETFs solltest du dich wie bei einzelnen Aktien an die offiziellen Börsenzeiten halten. Nur dann finden sich viele Käufer und Verkäufer auf dem Marktplatz ein. Entsprechend kompetitiv sind die Preise.

Handle deine ETFs am besten zwischen 15.30 und 17.20 Uhr

Offizielle Handelszeiten an den Börsen zur Winterzeit (MEZ) und Sommerzeit (MESZ)

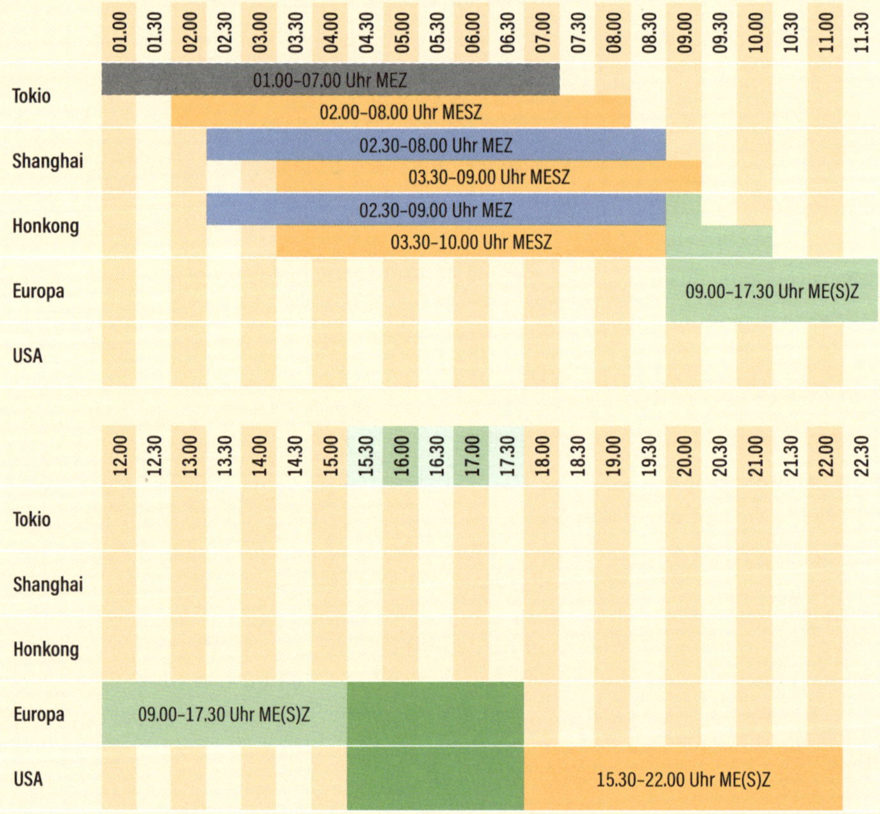

Chart 62

ETFs solltest du am besten zwischen 15.30 und 17.20 Uhr kaufen bzw. verkaufen, also bis 10 Minuten vor Börsenschluss. Denn in diesem Zeitraum sind sowohl die europäischen wie auch die amerikanischen Märkte offen. Einzig europäische Titel kannst du bei Bedarf schon ab 9.00 Uhr handeln, allenfalls noch asiatische Titel zwischen 9.00 und 10.00 Uhr. Viele Plattformen halten dir zwar den Handel ausserhalb dieser Zeiten offen, ich rate aber stark davon ab. Die Kurse sind zu schlecht!

Wenn du eine Aktie oder einen ETF kaufst oder verkaufst, fragt dein **Broker** ausserdem ab, ob du «Market» oder «Limit» verkaufen möchtest.

- **Market:** Wählst du «Market», wird der Auftrag zum aktuellen Marktpreis ausgeführt. An Börsenrandzeiten und bei wenig gehandelten ETFs wirst du so über den Tisch gezogen. Aber ein ETF auf US-Aktien oder Paneuropa um 16.00 Uhr sollte kein Problem sein.
- **Limit:** Wählst du hingegen «Limit», gibst du einen Preis ein, den du beim Kauf höchstens bereit bist zu zahlen bzw. bei einem Verkauf mindestens erzielen willst. So bist du auf der sicheren Seite – scheinbar. Oft wirst du deine Limite nämlich zu aggressiv setzen und niemand nimmt dein Angebot an. Folglich musst du den Auftrag überwachen, womöglich nachbessern. Setze deine Limite darum auf die aktuelle Preisspanne: bei Käufen auf den Geld-Kurs, also darauf, was andere für einen Kauf bieten; bei Verkäufen auf den Brief-Kurs, also darauf, was andere für einen Verkauf bieten. Auf jeden Fall sollte dein Auftrag nur für den aktuellen Tag gültig sein – über Nacht kann auf der Welt viel geschehen.

Das richtige Timing für (Index-)Fonds

Bei **Indexfonds** und anderen **Fonds** werden im Gegensatz zu ETFs und Aktien nur ein Mal täglich neue Anteile herausgegeben oder alte entgegengenommen, beispielsweise bei einem **Geldmarktfonds.** Meist musst du den Auftrag für Anlagen in Europa am Vormittag und für den Rest der Welt spätestens am frühen Nachmittag aufgeben, damit sie zum Preis des kommenden Börsenschlusses abgerechnet werden. Bei Fonds für **Cat Bonds** sind Zeichnungen und Rücknahmen meist zweimal im Monat möglich.

5 Fallstudie: Luca wechselt zu Yuh

Sicher erinnerst du dich an Miras Bruder Luca. Er ist 22 und studiert Physik. In etwa 2 Jahren plant er eine Australienreise. Dafür will er schon heute Geld auf die Seite legen und wagemutig in Aktien anlegen. Am liebsten hätte er eine digitale Lösung, mit der er über sein Handy all seine Bankgeschäfte einfach und günstig abwickeln kann. Nachdem Mira ihm ihre Recherche zeigt, entscheidet sich Luca für *Yuh*.

Ziel: Luca möchte mit einem Aktien-Sparplan für seine Australienreise in 2 Jahren sparen und dafür ein möglichst einfaches Handling.

Weg: Luca lädt zunächst *Yuh* aus dem App-Store herunter. Nachdem er abends die Identifizierung online durchgeführt hat, erhält er morgens bereits den Zugang. Dann richtet er sich einen Sparplan ein und kündigt sein Konto bei der alten Bank. Mit der **Neobank** *Yuh* kann Luca nun alle wesentlichen Bankgeschäfte erledigen, denn *Yuh* hat für ihn im Hintergrund eine Beziehung zu *Swissquote* hergestellt, dem Finanzdienstleister mit Bankenlizenz. Seit sich Luca angemeldet hat, lässt er sein Gehalt auf *Yuh* überweisen, bezahlt seine Rechnungen über die App, richtet Daueraufträge und eBill ein. Bargeld kann er ein Mal pro Woche am Geldautomaten gratis beziehen, täglich maximal 1000 CHF. Zudem erhält er von *Yuh* kostenlos eine Debit-Karte. Für seine Auslandreisen bestellt er bei *Revolut* eine Prepaid-Kreditkarte.

Lösung: Für seine Geldanlage schiebt Luca alles Geld auf ein Sparprojekt, damit er den Zins erhält, sofern es denn einen gibt. Bei Bedarf kann er es in Sekunden zurückschieben und für Zahlungen nutzen. In der Rubrik «Investieren» richtet er unter «Wiederkehrend» einen Sparplan ein:

Durch seinen Nebenjob kann Luca jeden Monat 400 CHF in Aktien zurücklegen. Er orientiert sich am S-Portfolio mit 100 % Aktien und erstellt 2 monatlich wiederkehrende Investitionen:

1. 120 CHF: *iShares* **SMI** *(CSSMI)* für *Aktien Schweiz*
2. 280 CHF: *Vanguard FTSE All-World (VWRL)* für *Aktien Welt*

Ein Anteil des *iShares SMI ETF* kostet zwar mehr als 120 CHF, aber *Yuh* kauft nur einen Bruchteil eines Anteils, dies muss Luca also nicht kümmern. Auf diese Weise legt er jährlich 4800 CHF in Aktien an. Wegen einer Sonderaktion bezahlt Luca zurzeit für die Käufe nichts ausser der Stempelsteuer von wenigen Rappen und auch das Minimum von 1 CHF je Kauftransaktion entfällt. Da zudem beide ETFs in Franken gehandelt werden, vermeidet er teure Währungswechsel.

In etwa 2 Jahren steht die grosse Australienreise an. In der Zwischenzeit kann auf den Aktienmärkten viel geschehen. Wenn er total 9600 CHF in Aktien anlegt, kann er im besten Fall 2000 CHF bis 4000 CHF gewinnen, aber in einem Crash kurz vor Studienabschluss die Hälfte verlieren. Dieses Risiko nimmt er bewusst in Kauf. Er will mit einer kleinen Summe erste Erfahrungen mit Geldanlagen sammeln. Zur Not passt er seine Reisepläne an und fährt nur ein paar Wochen nach Portugal zum Surfen.

6 Wie du dein Geld auf verschiedene Ziele verteilst

Wenn du mehrere Bedürfnisse, Wünsche oder gar Träume hast, gestaltet sich die Welt deiner Vermögensanlage komplexer, als wenn du auf ein einziges Ziel hinsparst. Wie sollst du dein Kapital, dein heutiges Vermögen und deine künftigen Ersparnisse auf deine Ziele verteilen? Auf Bedürfnisse, die du konsequent verfolgst, auf Wünsche, die dir am Herzen liegen, auf Träume, die unerreichbar scheinen?

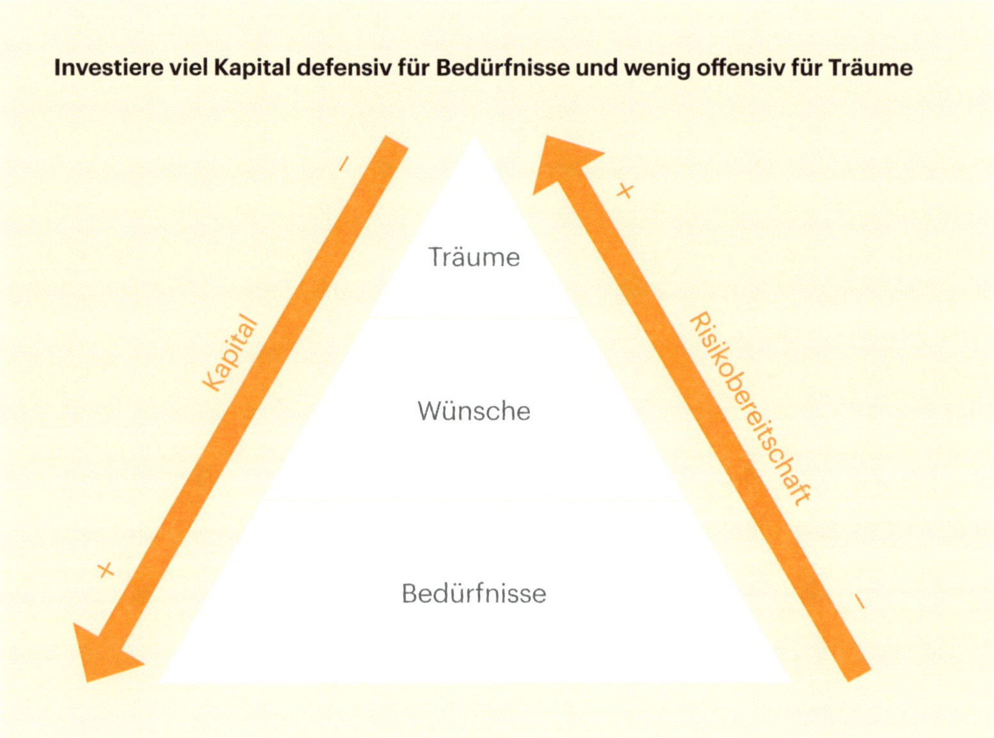

Chart 63

Je wichtiger dir die volle Zielerreichung ist, desto mehr Kapital solltest du diesem Ziel zuordnen und desto weniger Anlagerisiko eingehen:

- **Bedürfnisse:** Ein Bedürfnis ist wenig flexibel, es soll mit hoher Wahrscheinlichkeit befriedigt werden. Grosse Rückschläge kannst du kaum tolerieren. Kaufe deshalb nur so viel Aktien, dass du jederzeit deren Halbierung im Wert akzeptieren könntest und dein Bedürfnis trotzdem in Reichweite bleibt. Wenn der Zeithorizont kurz ist, solltest du noch vorsichtiger sein.
- **Wünsche:** Bei einem zweitrangigen Bedürfnis oder Wünschen kannst du Enttäuschungen eher akzeptieren. Darum kannst du zum Beispiel Flauten wegstecken und falls nötig deine Ambitionen reduzieren oder aufschieben.
- **Träume:** Für Träume bleibt meist kein Geld mehr übrig. Vielleicht musst du sie begraben. Vielleicht läuft die Börse oder deine Karriere aber auch viel besser als erwartet und du kannst in einigen Jahren Geld für Träumereien anlegen bzw. dir auszahlen lassen.

Wie du dein Geld auf mehrere Ziele aufteilst

Überlege für jedes Ziel:

1. Wie viel Geld ist es dir wert? Das heisst: Wie viel deines aktuellen Vermögens und deiner künftigen Ersparnisse willst du ihm zuordnen?
2. Wie viel Risiko willst du eingehen? Das heisst: Wie viel Vermögen und Ersparnisse willst du, als Faustregel, bis in 3 Jahren in dieses Ziel investiert haben? Wie viel davon könntest du verkraften, an der Börse vorübergehend zu verlieren? Das Doppelte davon solltest du höchstens in Aktien investieren. Überprüfe diesen Entscheid mindestens alle 3 Jahre.
3. Wie stark wächst dein Kapital je Ziel voraussichtlich mit deiner gewählten Strategie *(siehe Anhang ab Seite 298)*? Erreichst du das Ziel?

Du hast nun vermutlich dem einen Ziel zu viel Kapital zugeordnet, dem anderen zu wenig. Verschiebe nun das Kapital zwischen den Zielen und passe die **Anlagestrategien** an, bis die Rechnung in etwa aufgeht. Gehe also diese 3 Schritte bei Bedarf mehrmals durch.

7 Spiele Lotto, um zu träumen

Eine Weltreise, das Bed & Breakfast in der Toskana, die Ferienwohnung in Arosa, mit 50 Jahren in Pension – wenn du nicht die Geduld oder Zuversicht hast, dass du Vorstellungen wie diese tatsächlich umsetzen kannst, dann spiele Lotto (Parker, 2022). Was erst nach einem Scherz klingt, ist völlig ernst gemeint. Wenn das Erreichen eines Traums finanziell unrealistisch ist, du die Hoffnung aber nicht ganz aufgeben möchtest, dann fordere dein Losglück heraus. Auch hier stehen die Chancen für ein Happy End natürlich schlecht, aber zugleich hältst du deinen Einsatz minimal. Bei *Swiss Lotto* beispielsweise kosten 2 Tipps gerade einmal 5 CHF. Bei *Euromillions* zahlst du für einen Tipp 3.50 CHF.

Wichtig ist, dass das Lottospielen nicht deine Sparquote verringert. Du solltest deshalb nur das Minimum an Tipps vornehmen, denn ob 1 Tipp oder 20 Tipps pro Ziehung: Die Chancen bleiben ohnehin verschwindend klein. Auch auf Zusatzgewinnchancen wie *Joker* oder *Super-Star* solltest du verzichten. Richte ausserdem kein Abo ein. Geh jedes Mal an den Kiosk und kaufe Einzeltipps. Kannst du diese Motivation nicht aufbringen, lohnt sich das Tippen für dich auch nicht. Dann ist dir dein Traum diese Schritte eben nicht wert.

Wirst du deinen Traum mit Losglück verwirklichen? Fast sicher nicht! Die Gewinnchancen sind minimal: Bei *Swiss Lotto* stehen die Chancen ungefähr bei 1 zu 31 Millionen für 6 Richtige und Glückszahl, bei *Euromillions* bei 1 zu 140 Millionen für 5 Zahlen und 2 Sterne. Wenn du regelmässig spielst, wirst du dich ab und zu aber wahrscheinlich über kleine Gewinne freuen können: Bei *Swiss Lotto* kannst du sogar erwarten, dass du zwei Drittel deiner Einsätze zurückgewinnst, bei *Euromillions* immerhin die Hälfte deiner Einsätze!

Für Nerds: Lotto-Aufteilung

Bei *Swiss Lotto* gehen 66 % der Einsätze an die Spieler und Spielerinnen, 24 % an die Kantone und an den nationalen Sport für gute Zwecke, 10 % sind Betriebskosten und Verkaufsprovisionen (Swisslos, 2025).

Bei der Lotterie *Euromillions* gehen 50 % der Einsätze an die Spieler und Spielerinnen, 33 % sind zur Unterstützung des Gemeinwohls vorgesehen, 17 % sind Betriebskosten und Verkaufsprovisionen (Wikipedia, 2024).

Rein finanziell gesehen, lohnt sich Lotto spielen also nicht. Das wissen aber die meisten Menschen auch – im Gegensatz zu Anlegern, die immer wieder einen erheblichen Anteil ihres Vermögens in hochspekulative Finanzinstrumente stecken. Vergleicht man Glückslose mit **Krypto, Optionen** oder **Penny Stocks,** hält sich die Höhe des möglichen Verlusts beim Lottospielen in Grenzen. Nur hier kannst du mit kleinstem Einsatz jede Woche die Hoffnung erhalten, dass dein Traum plötzlich Realität wird.

8 Fallstudie: wie Mira und Jonas ihre Ziele koordinieren

Sehen wir uns an, wie Mira und Jonas ihre Zukunftsvorstellungen konkret erfüllen möchten.

Weniger Risiko für Bedürfnisse als für Wünsche, Lotto für Träume

Priorität	Ziel	Kosten	Strategie
Bedürfnis	Haus kaufen	400 000 CHF	50 % Aktien
Wunsch	Camper kaufen	80 000 CHF	100 % Aktien
Traum	B & B in der Toskana	2 Mio. CHF	Swiss Lotto

Chart 64

Ziel: Mira und Jonas wollen in etwa 10 Jahren ein Haus kaufen. Eines Tages, vielleicht in 15 Jahren, wünschen sie sich ihren eigenen Camper. Am liebsten würden sie auch irgendwann nach Italien auswandern und ein Bed & Breakfast in der Toskana führen.

Weg: Mira hat 60 000 CHF angespart. Jonas hat zudem eine eiserne Reserve von 40 000 CHF, die sie aber nicht antasten wollen. Zusammen könnten sie jeden Monat 2500 CHF sparen. Für das Haus brauchen sie 400 000 CHF Eigenkapital, für den Camper 80 000 CHF, für das Bed & Breakfast in der Toskana weitere 2 Mio. CHF.

Lösung: Für das Haus mit 400 000 CHF Eigenkapital wollen sie 40 000 CHF heute und künftig 2200 CHF monatlich investieren. Das ergibt nach 3 Jahren ohne **Rendite** knapp 120 000 CHF. Auf diesen Wert schätzen sie ihre Risikofähigkeit: Zusammen könnten sie finanziell und emotional einen Rückschlag von einem Viertel, das heisst 30 000 CHF, akzeptieren. Da sich Aktien in einem typischen Crash halbieren, können sie 50 % in Aktien anlegen, um nicht mehr als ein Viertel zu verlieren. Mit der Strategie 50 % Aktien werden gemäss Tabelle «Vermögensfaktor» *(siehe Seite 298)* aus heute 40 000 CHF in 10 Jahren 46 800 CHF. Aus 2200 CHF monatlichen Sparbeiträgen werden innert 10 Jahren gemäss Tabelle «Sparfaktor» 285 120 CHF *(siehe Seite 300)*. Das ergibt total jedoch erst 331 920 CHF.

Für den Camper für 80 000 CHF wollen sie 20 000 CHF heute und künftig 300 CHF monatlich investieren. Das ergibt nach 3 Jahren 30 800 CHF. Sie könnten einen Rückschlag von der Hälfte davon akzeptieren, getrauen sich also, diesen Wunsch mit 100 % in Aktien zu verfolgen. Mit dieser Strategie sollten sie innert 15 Jahren 98 920 CHF erreichen.

Überarbeitete Lösung: Da Mira und Jonas für das Haus 68 080 CHF zu wenig, aber für den Camper 18 920 CHF zu viel erreichen, optimieren sie ihre Lösung. Nach mehrmaligem Anpassen entscheiden sie:

- Für den **Camper** wollen sie 20 000 CHF voll in Aktien anlegen, aber weiter nichts sparen. So sollten sie in 15 Jahren 31 600 CHF erreichen. Das muss reichen. Auf der Plattform *Yuh* legen sie die 20 000 CHF in 100 % Aktien an.
- Für das **Haus** bleiben zum Start 40 000 CHF, dafür wollen sie monatlich 2500 CHF statt 2200 CHF beiseitelegen. Dies sollte in 10 Jahren 370 800 CHF ergeben. Sie schieben ihr Ziel um 1 Jahr auf, um nach 11 Jahren voraussichtlich 404 600 CHF zu erhalten. Auf *finpension* richten sie einen Sparplan mit 50 % Aktien ein.
- Für ihren **Traum vom Bed & Breakfast in der Toskana für 2 Mio. CHF** bleibt kein Geld übrig. Sie wollen aber trotzdem weiter träumen. Sie werden Lotto spielen und sich künftig jeden Monat 2 Tipps für 5 CHF kaufen.

DAS A&O ... um mit deinem Geld mehr zu verdienen

1. Der richtige Zeitpunkt, um mit dem Investieren zu starten? So früh wie möglich.

2. Willst du einen für dich grossen Betrag in **Aktien** anlegen, dann teile den Einstieg in gleich grosse Blöcke auf und lege stur immer denselben Betrag nach deinem Investitionsplan an, zum Beispiel monatlich oder quartalsweise.

3. Willst du deine Aktienanlagen stark ausbauen, verwendest du am besten einen **Sparplan.** So baust du dein Aktienvermögen systematisch auf, ohne dich von deinen Emotionen leiten zu lassen.

4. Nur *finpension* und *VIAC* bieten aktuell ausgereifte Sparpläne, die eine Strategie von zum Beispiel 50 % Aktien automatisch umsetzen können. Für kleine Aktienfonds-Sparpläne eignen sich jedoch auch *Yuh* und *Neon*.

5. Handle deine **ETFs** an der Börse am besten in der aktivsten Handelszeit zwischen 15.30 und 17.20 Uhr und lass nie einen Auftrag über Nacht stehen.

6. Je wichtiger dir die volle Erreichung eines bestimmten Ziels, desto mehr Kapital solltest du diesem zuordnen und desto weniger Anlagerisiko darfst du eingehen.

7. Sehr wahrscheinlich musst du einige Ziele reduzieren, aufschieben oder ganz streichen, deine Wünsche mit weniger Kapital, aber mehr Risiko verfolgen – oder einfach noch mehr sparen.

8. Bleibt kein Geld für Träume übrig, kannst du die Hoffnung mit Lottolosen am Leben erhalten.

J

Du suchst den *Aktien-Kick?*

1 Bauch statt Kopf

Bisher habe ich dir im Buch Kopf-Strategien dargestellt: Ein gut diversifiziertes ETF-Portfolio bietet die besten Aussichten auf zuverlässigen Anlageerfolg – rational gesehen. Aber mit einem Kopf-Portfolio knackst du nicht den Jackpot.

Suchst du den Kick, bist du wahrscheinlich auf der Suche nach einem Bauch-Portfolio (vgl. Kahnemann, 2016): mit Wetten auf wenige Titel, mit Anlagen in Unternehmen, die dich faszinieren, in Highflyer von morgen. Wichtig ist, dass du dir bewusst machst, dass das Bauch-Portfolio eine kleine Insel zum Spasshaben ist, kein vernunftbasiertes Investment. **Deine Altersvorsorge oder deine eiserne Reserve haben nichts in einem Bauch-Portfolio verloren.** Den Grossteil deines Vermögens solltest du auf jeden Fall weiterhin in ein Kopf-Portfolio investieren.

Bauch-Portfolios zeichnet aus, dass du dich darin von deinen Emotionen leiten lässt. Deine Gefühle bestimmen dein Handeln. Vom Börsenboom zum Crash hat darum bereits für manchen Bauch-Anleger bedeutet, von himmelhoch jauchzender Freude in eine Depression zu verfallen.

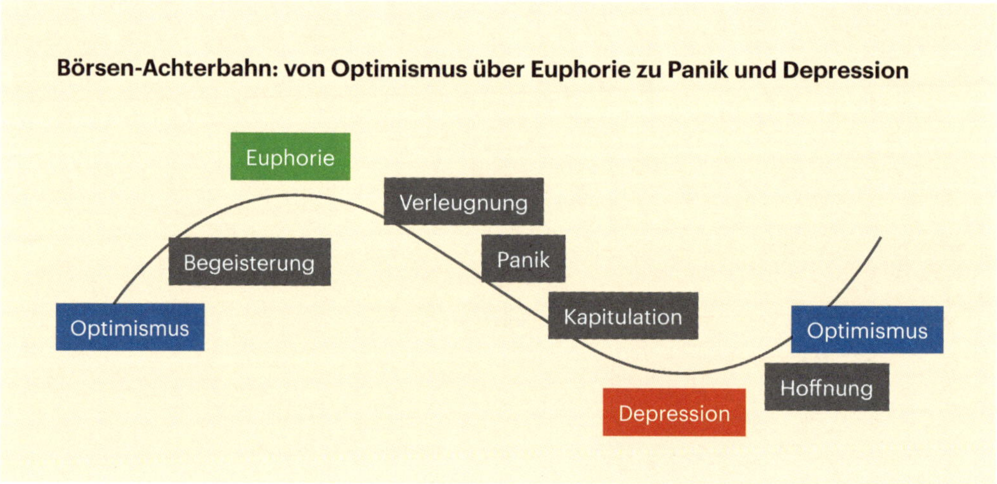

Chart 65

Der Emotionszyklus läuft dabei immer ähnlich ab: Das Kopf-Portfolio bietet dir zu wenig Nervenkitzel; du willst mit deinen Freunden und deren fantastischen Investment-Storys mithalten. Also setzt du immer mehr Geld auf dein Bauch-Portfolio. Anfangs geht das meist gut. In deiner Begeisterung wirst du übermütig, erhöhst das Risiko. Die Kurse explodieren, du wirst euphorisch, riskierst noch mehr. Dann kommt die Wende. Der Kurs fällt. Erst wirst du nervös. Vielleicht denkst du: «Morgen wird er schon wieder steigen.» Du leugnest die Verluste, sagst dir: «Das habe ich schnell wieder drin.» Dann folgen Angst, Verzweiflung, Panik. Zum Schluss die Kapitulation: Du verkaufst im absoluten Tief, fährst grosse Verluste ein, verfällst in die Depression, willst nie mehr etwas von der Börse wissen.

Diese destruktive Achterbahn kannst du nur vermeiden, wenn du von Anfang an das Bauch-Portfolio als Hobby betrachtest, das eben Geld kostet. Schreibe dessen Wert immer gleich auf null ab! Selbst wenn du dann in der Depression verkaufst, bleibt dir mehr als erwartet. Noch besser aber: Du kannst in der Depression durchhalten. Oder du liquidierst dein Bauch-Portfolio und investierst sofort alle Erträge zu attraktiven Kursen in dein Kopf-Portfolio.

Ich möchte keiner Person abraten, ins Casino zu gehen, wenn ihr das Freude bringt und sie kein Problem damit hat, den Einsatz zu verlieren. Genau so verhält es sich mit dem Bauch-Portfolio. Wenn es dir als Anleger aber weniger um den Nervenkitzel geht, als vielmehr darum, langfristig Vermögen aufzubauen, dann kannst du getrost auf die emotionale Achterbahn verzichten.
Mit einem Kopf-Portfolio aus **ETFs** kannst du dich zurücklehnen. Am besten beachtest du die Börsennachrichten gar nicht – nicht in Zeiten der Euphorie und schon gar nicht in Zeiten der Depression. Solange du investiert bleibst, bestehen diese Verluste nur auf Papier. Die Kurse werden sich wieder erholen, meist sogar schneller, als du denkst. Und wenn du einmal länger warten musst und die **Rendite** hinter den Erwartungen zurückbleibt? Auch dann ist deine Kopf-Strategie immer noch besser, als im Casino alles auf Rot zu setzen.

2 Gute und schlechte Gründe für Einzelaktien

Auch wenn du mit **ETFs** langfristig im Schnitt eine bessere **Rendite** erzielst, gibt es gute Gründe für den Kauf einzelner **Aktien:**

1. **Du hast mehr Vertrauen:** Gerade Börsenneulingen fehlt oft das Vertrauen in den Markt. Kennen sie das Unternehmen, von dem sie Aktien kaufen, fühlen sie sich sicherer. Sie wissen, dass ein echter Wert hinter dem schwankenden Kurs steht. Vertraust du vielleicht *Microsoft, Novartis* oder *SAP,* weil du zum Beispiel deren Produkte gut kennst? Dann kannst du vielleicht Durststrecken besser durchhalten als mit einem anonymen, breit gestreuten ETF.
2. **Du bewahrst die Hoffnung:** ETFs liefern zuverlässig die durchschnittliche Marktrendite. Überraschungen auf lange Frist gibt es kaum. Wählst du hingegen Einzelaktien, kann alles passieren. Mit ihnen kannst du hoffen, die nächste *Netflix*- oder *Nvidia*-Aktie früh zu entdecken und den Jackpot zu knacken.
3. **Du hast Spass:** Du willst an der Börse nicht nur Geld verdienen, sondern mitfiebern, dich von Börsennews unterhalten lassen und im Erfolgsfall tolle Storys erzählen können? Wenn du dafür gern Rendite opferst, sind Aktien vielleicht das Richtige für dich.
4. **Du hast ein Ventil für deinen Spieltrieb:** Die meisten von uns führen ein solides Leben mit einem 9-to-5-Job, Familie und unspektakulären Hobbys. Wenn ein klitzekleines **Depot** mit einzelnen Aktien für den besonderen Kick sorgt, spricht nichts dagegen. Vielleicht kannst du so sogar eher dein Kopf-Portfolio in Ruhe Geld verdienen lassen.

Chart 66

Es gibt aber auch schlechte Gründe für den Kauf einzelner Akten:

1. **Du glaubst, es besser zu wissen:** Besser als wer? Als der durchschnittliche Anleger? Gut möglich, das bringt dir aber noch nicht viel. Denn du schlägst den ETF nur, wenn du besser als die Allerbesten bist.
2. **Freundin Kim und Onkel Dagobert haben es doch auch geschafft:** Lass dich nicht beirren. Auf zwei Bekannte, die mit Glück rechtzeitig *Bitcoin* oder *Nvidia* gekauft (und verkauft!) haben und damit prahlen, kommen hundert Verlierer, die beschämt schweigen!

Was sind deine Gründe?

Geh in dich und überlege, warum dich Einzelaktien so reizen. Hat ein Kollege kürzlich mit seiner Rendite geprahlt? Ist dir dein Alltag zu langweilig oder haben ein paar Finfluencerinnen bei dir die Gier geweckt? Lockt dich deine (Online-)Bank mit Goodies an den Spieltisch? Nur wenn du ehrlich zu dir selbst bist, kannst du rational reflektieren, ob du Einzelaktien mit der richtigen Motivation kaufst.

3 So überlistest du das System – nicht

Wenn du einfach in ein Kopf-Portfolio mit **ETFs** anlegst, hast du ein ruhiges Leben als Anleger. Du entscheidest dich einmalig für eine Strategie mit x % **Aktien,** kaufst die dafür notwendigen ETFs und bringst das **Portfolio** gelegentlich wieder in Balance. Was auf den Finanzmärkten geschieht, braucht dich kaum zu interessieren. Du kannst es sowieso nicht ändern.

Willst du aber einzelne Aktien, **Anleihen,** Immobilien oder **Krypto** kaufen, hast du die Qual der Wahl, du musst dich informieren.

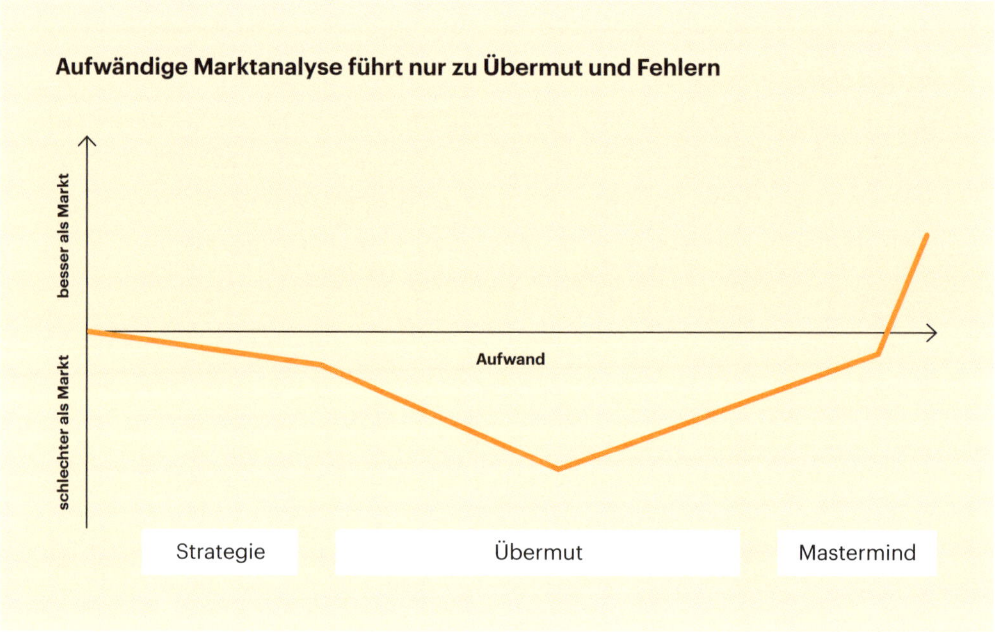

Chart 67

Lindt, Apple, Volkswagen – Privatanleger kaufen am liebsten Aktien bekannter Unternehmen mit Produkten, die sie kennen. So mancher möchte allerdings den Zufallsfaktor ausschliessen, liest Hunderte Artikel und studiert Zahlenkolonnen. Im Laufe der Zeit ist sich diese Person sicher, die Aktie ins Kleinste bewerten zu können. Was sie aber nicht bedenkt: In den Aktienkursen sind schon alle öffentlich verfügbaren Informationen über die Zukunft dieser Unternehmen eingepreist. All das Wissen, das sie sich angeeignet hat, wissen die Cracks schon lange.

Je mehr du zu wissen glaubst, umso eher unterliegst du der Illusion, die Zukunft mit ihren Chancen und Risiken zu kennen. Als Folge davon wirst du übermütig, unterschätzt Risiken, investierst zu viel Geld, wirst enttäuscht, verkaufst panikartig, steigst in andere Titel um. Du hinkst dem Trend immer hinterher, kaufst hoch, verkaufst tief, hast hohe Kosten. **Hin und her macht Taschen leer!**

Um den Markt, das heisst den ETF, systematisch zu schlagen, musst du ein Team von Masterminds um dich scharen, musst du besser sein als die Genies dieser Welt und ihre Nobelpreisträger – und besser als die Hacker, die versuchen, um Millisekunden schneller zu handeln als alle anderen und jedes Schlupfloch im Gesetz nutzen. Sie suchen Opfer wie dich, scheffeln Milliarden auf Kosten deinesgleichen. Ein Mastermind wirst du nie. Deine einzige Chance ist das Glück. Und angesichts all der Kosten und psychologischen Fallstricke stehen deine Chancen dafür leider ziemlich schlecht.

ZUM WEITERLESEN

Denkfehler vermeiden. Noch mehr Denkfehler, von denen du dich fernhalten solltest, wenn du an der Börse erfolgreich sein möchtest, findest du in den Sieben Kapitalsünden von *Kapitel N (siehe Seite 265).*

4 Von glücklichen Hühnern

Auch ein blindes Huhn findet mal ein Korn. Aber gelingt ihm das Tag für Tag wieder? Oder wird es irgendwann einfach verhungern, weil alle anderen Hühner auch Hunger haben und schneller waren? Der Vorteil einer rationalen Strategie mit ETFs besteht darin, dass sie mittel- und langfristig performt. Es reicht nicht, zwei, drei gute Ideen für ein Investment zu haben. Um den Markt über längere Zeit zu schlagen, müsstest du über die Jahre dein Können immer wieder beweisen – ohne grössere Ausfälle, sofort und zu minimalen Kosten (Menchero, 2017):

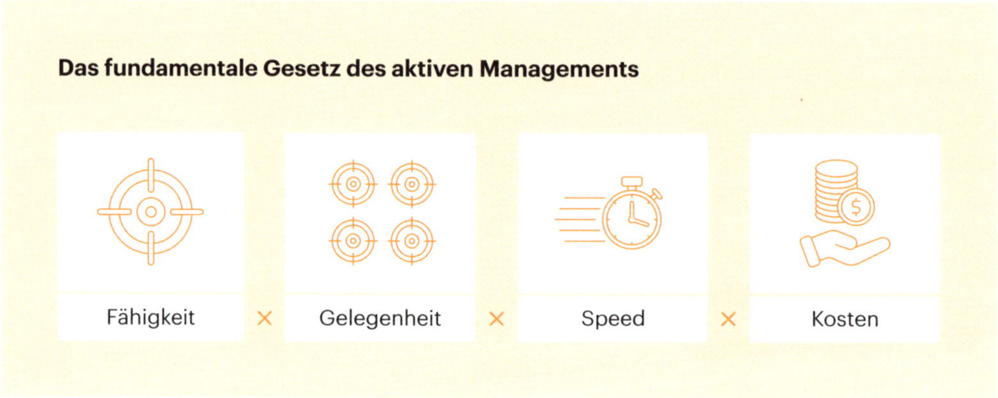

Chart 68 *Vgl. Menchero, 2017*

Die Grafik zeigt das fundamentale Gesetz des aktiven Managements. Es gibt an, welche Faktoren über deinen Erfolg entscheiden, wenn du dein **Portfolio** aktiv managen möchtest.

Fähigkeit: Bei einem Münzwurf liegt die Wahrscheinlichkeit, erfolgreich zu tippen, bei 50 %. In der Hälfte aller Fälle wirst du Kopf oder Zahl also richtig voraussagen. Bei einer Geldanlage erreichen selbst die besten Cracks nur eine Fähigkeit von vielleicht 60 %. Das heisst, 6 von 10 ihrer Anlageideen gehen auf.

Gelegenheiten: Je öfter du deine Fähigkeit umsetzen kannst, desto sicherer führt sie zum Erfolg. Wer Kopf oder Zahl zu 52 % richtig vorhersieht, gewinnt über sehr viele Würfe sicher. Du brauchst also nicht nur Fähigkeiten, sondern du musst diese auch oft einsetzen können.

Hier je ein Beispiel für Münzwürfe bzw. Aktienwetten mit hoher Fähigkeit, aber wenig Gelegenheiten und umgekehrt. 100 000 Simulationen ergeben:

- 100 Leute haben alle eine Trefferquote von 60 % und wetten jeweils 2-mal: Nur 36 liegen 2-mal richtig, 64 hat die sehr gute Trefferquote keinen Gewinn gebracht.
- 100 Leute haben eine Trefferquote von 52 % und wetten 1000-mal: Am Ende der Periode haben 90 den Markt geschlagen, 10 liegen gleich oder darunter.

Es genügt also nicht, wenn du dich zum Beispiel mit **Aktien** aus dem Bereich Online-Gaming gut auskennst. Hier allein wirst du zu wenig Gelegenheiten finden, deine Fähigkeit einzusetzen[8].

J

Speed: Wenn ein Unternehmen wichtige News veröffentlicht, beispielsweise die Entdeckung einer bannbrechenden Schlankheitspille, musst du sofort agieren und kaufen. Allerdings gibt es **Fondsmanager,** die mit künstlicher Intelligenz innert Millisekunden kursrelevante News entdecken und sofort handeln – lange vor dir.

Kosten: Im Internet findest du unzählige, angeblich unschlagbare Trading-Algorithmen. Meist werden bei dieser Rechnung allerdings die Kosten verschwiegen. Je kleiner dein Vermögen, je öfter du handelst, desto grösser fällt dein Kostennachteil zu den Cracks aus. Manche Strategie scheitert allein schon an den Kosten.

8 In der Simulation gehen wir davon aus, dass die Gelegenheiten unabhängig voneinander sind (Korrelation von 0). Hängen die Gelegenheiten positiv voneinander ab (in der Pandemie gewannen alle Online-Gaming-Aktien), braucht es noch mehr Gelegenheiten.

5 Warum Diversifikation so wichtig ist

Stell dir vor, du möchtest 100 CHF anlegen und hast nur 2 Aktien zur Auswahl: die Aktien eines Technologieunternehmens (T) und die eines Pharmaunternehmens (P). Alternativ kannst du je 50 CHF in T und P investieren. Welche **Rendite** erwartet dich nach 1 und 2 Jahren?

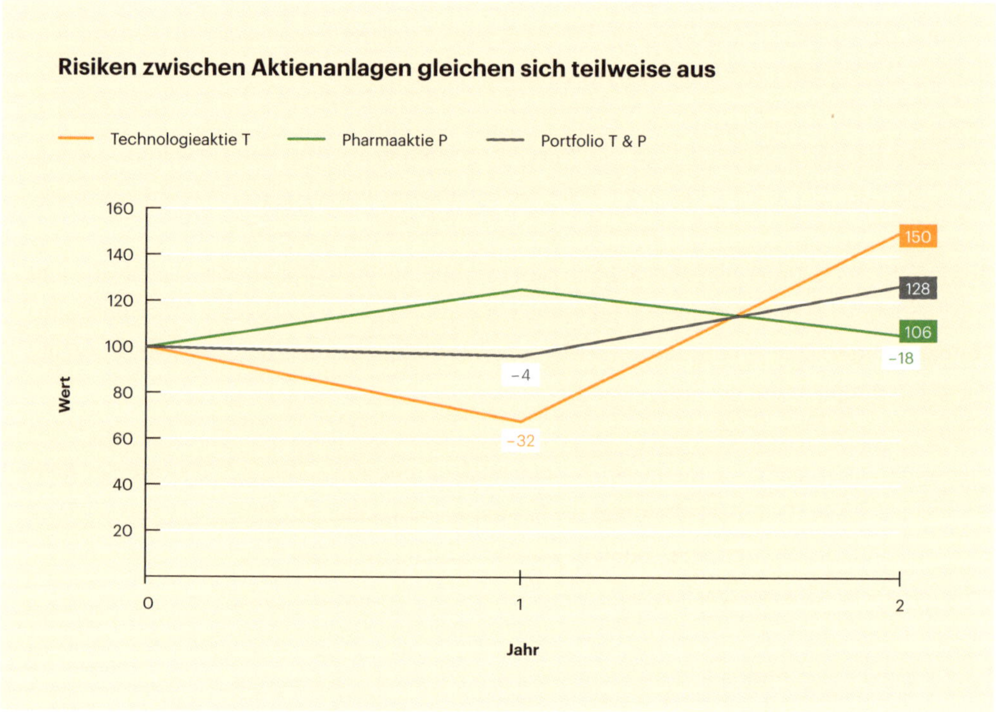

Chart 69

Der Chart zeigt die Wertentwicklung der nachfolgenden 2 Jahre: Mit Aktie T wirst du bei 150 CHF landen, mit P bei 106 CHF, mit dem **Portfolio** T & P bei 128 CHF. Allerdings hättest du mit Aktie T einen temporären Rückschlag von 32 CHF ertragen müssen. Die Pharmaaktie sah hingegen nach einem Jahr vielversprechend aus, weist aber im zweiten Jahr ein Defizit von 18 CHF auf.

Und das Portfolio T & P? Das hätte zwar nur den Durchschnitt der Rendite von T und P gebracht, aber dies mit dem geringsten Rückschlag von nur 4 CHF. Das Portfolio hat Verluste der einen Aktie durch Gewinne der anderen ausgeglichen. Je breiter du dein Portfolio aufstellst, desto effektiver wirken diese Ausgleicheffekte.

Trauerst du trotzdem noch der Aktie T hinterher? Dann frag dich zwei Dinge:

1. Woher weisst du, dass Aktie T und nicht P nach 2 Jahren besser abschneidet?
2. Wie sicher kannst du dir sein, dass du Aktie T nicht nach 1 Jahr verkauft hättest – aus Angst, dass sie noch mehr Wert verliert?

Beantwortest du beide ehrlich, kommst du nicht umhin, dass du eine Menge Glück brauchst, wenn du nur auf ein Pferd setzt.

Für Nerds: durchschnittliche Rendite, weniger Risiko (Sodini, 2020)

Bei einem diversifizierten Aktienportfolio entspricht die Rendite dem Durchschnitt der Renditen aller Einzelaktien darin. Aber das Risiko entspricht nicht dem Durchschnitt. Gemessen etwa am maximalen Einbruch liegt dieser tiefer als der Durchschnitt der Einbrüche der Einzelaktien! Man spricht hierbei vom **Diversifikationseffekt.** Wenn du Aktien möglichst vieler unterschiedlicher Unternehmen kaufst, reduzierst du so dein Verlustrisiko, ohne Rendite zu verlieren.

Diese Verlustreduktion ist gratis. Ob du 3, 4 Aktien direkt kaufst oder Tausende via **Fonds,** kostet dich etwa gleich viel. Warum also das individuelle Risiko einzelner Aktien eingehen, wenn du es über Fonds loswerden kannst? Mit einem ETF bleibt dir nur das Risiko, dass der Markt steigt oder fällt (Marktrisiko). Und dafür wirst du systematisch entschädigt. Denn langfristig ist die Rendite positiv!

6 Halte Ordnung in deinen Portfolios

Viele Anleger halten in ihrem einzigen **Depot** sowohl Aktien als auch ETFs. Sie vermischen also Bauch- und Kopfportfolio. Erfolg und Misserfolg lassen sich so schwer zuordnen. In vielen dieser Portfolios hat jede Aktie, jeder ETF sogar ähnlich viel Gewicht, denn Anleger tendieren zur Gleichgewichtung all ihrer Investments. Rational betrachtet ist das jedoch Unsinn, denn in jedem ETF hat es Dutzende bis Tausende von Aktien.

Was kannst du tun, um kognitive Verzerrungen wie diese zu vermeiden? Ganz einfach: Halte stattdessen Ordnung, indem du auf einer Plattform ein Depot für ETFs, auf einer anderen Plattform ein Depot für einzelne Aktien einrichtest.

Auf diese Weise kannst du auch deine Bedürfnisse von blossen Wünschen oder Träumen unterscheiden. Das Kopf-Portfolio mit ETFs eignet sich zur Verfolgung deines wichtigsten Bedürfnisses. Das Bauch-Portfolio, das du beispielsweise mit Aktien bestückst, wird weniger zuverlässig Rendite liefern. Es kann extrem gut, aber auch extrem schlecht laufen. Aus diesem Grund eignet es sich für weniger dringende Wünsche oder Träume.

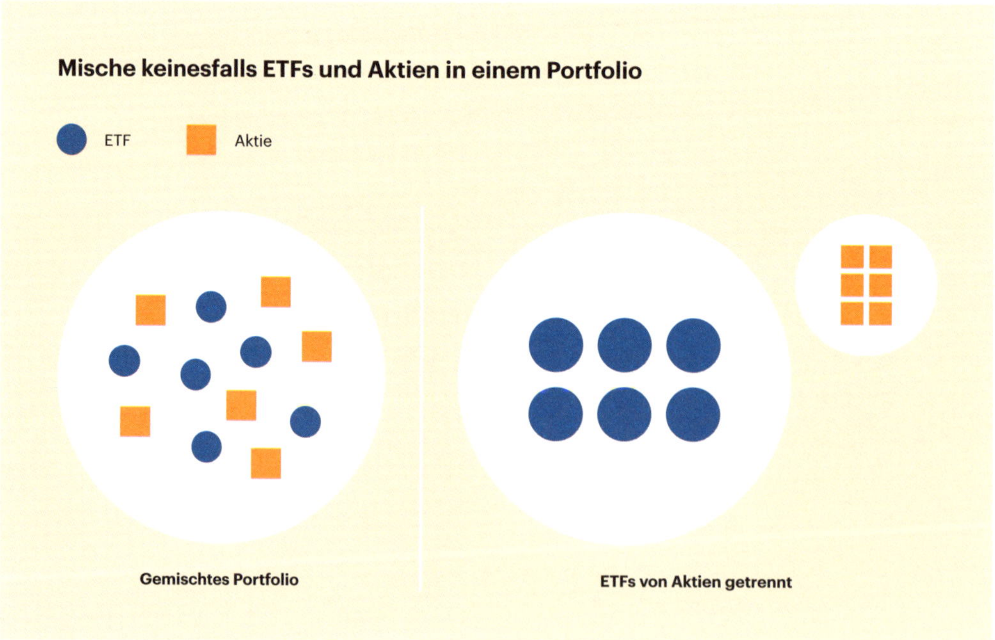

Chart 70

Als Paar investieren

Bist du verheiratet? Eine Trennung von Bauch- und Kopf-Portfolio funktioniert besonders gut, wenn eine Person den Bauch, die andere den Kopf übernimmt. Klassisch sind Männer risikoaffiner und haben mehr Freude am Zocken. Frauen agieren oft vorsichtiger und investieren solider. Ihr könnt die Rollen aber natürlich auch tauschen.

Trennt ihr beide Bereiche konsequent, könnt ihr die Resultate über die Jahre optimal vergleichen: Wo war die Rendite höher, wo die Einbrüche erträglicher, wo die Kosten tiefer? Pass allerdings auf, dass du so nicht in eine Ehekrise schlitterst. Die Zeit arbeitet immer für das Kopf-Portfolio *(siehe nächste Doppelseite)*.

7 Im Casino

Viele Anleger kaufen und verkaufen ihre Aktien mehrfach im Jahr und setzen immer wieder auf ein neues Pferd. Damit verschenken sie viel Potenzial. Denn je länger du deine Aktien hältst, desto mehr Fallen vermeidest du:

Langfristig setzt sich der Trend steigender Aktienkurse durch und du kannst mit unserer Aktienstrategie mit einem Gewinn an Kaufkraft von 3,1 % pro Jahr rechnen. Kurzfristig regiert allein der Zufall: Investierst du für einen einzigen Tag, kannst du nur eine Rendite von null erwarten. Investierst du am nächsten Tag wieder nur für diesen einen Tag, musst du wieder null erwarten usw. Auch die Statistik zeigt, dass wer morgens kauft und abends verkauft, ein Gambler ist, kein Investor: 95 % der Day-Trader verlieren Geld (Newall & Weiss-Cohen, 2022). Denn nur vor Kosten ist Day-Trading ein Nullsummenspiel. Diese sind nämlich gigantisch hoch, wenn auch meist versteckt. Wie im Casino gewinnt immer die Bank.

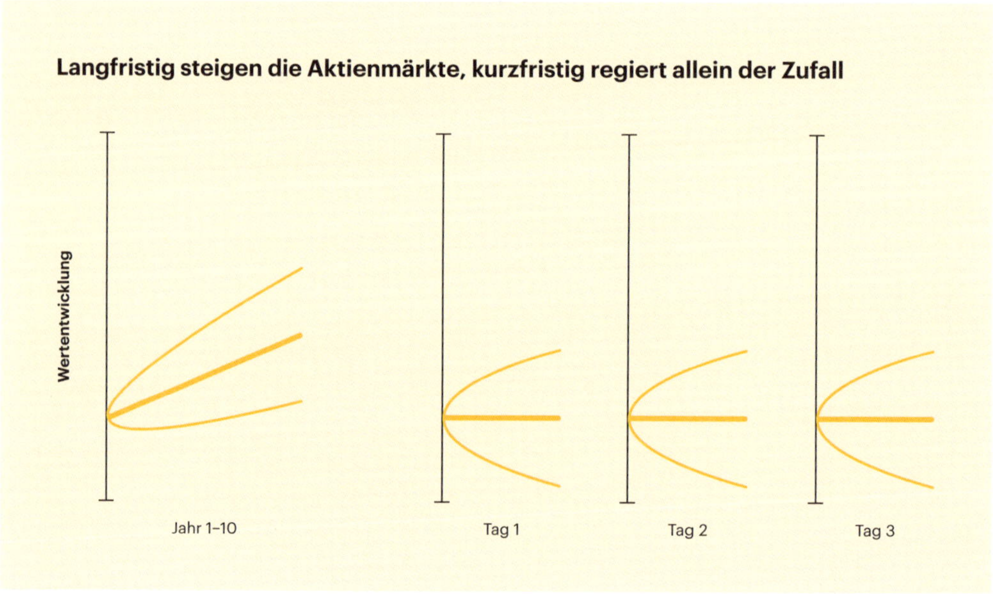

Chart 71 *Quelle: Newall & Weiss-Cohen, 2022*

Doch nicht nur wegen der Gewinnaussichten ähnelt Day-Trading einem Spielcasino. Trading-Plattformen kopieren gezielt dessen Geschäftsmodell: Sie ködern dich mit Discounts und Bonusprogrammen, präsentieren den Börsenhandel als vergnügliches Spiel, drängen dich laufend zu neuen Einsätzen, ermöglichen den Tradingzugang 24/7 per Mobile. Mit fatalen Folgen.

Trader neigen dazu, impulsiv, mit überbordendem Selbstvertrauen zu handeln – immer auf der Suche nach dem nächsten Kick. Nicht selten werden sie süchtig, verzocken Unsummen und landen im Extremfall in Entzugskliniken für Spielsüchtige (Newall & Weiss-Cohen, 2022).

Achtung, Suchtgefahr!

Das Kaufen von **Krypto, Meme-Stocks, Contracts for Difference (CFD), Optionen** und **Futures,** Rohstoffen und Währungen gleicht einem Roulette. Wie viel bist du bereit, zu wetten, dass in der nächsten Runde Rot oder Schwarz kommt? Und wie viele Runden überstehst du, ohne süchtig zu werden?

8 Vorsicht vor dem Hype

Vom Mobilfunk bis zur künstlichen Intelligenz: Neue Entwicklungen lösten schon immer Euphorie aus. Selbst politische Entwicklungen wie die Öffnung Chinas, der Push von Solar- und Windkraft oder die Legalisierung von Cannabis lösen Trends an der Börse aus. Aber wie nachhaltig sind diese Trends?

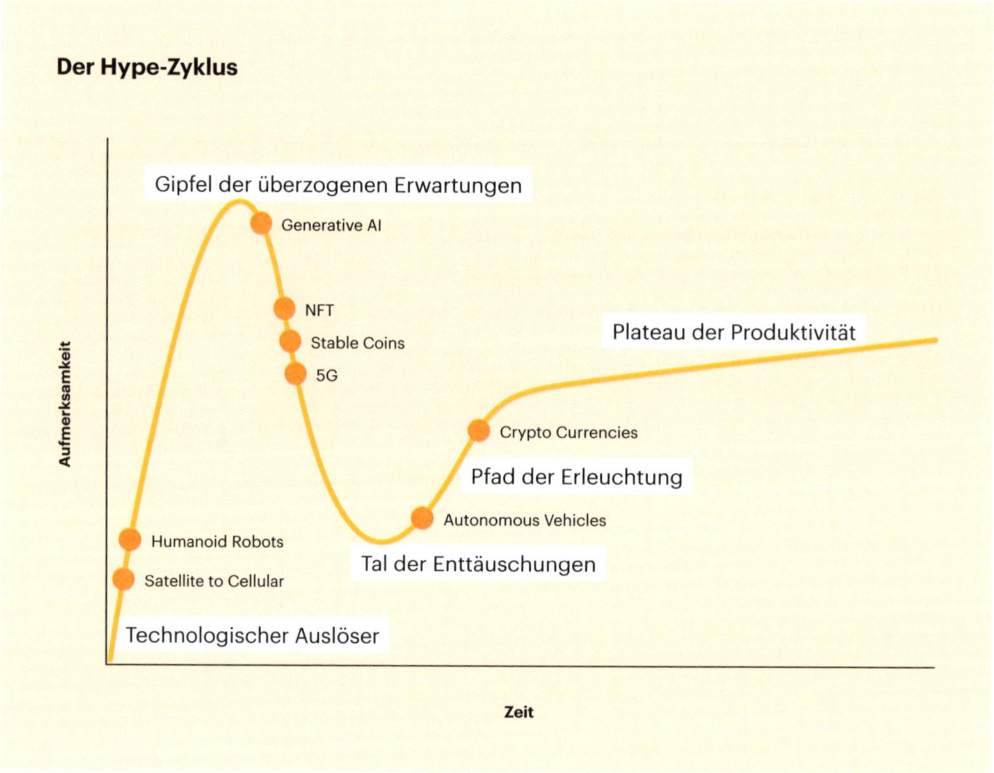

Chart 72 *Eigene Darstellung, mit Daten von 2022 bis 2024 basierend auf Gartner, o. J.*

Der Zukunftsforscher Roy Amara hat richtig erkannt, dass wir dazu tendieren, «die kurzfristige Wirkung einer Technologie zu überschätzen und die langfristige Wirkung zu unterschätzen» (Amara, 1975). In der Welt der Aktien bedeutet das, bestimmte Firmen werden hochgejubelt, selbst wenn sie als Start-up aktuell nur Verluste und keine Umsätze generieren oder als Konzern nur am Rande in diesem Bereich tätig sind. Gleichzeitig ist es schwer hervorzusehen, welche Technologien und Unternehmen sich tatsächlich in 10, 20 oder 30 Jahren durchsetzen werden.

Im Hype (im Chart der Anstieg links) kannst du theoretisch die grössten Aktiengewinne erwirtschaften. In der Praxis wird dir dieser frühe Einstieg kaum gelingen. Spätestens wenn die Medien darüber berichten, die Uber-Fahrer darüber sprechen und ein **Zertifikat** oder ein ETF auf dieses Thema lanciert wird, kannst du dir sicher sein, dass du bereits zu spät dran bist. Der Absturz naht. Steigst du jetzt ein, wirst du zu überzogenen Preisen kaufen, dramatische Verluste erleiden und danach womöglich die Aktie jahrzehntelang halten – in der verzweifelten Hoffnung, die Verluste irgendwann wieder aufzuholen.

Die Chancen stehen besser, wenn du nach dem Zusammenbruch einsteigst, nach dem Tal der Enttäuschungen. Falls der Zukunftstrend überlebt. Denn nun dürfte sich die neue Technologie etablieren und es entwickeln sich Geschäftsmodelle, die nachhaltig Gewinne versprechen und die Aktienkurse steigen lassen. Oder vielleicht kommt auch einfach eine neue Technologie oder ein neuer Trend auf den Markt, der den alten ablöst. Das Hype-Spektakel beginnt von vorn.

Hände weg von neueren Themenfonds

Statt auf einzelne Aktien zu wetten, kannst du auch einen ETF oder anderen **Fonds** kaufen, der sich auf ein bestimmtes Thema konzentriert: saubere Energien, künstliche Intelligenz, **Krypto,** Gaming, Ernährung der Zukunft, Geschlechtergerechtigkeit. Auch wenn die Themen interessant sind: Sie werden im Hype lanciert, wenn das Interesse der Investoren und Investorinnen an einem Thema am höchsten ist. Entsprechend teuer sind die Aktien im Themenfonds.

Aus diesem Grund geht es mit Themen-ETFs ab Tag 1 nach Lancierung in der Regel nur noch bergab. Eine Studie aus den USA (Ben-David et al., 2022) ergab, dass Themen-ETFs in den ersten 5 Jahren im Schnitt 30 % schlechter als der Markt abschneiden. Nur etwa jeder 50. dieser ETFs verlor weniger als 15 % gegenüber dem Markt. Hinzu kommt, dass sie im Schnitt 6 Mal so teuer sind wie breite Markt-ETFs, beispielsweise auf die **Indizes *MSCI World*** oder ***S&P 500.*** Am Ende verdient nur der Fondsanbieter damit Geld, du hingegen verlierst systematisch.

9 Sechs Grundsätze für dein Aktienportfolio

Auch dein Bauch-Portfolio kannst du mit etwas Köpfchen optimieren. Hier kommen die wichtigsten sechs Grundsätze, um das Beste aus deinem Aktienportfolio ohne ETFs herauszuholen:

Chart 73

1. Informiere dich
Der unabhängige Anbieter *morningstar.ch* bietet umfangreiche Informationen zu sehr vielen Aktien. Wenn du aber Berichte und Einschätzungen von Profis willst, musst du ein Abo lösen. Oder eröffne ein winziges **Depot** bei *Interactive Brokers*: Gib dort den Namen einer Aktie ein und öffne im Reiter «Unternehmen» den Abschnitt «Morningstar»: Hier findest du kostenlos News, Kursziel und Einschätzungen von Analysten und Analystinnen.

2. Kaufe dir vertraute Unternehmen oder solche mit enormem Potenzial
Um Durststrecken gelassener durchzustehen, kannst du in Unternehmen investieren, denen du vertraust. Alternativ kannst du versuchen, Aktien mit extrem hohem Kurspotenzial zu kaufen. Vielleicht hast du Glück und du kannst dir mit einer Kursexplosion einen Traum erfüllen. Aber

rechne eher damit, dass du alles verlieren wirst. Meide den Mittelweg: langweilige, dir unbekannte Unternehmen. Hierzu hast du die ETFs.

3. Streue deine Anlagen über verschiedene Branchen und Länder
Vermeide Klumpenrisiken und investiere in verschiedene Branchen wie Pharma, Nahrungsmittel, IT und grüne Technologien. Verteile dein Geld ausserdem auf verschiedene Länder, nicht nur auf die USA oder dein Heimatland.

4. Gewichte die Aktien richtig
Es nützt dir nichts, wenn du mit einer Aktie goldrichtig liegst, aber nur mit wenig Geld investiert bist. Je mehr du überzeugt bist von einer Aktie, desto mehr Geld solltest du ihr zuweisen. Aber zugleich gilt: Je stärker der Kurs eine Aktie schwankt, desto weniger Geld solltest du in sie investieren. Lege zudem keinesfalls mehr als 5 % bis 7 % deines Vermögens in eine einzige Aktie an. Überprüfe die Gewichtung jährlich und passe sie bei Bedarf an.

J

5. Halte die Gewinner, trenne dich von den Verlierern
Grundsätzlich solltest du viele Jahre in denselben Aktien bleiben. Zugleich empfiehlt es sich aber, dein Portfolio alle paar Jahre zu bereinigen: Anleger neigen dazu, Gewinner zu früh zu verkaufen und Verlierer zu lange zu halten (Barber et al., 2007). Verkaufst du mehrere Verlierer gleichzeitig, schmerzt das weniger, als einen nach dem anderen loszuwerden. Ignoriere dabei den Einstandspreis – nur die Zukunft zählt.

6. Miss deinen Erfolg
Um die Performance deines Aktienportfolios einschätzen zu können, brauchst du eine Messlatte: Füge deinem Aktienportfolio einen Anteil eines globalen Aktien-ETFs als **Benchmark** zu (beispielsweise *UBS ETF (IE) MSCI ACWI SF UCITS ETF hedged to CHF IE00BYM11L64)*. So kannst du künftig die Performance und die Wertschwankungen des Portfolios mit den Resultaten dieses ETFs vergleichen.

DAS A&O ... um mit deinem Geld mehr zu verdienen

1. Kaufe einzelne Aktien nur, wenn du bestimmten Unternehmen mehr als ETFs vertraust, auf den Jackpot hoffen willst, Spass am Anlegen suchst oder ein Ventil brauchst, um dein Kopf-Portfolio mit ETFs in Ruhe wachsen zu lassen.

2. Auf mehr Rendite mit dem Bauch-Portfolio darfst du zwar hoffen, aber die Chancen stehen – rational betrachtet – sehr schlecht.

3. Wenn du ein Bauch-Portfolio mit einigen wenigen Aktien führen möchtest, dann höchstens für Wünsche und Träume, Hoffnung und Spass. Für ernsthaftes Sparen und die Verfolgung deines Bedürfnisses eignet sich nur das Kopf-Portfolio mit ETFs.

4. Hände weg von kurzfristigen Anlagen. Wer täglich handelt, hat schon verloren. Aber auch wer monatlich oder quartalsweise Aktien kauft und verkauft, wird ausser Spesen nichts davon haben.

5. Kaufe nie im Hype! Investiere in Trends erst nach dem Einbruch, wenn die Euphorie der Realität gewichen ist. Verzichte darum auf neue Themenfonds: Sie schneiden in den ersten 5 Jahren nach Lancierung im Schnitt 30 % schlechter ab als der Markt.

6. Falls du Aktien kaufen willst, informiere dich gut, kaufe dir vertraute Firmen oder solche mit viel Potenzial, streue nach Branchen und Ländern, achte auf die Gewichtung, trenne dich von Verlierern und miss deinen Erfolg im Vergleich zu einem ETF.

K

So sparst du *für deine Vorsorge*

1 AHV – erste Säule der Altersvorsorge

Je früher du dich um deine Altersvorsorge kümmerst, desto gelassener kannst du dem Alter entgegensehen. Das Schweizer Vorsorgesystem beruht auf 3 Säulen: In die AHV müssen alle Erwerbstätigen einzahlen, in die Pensionskasse zumindest alle Angestellten und die 3. Säule ist freiwillig, wird aber in der Variante 3a mit Steuervorteilen versüsst.

Kommen wir erst einmal zu den Basics der AHV. Die AHV (Alters- und Hinterlassenenversicherung) ist das staatliche Rentensystem. Arbeitnehmer und Arbeitgeber zahlen dort Beiträge ein, was den Arbeitnehmer im Gegenzug zu einer Rente nach der Pensionierung berechtigt. Die AHV deckt grundlegende finanzielle Bedürfnisse im Alter ab und wird laufend an die Teuerung angepasst.

Im Jahr 2025 beträgt die maximale AHV-Rente zum Referenzalter[9] von 65 Jahren monatlich 2520 CHF. Paare erhalten maximal rund 150 % davon, also 3780 CHF. Zur normalen Rente hinzu kommt ab 2026 eine 13. AHV-Rente. Du kannst zwar schon bis zu 2 Jahre vorher deine Rente ganz oder teilweise beziehen, sie sinkt dann aber um 13,6 %. Schiebst du sie hingegen auf, bis du 70 Jahre alt bist, steigen die Rentenauszahlungen um 31,5 %.

Eine Maximalrente erhältst du, wenn du ab 20 Jahren über 44 Jahre Beiträge bezahlt und ein durchschnittliches Jahreseinkommen von 90 720 CHF erzielt hast. Pro fehlendes Beitragsjahr verlierst du etwa 2,3 %, pro 10 000 CHF tieferes Jahresdurchschnittseinkommen ganz grob etwa 100 CHF monatlich. Zum durchschnittlichen Jahreseinkommen zählen auch Betreuungsgutschriften von 45 360 CHF pro Jahr, während du für Kinder unter 16 Jahren gesorgt hast (SVA Zürich, o. J.). Einkommen, welches ihr während der Partnerschaft erzielt habt, wird je zur Hälfte euch beiden zugeteilt.

Surftipp: AHV-Rechner

Auf *acor-avs.ch* kannst du eine Schätzung der AHV-Rente für dich und allenfalls deine Ehefrau oder deinen Ehemann erstellen lassen. Du kannst sowohl konkrete Einkommen erfassen wie auch Schätzungen verwenden.

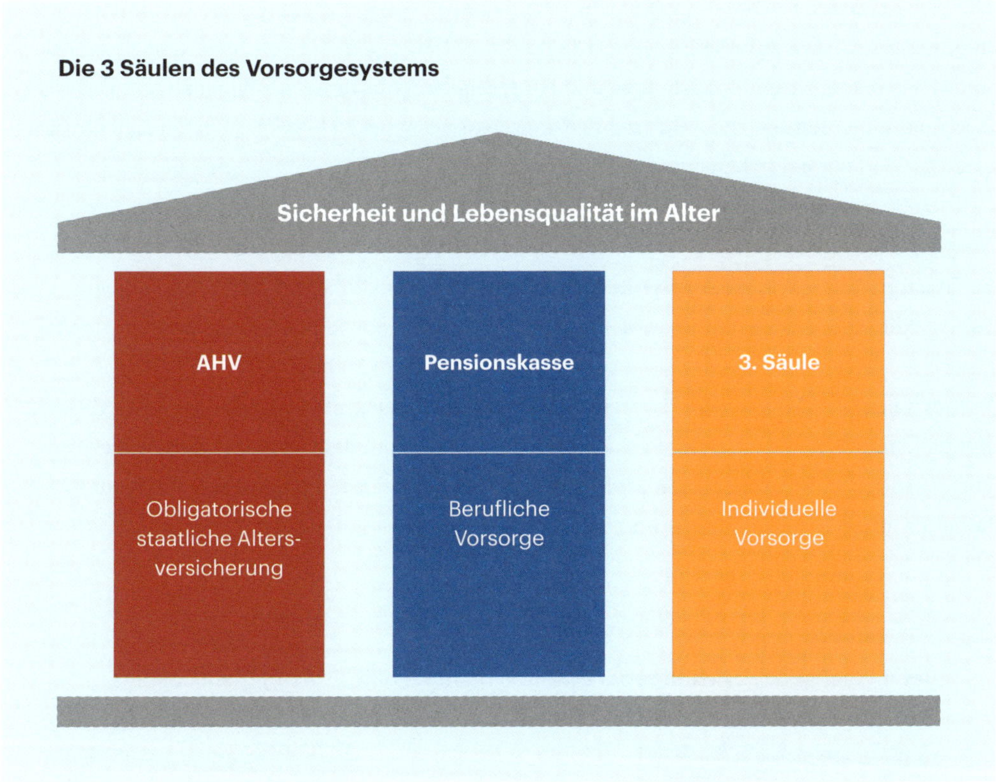

Chart 74

9 Das Referenzalter entspricht in der Regel dem gesetzlichen Rentenalter: 65 Jahre bei Männern schon heute und bei Frauen ab 2028.

2 Pensionskasse – zweite Säule der Altersvorsorge

Die Pensionskasse ist eine obligatorische berufliche Vorsorge, die auf dem BVG[10] basiert. Sie funktioniert so, dass Arbeitgeber und Arbeitnehmer Beiträge in die Pensionskasse einzahlen, um Altersrenten, Invalidenleistungen und Hinterbliebenenleistungen zu finanzieren. Ziel ist, dass du mit den Renten aus AHV und Pensionskasse 50 % bis 70 % deines letzten Einkommens erreichst und deinen Lebensstandard halten kannst.

Vorsorgeausweis: Jährlich erhältst du eine Übersicht deiner Pensionskasse. Hier findest du Schätzungen zu deiner künftigen Altersrente und den aktuellen Stand deines Vorsorgeguthabens: die Summe der Beiträge von dir, dem Arbeitgeber sowie den Zinsen auf dein Kapital.

Vorsorgelücken: Möglicherweise besteht bei dir eine sogenannte Vorsorgelücke. Mit diesem Betrag könntest du dich bei der Pensionskasse einkaufen und dein Vorsorgeguthaben entsprechend erhöhen. Indem du diesen Einkaufsbetrag bei der nächsten Steuererklärung vom Einkommen abziehen darfst, sparst du Steuern.

Chart 75

Vorsorgeguthaben/Freizügigkeitsleistung: Das Vorsorgeguthaben (maximal das Guthaben im Alter von 50 Jahren) kannst du dir für selbst genutztes Wohneigentum auszahlen lassen oder – um den Versicherungsschutz aufrechtzuerhalten – via Pfändung als Eigenmittel einsetzen.

Wenn du deinen Job wechselst, nimmst du dieses Vorsorgeguthaben als sogenannte Freizügigkeitsleistung mit. Sie wird zur Pensionskasse deines neuen Arbeitgebers transferiert. Wenn du dich hingegen als Haupterwerb selbstständig machst oder die Schweiz endgültig verlässt, kannst du sie dir, abzüglich Steuern, auch bar auszahlen lassen. In allen Fällen kannst du die Freizügigkeitsleistung zuerst auf ein Freizügigkeitskonto übertragen lassen. Du kannst sie sogar auf 2 Konti splitten: zum Beispiel den obligatorischen BVG-Anteil auf ein Konto, auf das andere Konto den überobligatorischen Teil *(siehe Vorsorgeausweis)*.

Trittst du doch wieder eine Stelle an, musst du per Gesetz alles an die neue Pensionskasse überweisen. Manche überweisen aber nur den obligatorischen Teil an die neue Pensionskasse und verwalten den Rest selbst, allenfalls bis zur Pensionierung. So gewinnen sie Freiheit in der Vermögensanlage. Zugleich verlieren sie dadurch jedoch Versicherungsleistungen, denn das Freizügigkeitskonto ist eine reine Kapitalanlage.

10 Bundesgesetz vom 25. Juni 1982 über die berufliche Alters-, Hinterlassenen- und Invalidenvorsorge BVG.

3 Säule 3a – dritte Säule der Altersvorsorge

Die Säule 3a (BSV, o. J. a) ist eine freiwillige private Vorsorge. Individuen können in eine gebundene Vorsorge (gebundenes **Sparkonto** oder **Depot;** gebundene Lebensversicherung) einzahlen und von Steuervorteilen profitieren. «Gebunden» bedeutet, dass du nicht frei über dein Vermögen in 3a verfügen kannst. Die Säule 3b hingegen umfasst dein freies Vermögen: dein Bankkonto, deine Wertschriften, dein Haus usw.

Einzahlungen: Sofern du eine 2. Säule, das heisst eine Pensionskasse, hast, kannst du für 2025 maximal 7258 CHF in die Säule 3a einzahlen. Bist du selbstständig und hast deshalb keine Pensionskasse, kannst du bis 20 % des Nettoeinkommens bzw. maximal 36 288 CHF einzahlen. Indem du den Betrag in der Steuererklärung von deinem Einkommen abziehst, senkst du deine Einkommenssteuer. Solange du ein AHV-pflichtiges Einkommen beziehst, kannst du bis 5 Jahre über das Referenzalter einzahlen. Neu gilt ab 2026, dass du seit 2025 verpasste Einzahlungen bis zu 10 Jahre später nachholen kannst (BSV, o. J. b).

Ab 2026 sind Nachzahlungen in die Säule 3a möglich

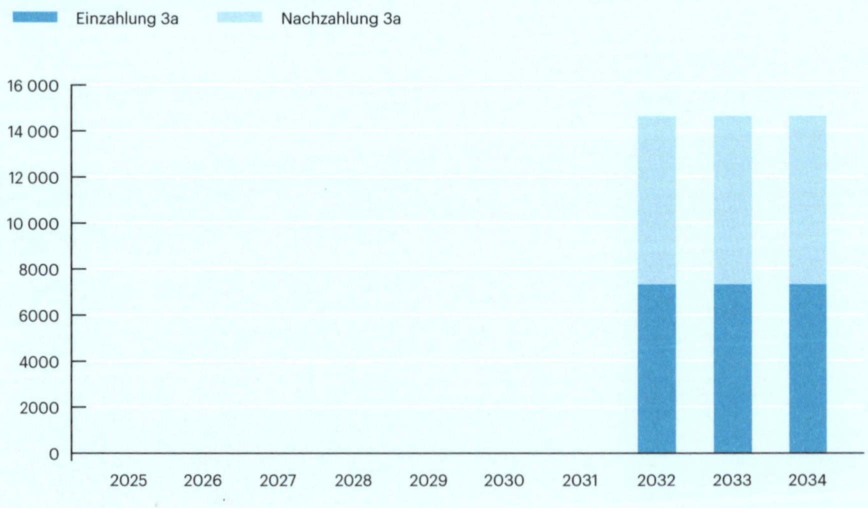

Chart 76

Auszahlungen: Die Säule 3a kannst du dir frühestens 5 Jahre vor Erreichen des Referenzalters (65 Jahre) und spätestens 5 Jahre danach auszahlen lassen, sofern du noch ein AHV-pflichtiges Einkommen beziehst. Vorzeitige Auszahlungen sind für selbst genutztes Wohneigentum möglich, bei Aufnahme einer selbstständigen Tätigkeit, bei endgültigem Verlassen der Schweiz oder für den Einkauf in die 2. Säule. Eine Teilauszahlung der Säule 3a ist (noch) nicht möglich. Es sei denn, du hast mehrere 3a-Konti.

Fallstudie: Mira optimiert ihre Steuern

Mira wohnt in Bern, ist unverheiratet sowie kinder- und konfessionslos. Sie hat zurzeit ein steuerbares Einkommen von 60 000 CHF. Wie kann sie ihre Steuern optimieren?

Ganz einfach: indem sie die nächsten 3 Jahre zunächst nichts in die Säule 3a einzahlt. Später, wenn sie mit ihrem Start-up durchstartet und ein höheres Einkommen hat, holt sie die Einzahlungen nach. Gehen wir davon aus, dass Mira ab 2032 ein steuerbares Einkommen von 200 000 CHF hat. 2032–34 kann sie dann die 3 Einzahlungen über rund 7258 CHF in die Säule 3a nachholen. Damit spart sie 4386 CHF mehr Steuern ein, als wenn sie diese Einzahlungen bereits 2025–27 getätigt hätte.

4 Steuerliche Vorteile der 2. Säule und der Säule 3a

2. Säule und Säule 3a geniessen viele steuerlichen Vorteile

	Freies Sparen	Vorsorge PK & 3a
Normale Einkommenssteuer	☹	---
Steuer auf Dividenden und Zinsen	☹	---
Steuernachteile im Ausland	☹	---
Vermögenssteuer	☹	---
Reduzierte Einkommenssteuer bei Kapitalauszahlung	---	☹

Chart 77

Den Steuervorteil auf die Einkommenssteuer hast du bei der Säule 3a auf der vorigen Seite bereits kennengelernt. Was du in die Säule 3a einzahlst, kannst du von der Einkommenssteuer abziehen. Dasselbe gilt für die Pensionskasse. Damit du möglichst viel Einkommenssteuer sparst, lohnt es sich also vor allem in Jahren einzuzahlen, in denen dein Einkommen und damit die Steuer sehr hoch ist. Fehlende Einzahlungen in die Säule 3a kannst du innert 10 Jahre nachholen.

Auch sonst profitierst du steuerlich. Weder auf dein Sparguthaben in der Pensionskasse noch in der Säule 3a zahlst du Vermögenssteuer. Du bezahlst auch keine Einkommenssteuer auf Kapitalerträge wie Zinsen und **Dividenden.** Pensionskasse wie Säule 3a werden zudem bei ihrer Vermögensverwaltung im In- und Ausland steuerlich bevorteilt.

Willst du dir das Kapital allerdings auszahlen lassen, wird die Kapitalauszahlungssteuer fällig. Im Gegensatz zum freien Sparen versteuerst du nun auch alle aufgelaufenen Kapitalgewinne. Für das jeweilige Steuerjahr werden alle Auszahlungen aus Pensionskasse und Säule 3a als Summe, aber separat vom übrigen Einkommen, besteuert. Zwischen Einkauf und Kapitalbezug von Pensionskassengeldern müssen mindestens 3 Jahre liegen, sonst entfällt der Steuervorteil.

Deine Steuer im Hinblick auf die Auszahlung optimieren

Die Kapitalauszahlungssteuer ist progressiv. Der Prozentsatz steigt also mit der ausbezahlten Summe an. Verteile deshalb die Kapitalauszahlung von Pensionskasse und Säule 3a auf mehrere Jahre, um die Progression zu brechen.

Säule 3a: Ein gestaffelter Bezug von Vorsorgegeldern kann aus steuerlicher Sicht interessant sein. Am besten eröffnest du darum schon in jungen Jahren 5 oder mehr 3a-Konti. So kannst du die Auszahlungen über mehrere Jahre splitten.

2. Säule: Falls du bei einem Jobwechsel nicht dein ganzes Vorsorgekapital zur Pensionskasse des neuen Arbeitgebers transferieren willst oder kannst, splitte dein Guthaben in 2 Teile und lass diese auf 2 verschiedene Freizügigkeitseinrichtungen übertragen. So kannst du dir im Alter die Gelder in 2 unterschiedlichen Jahren auszahlen lassen und damit die Steuerprogression brechen, also weniger Steuern bezahlen.

5 Fallstudie: Steuern optimieren mit Pensionskasse und Säule 3a

Auch wenn sich die rechtliche Situation jederzeit ändern kann und eine persönliche Beratung unabdingbar ist, zeigt das folgende Fallbeispiel auf, wie sich Steuern tendenziell optimieren lassen.

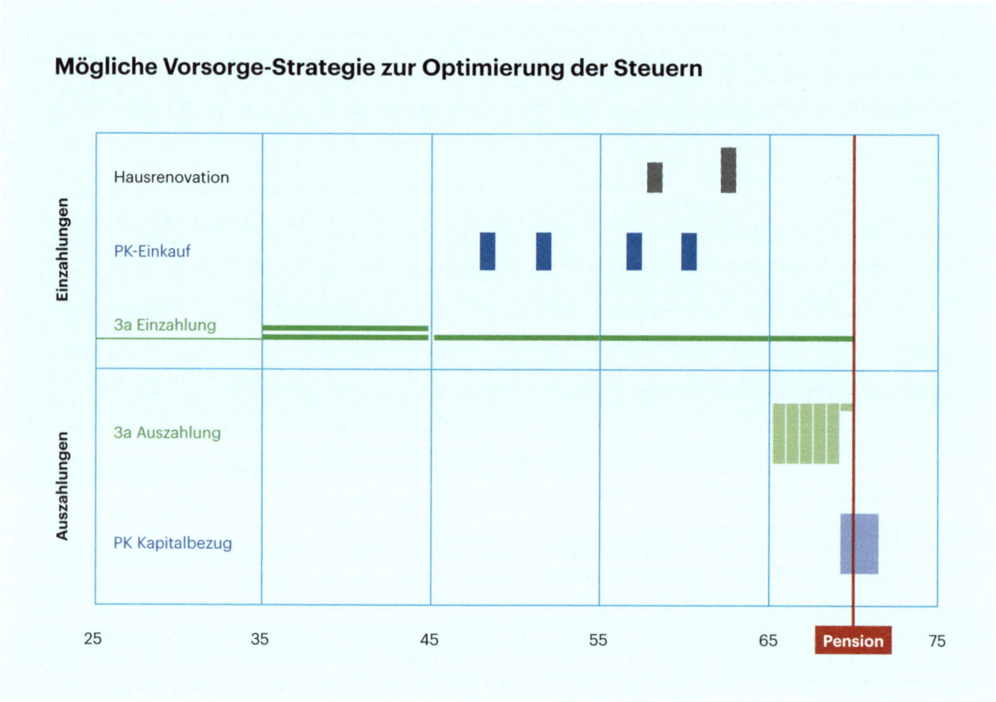

Chart 78

Ziel: Miras Cousine Anna ist 25 Jahre alt und hat gerade bei einem grossen Konzern angefangen zu arbeiten. Sie möchte die freiwilligen Einzahlungen und später die ordentlichen Auszahlungen der Säule 3a und der Pensionskasse über das Erwerbsleben hinweg optimal gestalten.

Weg: Sie macht sich einen Plan, wie sie ihre Altersvorsoge bis zur Pensionierung die nächsten Jahre und Jahrzehnte optimieren kann. Da ihr Job ihr viel Freude macht und sie sich auch im Alter etwas leisten können möchte, rechnet sie damit, bis 70 Jahre zu arbeiten.

Lösung: Anna überlegt sich folgende Variante:

- 25–35 Jahre: Die ersten 7 bis 10 Erwerbsjahre möchte sie nichts in die Säule 3a einzahlen. Aufgrund des knappen Einkommens und des entsprechend tiefen Steuersatzes würde sie ohnehin nur wenig Steuern sparen. Da Anna vielleicht bald eine Familie gründen möchte, will sie mit dem Ersparten flexibel bleiben.
- 35–45 Jahre: Anna geht davon aus, dass ihr Einkommen beharrlich steigen wird. So sollte in diesem Zeitraum viel zum Sparen übrig bleiben und die Steuerersparnis dank Einzahlungen in 3a hoch ausfallen. Entsprechend möchte sie in 3a doppelt einbezahlen: den aktuellen Maximalbetrag und die Nachzahlung aus nicht getätigten Einzahlungen der letzten 10 Jahre.
- 45–70 Jahre: In 3a wird das Maximum einbezahlt, verteilt auf 5 **Portfolios.**
- 45–62 Jahre: Besteht eine Vorsorgelücke bei der Pensionskasse? Dann kann Anna die Lücke gestaffelt schliessen, abgestimmt auf die Einzahlungen in 3a und allfälligen steuerlich abzugsfähigen Hausrenovationen, um die Steuerersparnis zu maximieren.
- 65–69 Jahre: Jetzt kann Anna sich die 3a-Gelder gestaffelt auszahlen lassen.
- 70 Jahre: Mit 70 Jahren nimmt sich Anna vor, in Pension zu gehen. Sie wird dann nochmals ein neues 3a-Konto eröffnen, das Maximum einzahlen und sich zur Pensionierung dieses Kapital auszahlen lassen. Aus der Pensionskasse will sie eine Rente in einer Höhe beziehen, die mit AHV und anderen Ersparnissen für den Lebensunterhalt sehr komfortabel reicht. Bleibt noch etwas übrig, möchte Anna es sich als Kapital auszahlen lassen, beispielsweise um Hypotheken zu reduzieren oder sich einen Traum zu erfüllen.

6 Auswertung – 3a-Anbieter im Vergleich

Welche Plattform solltest du für deine 3a-Gelder nutzen? 5 Anbieter zeichnen sich durch besonders gute Konditionen aus. Alle bieten Apps mit intuitivem Zugang und lassen einen guten Service erwarten. Bei *Yuh* ist nur ein **Portfolio** möglich, bei allen anderen 5, wobei nur *TrueWealth* die Einzahlungen automatisch auf alle verteilt.

TrueWealth überzeugt mit relativ hohem Zins und tiefen Anlagekosten

	TrueWealth	finpension	VIAC	Frankly	Yuh
Eignung für	alle	alle	alle	alle	junge Yuh-Kunden
Qualität					
Sitz	Schweiz	Schweiz	Schweiz	Schweiz	Schweiz
Gegenpartei für Cash	Kantonalbank BL	finpension 3a Vorsorgestiftung	WIR Bank	Zürcher KB	kein Sparkonto
Nutzerfreundlichkeit	★★★★☆	★★★★☆	★★★★☆	★★★★★	★★★★☆
Servicequalität	★★★★☆	★★★★☆	★★★★☆	★★★★☆	★★★★☆
Zukunftssicherheit	★★★★☆	★★★★☆	★★★★☆	★★★★★	★★★☆☆
Eignung					
3a-Konto	★★★★★	★★★☆☆	★★★★☆	★★☆☆☆	/
3a passiv investieren	★★★★★	★★★★☆	★★★★☆	★★★★☆	★★★☆☆
3a nachhaltig investieren	★★★☆☆	★★★☆☆	★★★☆☆	★★★★★	★★★☆☆
3a auf mehrere Konti aufteilbar	★★★★★	★★★★☆	★★★★☆	★★★★☆	/
Zinsen und Kosten					
Zins via Konto oder Fonds	0,55 %	–0,39 % / –0,54 %	0,30 % / –0,40 %	0,05 % / ---	/
Ungefähre jährliche Kosten inkl. Produktkosten	0,13 %	0,40 %	0,41 %	0,48 %	0,50 %
Angebot					
Strategien Standard passiv, Aktien in %	variabel	0/20/40/60/80/100	5/20/40/60/80/100	15/25/45/75/95	/
Strategien Nachhaltig, Aktien in %	variabel	0/20/40/60/80/100	5/20/40/60/80/100	15/25/45/75/95	20/40/60/80/99
Spezialitäten	/	Fokus Schweiz	Fokus Schweiz	Nachhaltig nur aktiv	/
Indexfonds statt ETFs	Teilweise	Ja	Ja	Ja	Ja
Automatisierter Sparplan	wählbar	Ja	Ja	Ja	wählbar
Maximale Anzahl Portfolios	5	5	5	5	1

Chart 79 *Stand: Juli 2025*

TrueWealth: Die Plattform hat klar das günstigste Angebot, denn ausser Produktkosten fallen keine laufenden Kosten an. Der Zins auf dem Konto ist meist hervorragend, wobei mit weiteren Senkungen zu rechnen ist. Als einziger Anbieter setzt *TrueWealth* zwar steuerlich nicht optimale ETFs ein, bringt jedoch immer mehr auch **Indexfonds** zum Einsatz. Die Strategie kann weitgehend individuell gesteuert werden. Nur bei *TrueWealth* wird das einbezahlte Geld automatisch auf 5 3a-Konti verteilt: perfekt, um später mit einer gestaffelten Auszahlung die Steuern zu minimieren.

Frankly: Wer wirklich nachhaltig anlegen will, wählt *Frankly*, denn nur hier kommen strenge Nachhaltigkeitskriterien zum Einsatz. Ansonsten ist das Angebot leicht teurer als bei *finpension* und *VIAC*. Der Zins auf dem Konto fällt ausserdem gering aus.

finpension und VIAC: Die beiden unterscheiden sich kaum in ihrem Angebot und den Kosten. Bei *finpension* ist das Fondsangebot leicht grösser. *VIAC* bietet allerdings einen besseren Zins auf dem Konto, denn Achtung: *finpension* weist einen Bruttozins aus, davon sind 0,39 % Vermögensverwaltungskosten abzuziehen.

Yuh: Jungen Nutzern und Nutzerinnen bietet *Yuh* eine einfache 3a-Lösung. Dabei müssen sie sich vorerst mit einem einzigen 3a-Portfolio zufriedengeben.

Fallstudie: TrueWealth für steueroptimiertes Sparen in der Säule 3a

Ziel: Jonas, Miras Freund, hat auf seinem 3a-Konto bei der Kantonalbank 12 000 CHF Vermögen. Er möchte künftig kostengünstig in Wertschriften anlegen.

Weg: Er wechselt zu *TrueWealth*.

Lösung: Jonas lädt *TrueWealth* aus dem App-Store herunter und führt die Identifizierung online durch. Dann beauftragt er seine Kantonalbank, sein 3a-Vermögen kostenlos zu *TrueWealth* zu transferieren. Sobald seine 12 000 CHF von der Kantonalbank eingehen, werden sie automatisch innerhalb 1 Woche in die gewählte Strategie investiert: in ETFs und Indexfonds. Da sich die einzelnen **Fonds** unterschiedlich entwickeln, schichtet *TrueWealth* automatisch um und sorgt mit diesem **Rebalancing** so dafür, dass die Strategie immer eingehalten wird. Jonas richtet auf seinem Gehaltskonto einen Dauerauftrag ein, der monatlich 200 CHF an *TrueWealth* übermittelt. Die Plattform eröffnet für ihn ein zweites 3a-Konto und investiert den monatlichen Zufluss in die Strategie. Jedes Jahr eröffnet *TrueWealth* ein neues 3a-Konto und weist die Raten dem neuen Konto zu, bis 5 solche Konti bestehen.

7 Auswertung – Anbieter von Freizügigkeitslösungen im Vergleich

Wer seinen Job kündigt und damit aus der Pensionskasse des Arbeitgebers austritt, muss sein Geld entweder in die Pensionskasse des neuen Arbeitgebers einzahlen oder eine Freizügigkeitslösung wählen.

Auch hier habe ich die besten Anbieter für dich gegenübergestellt. *VIAC*, *finpension* und *Frankly* offerieren zurzeit die attraktivsten Lösungen für Freizügigkeitsleistungen. Sogar das **Portfolio** lässt sich frei zusammenstellen. Allerdings sind die Zinsen auf den Konti ein Trauerspiel; bei *VIAC* und *Frankly* ist noch mit weiteren Senkungen zu rechnen. Alles auf dem Konto zu belassen ist also längerfristig keine Lösung!

VIAC und finpension bieten die flexibelsten Freizügigkeitslösungen

	VIAC	finpension	Frankly
Eignung für	**alle**	**alle**	**alle**
Qualität			
Sitz	Schweiz	Schweiz	Schweiz
Gegenpartei für Cash	WIR Bank	finpension Freizügigkeitsstiftung	Zürcher KB
Nutzerfreundlichkeit	★★★★☆	★★★★☆	★★★★★
Servicequalität	★★★★☆	★★★★☆	★★★★☆
Zukunftssicherheit	★★★★☆	★★★★☆	★★★★★
Eignung			
Freizügigkeit Konto	★★★★☆	★★★☆☆	★★☆☆☆
Freizügigkeit passiv investieren	★★★★☆	★★★★☆	★★★★☆
Freizügigkeit nachhaltig investieren	★★★☆☆	★★★☆☆	★★★★★
Anzahl Einrichtungen für Splitting	1	2	1
Zinsen und Kosten			
Zins via Konto oder Fonds	0,05 % / -0,40 %	-0,49 % / -0,64 %	0,05 % / ---
Ungefähre jährliche Kosten inkl. Produktkosten	0,41 %	0,50 %	0,48 %
Angebot			
Strategien Standard passiv, Aktien in %	5/20/40/60/80/100	0/20/40/60/80/100	15/25/45/75/95
Strategien Nachhaltig, Aktien in %	5/20/40/60/80/100	0/20/40/60/80/100	15/25/45/75/95
Spezialitäten	Fokus Schweiz	Fokus Schweiz	Nachhaltig nur aktiv

Chart 80 *Stand: Juli 2025*

VIAC: Dieser Finanzdienstleister macht dir das günstigste Angebot. Die verschiedenen Strategien investieren zwischen 5 % und 100 % in **Aktien,** dabei stehen auch halbwegs nachhaltige Strategien oder solche mit starkem Gewicht in Schweizer Anlagen zur Auswahl. Bei 5 % Aktien liegen 95 % gebührenfrei auf dem Konto. Ausserdem kannst du individuell dein Portfolio zusammenstellen: mit viel Risiko, aber auch mit gar keinem.

finpension: Das Angebot gleicht *VIAC* stark. Die Produktpalette ist etwas breiter, die Kosten sind aber etwas höher, das risikofreie Anlegen in Cash ist preislich unattraktiv. Wer nebst Freizügigkeitsgeldern noch 3a-Gelder hat und zudem im freien Sparen mit einem **Sparplan** etwas Geld anlegen will, kann all dies allein mit *finpension* oder *VIAC* bequem und zu einem vernünftigen Preis abwickeln.

K

Frankly: Wer wirklich nachhaltig anlegen möchte, wählt bei *Frankly* einen aktiv verwalteten nachhaltigen **Fonds** mit minimalen Kosten. Das Konto verzinst mickrig, die Anlagekosten fallen ähnlich hoch wie bei *finpension* aus. Die **Anlagestrategien** sind fix und starten bei mindestens 15 % Aktien.

... um mit deinem Geld mehr zu verdienen

1. Das Schweizer Vorsorgesystem beruht auf 3 Säulen: In die AHV müssen alle Erwerbstätigen einzahlen, in die Pensionskasse zumindest alle Angestellten und die 3. Säule ist freiwillig, wird aber in der Variante 3a mit Steuervorteilen versüsst.

---

2. Findest du auf dem Vorsorgeausweis deiner Pensionskasse eine Vorsorgelücke? Mit diesem Betrag kannst du dich bei der Pensionskasse einkaufen, dein Vorsorgeguthaben entsprechend erhöhen und diesen Einkaufsbetrag bei der nächsten Steuererklärung vom Einkommen abziehen. Auf diese Weise sparst du Steuern.

---

3. Deine Pensionskassengelder kannst du bei einem Jobwechsel in einer Freizügigkeitsstiftung parkieren.

---

4. Die Säule 3a eignet sich für sehr langfristiges, steueroptimiertes Sparen. Ab 2026 kannst du Einzahlungen bis zu 10 Jahre später nachholen.

---

5. Leiste freiwillige Zahlungen an die Pensionskasse und die Säule 3a vor allem in Jahren mit hohem Einkommen. Die Auszahlungen im Alter solltest du über die Jahre staffeln, um die progressiven Steuern zu brechen.

---

6. *TrueWealth* bietet die fortschrittlichste und günstigste Lösung für die Säule 3a an.

---

7. Für Freizügigkeitsgelder eignen sich *VIAC* und *finpension* am besten. Wer grossen Wert auf Nachhaltigkeit legt, wählt *Frankly*.

L

Deine Pensionierung:

Rente beziehen oder Kapital selbst verwalten?

1 Rente oder Kapital – der Entscheid ist endgültig

In der Schweiz kannst und musst du endgültig bei deiner Pensionierung wählen, ob du dein angespartes Altersguthaben in eine **lebenslange Rente** umwandeln willst oder dir das **Kapital auf dein Bankkonto auszahlen** lassen möchtest. Gemäss Gesetz darfst du mindestens ein Viertel als Kapital beziehen, die meisten Pensionskassen erlauben jedoch bis zu 100 %.

Zum Beispiel ergibt ein Altersguthaben von 600 000 CHF bei einem Umwandlungssatz deiner Pensionskasse von 5 % eine Rente von jährlich 30 000 CHF. Deine 600 000 CHF reichen also eigentlich nur für 20 Jahre. Du und deine Partnerin oder dein Partner könnten aber länger leben. Wie kann die Pensionskasse deine Rente trotzdem finanzieren? Indem sie das Geld anlegt und eine **Rendite** erwirtschaftet: Bei einem Umwandlungssatz von 5 % hat sie etwa 2,4 % Rendite einkalkuliert (Haufler, 2024). Schafft sie das nicht oder lebt ihr länger, ist das ihr Problem. Trotzdem muss man sich um die Pensionskasse keine Sorgen machen. Da sie viele Versicherte hat, gleicht sich das Langlebigkeitsrisiko aus: Die einen sterben später, die anderen früher als erwartet.

Entscheidest du dich hingegen für die Kapitalvariante und beziehst deine Altersvorsorge auf einen Schlag, ist es dein Problem, wie lange das Geld reicht! Hier solltest du dein Risiko gut abwägen:

- **Schaffst du auch 2,4 % Rendite, wie dir die Pensionskasse mit der Rente garantiert?** Vielleicht – aber die Märkte können für Jahre und Jahrzehnte enttäuschen. Dein Problem!
- **Lebst du länger oder weniger lang?** Mit einem Kapitalbezug weisst du nie, wie lange das Geld reichen muss. Dein Problem!

Aus diesem Grund gilt vereinfacht der Grundsatz: Deine Bedürfnisse, also deine laufenden Kosten für Wohnen, Versicherungen und täglichen Bedarf solltest du mit der Rente aus AHV und Pensionskasse finanzieren können. Bleibt darüber hinaus Kapital übrig, kannst du überlegen, es dir zur Erfüllung deiner Wünsche und Träume auszahlen zu lassen.

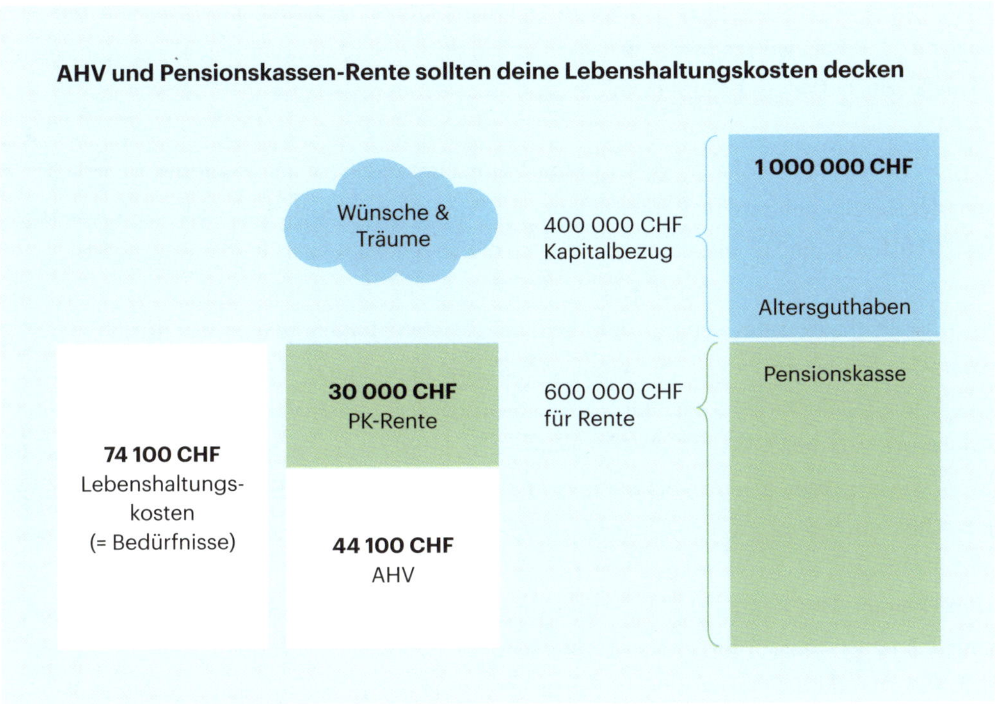
AHV und Pensionskassen-Rente sollten deine Lebenshaltungskosten decken
Wünsche & Träume
400 000 CHF Kapitalbezug
1 000 000 CHF
Altersguthaben
Pensionskasse
30 000 CHF PK-Rente
600 000 CHF für Rente
74 100 CHF Lebenshaltungs- kosten (= Bedürfnisse)
44 100 CHF AHV

Chart 81

L

2 Unterschätze niemals die Psychologie

Bei deiner Risikoabschätzung, ob oder wie viel Kapital du dir auszahlen lässt, solltest du nie ausser Acht lassen, welche psychologischen und praktischen Konsequenzen die verschiedenen Modelle haben. Erstens kommt es anders, und zweitens als man denkt.

Wenn du deine Pensionskassengelder in eine Rente umwandelst, wirst du künftig monatlich statt der Gehaltszahlung eine Rentenzahlung auf deinem Konto vorfinden. Es kommt also laufend Geld herein und du bist abgesichert. Auch die Budgetplanung ist damit recht einfach.

Beziehst du hingegen das Kapital, fühlst du dich im ersten Moment reich, wenn du dir deinen Kontostand ansiehst. Dieses gute Gefühl verpufft aber meist innert weniger Monate. Von nun an schrumpft dein Vermögen laufend (ausser die Anlageergebnisse übertreffen dauerhaft deine Ausgaben). Was denkst du, wie du dich dabei fühlst, immer ärmer zu werden? Da man nie sicher weiss, wie viel Vermögen man bis zu seinem Lebensende braucht, geben ältere Leute ihr Vermögen selten aus. Sie horten es so lange, bis sie irgendwann keine Verwendung mehr dafür haben.

Hinzu kommt: Wer Kapital bezieht, muss es auch verwalten. Das mag für den einen oder die andere Jungpensionärin ein schönes Hobby sein, aber wie sieht es im hohen Alter aus? Besonders wenn der für die Finanzen verantwortliche Partner bereits verstorben ist, bedeutet die Vermögensverwaltung für die Hinterbliebenen oft eine hohe Belastung. Auch nur zur Steueroptimierung das Kapital zu beziehen, macht selten Sinn. Selbst wenn Banken und Versicherungen das gern behaupten – sie möchten ja dein Geld verwalten –, willst du in erster Linie deine Ziele erreichen, Steuern sparen hin oder her.

Trotzdem kann es sich für dich lohnen, dich für die Kapitalvariante zu entscheiden. Manche beziehen etwa Kapital, um die Hypothek abzubauen, eine Schenkung an ihre Kinder zu machen oder sich einen Traum zu erfüllen. Auch für Singles, zumal bei mässiger Gesundheit, kann ein Kapitalbezug eine gute Lösung sein. Die Rente hingegen eignet sich insbesondere für sehr gesunde Rentner mit einer deutlich jüngeren Lebenspartnerin oder andersherum. Die Pensionskasse muss lange Renten zahlen und wird in diesem Einzelfall ein Verlustgeschäft machen.

Unterschiede zwischen Rente und Kapitalbezug

	Rente	Kapitalbezug
Psychologischer Effekt	«Es kommt laufend Geld herein, ich bin abgesichert.»	«Es fliesst laufend Geld ab, ich werde immer ärmer.»
Sicherheit der Einkünfte	lebenslang garantiert	unsicher je nach Anlageergebnis
Flexibilität in Ausgaben	fixe Rente pro Monat	Kapital frei verfügbar
Teuerungsausgleich	möglich, aber nicht garantiert	über Anlagerendite zu erwirtschaften
Aufwand für Vermögensverwaltung und Ausgabenplanung	minimal	sehr hoch, was im Alter und nach Hinschied des Partners problematisch werden kann
Steuer Kapitalbezug		einmalig bei Bezug
Steuer Einkommen	100 % der Rente	nur auf Zinsen und Dividenden des angelegten Kapitals
Steuer Vermögen	minimal	auf Vermögen aus Kapitalbezug
Schenkung	kaum möglich, da wenig Vermögen	möglich dank Kapitalbezug
Hinterbliebener Partner	Witwen- bzw. Witwerrente von min. 60 % der Altersrente des verstorbenen Ehepartners	erbt zusammen mit Nachkommen das verbliebene Kapital
Andere Hinterbliebene	Rente für minderjährige Kinder oder in Ausbildung, meist auch für Konkubinatspartner	Begünstigung gemäss Erbrecht
Eignung primär	für Bedürfnisse	für Wünsche & Träume

Chart 82

3 Auch bei der Lebenserwartung gibt es Privilegierte

Niemand möchte alt sein, aber alt werden möchten alle! Dass die Lebenserwartung steigt, ist deshalb eine gute Nachricht. Dabei kommt es im Wesentlichen darauf an, wie man lebt. 30-jährige Schweizerinnen haben eine durchschnittliche Lebenserwartung von etwa 86 Jahren. Diejenigen, die sehr gesund leben, können aber sogar mit 94 Jahren rechnen – sie leben also 8 Jahre länger als der Schnitt.

Wenn man abschätzen möchte, wie lang man Rente bezieht oder wie lang das Kapital reichen muss, kommt es also stark auf den eigenen Lebenswandel an. Auch zwischen Frauen und Männern gibt es deutliche Unterschiede. Bei Männern liegt die durchschnittliche Lebenserwartung um einiges tiefer, nicht zuletzt, weil sie ungesünder leben und oft einem höheren Berufsrisiko ausgesetzt sind: 30-jährige Schweizer haben eine durchschnittliche Lebenserwartung von gut 82 Jahren. Aber auch hier können diejenigen, die sehr gesund leben, auf mehr Jahre hoffen. Sie können mit 93 Jahren rechnen, leben also 11 Jahre länger als der Schnitt.

Noch einen interessanten Effekt gibt es: Mit zunehmendem Alter steigt die Lebenserwartung der noch Lebenden. Denn man hat offensichtlich bewiesen, dem Sterberisiko trotzen zu können. Menschen, die gesund leben, haben dabei viele Jahre ein so minimales Sterberisiko, dass ihre Lebenserwartung erst mit Erleben des 70. Altersjahres nochmals merklich ansteigt. Mit 80 haben Frauen im Durchschnitt eine Lebenserwartung von 91 Jahren, Männer von 88 Jahren. Bei sehr gesund lebenden Frauen wie Männern sind es hingegen gut 95 Jahre.

Alle, die den 100. Geburtstag erleben, können gemäss diesem Modell mit 2 bis 3 weiteren Lebensjahren rechnen. Das ist auf jeden Fall Grund genug, um den 100. Geburtstag ordentlich zu feiern!

Wer gesund lebt, lebt sehr viel länger als der Landesdurchschnitt

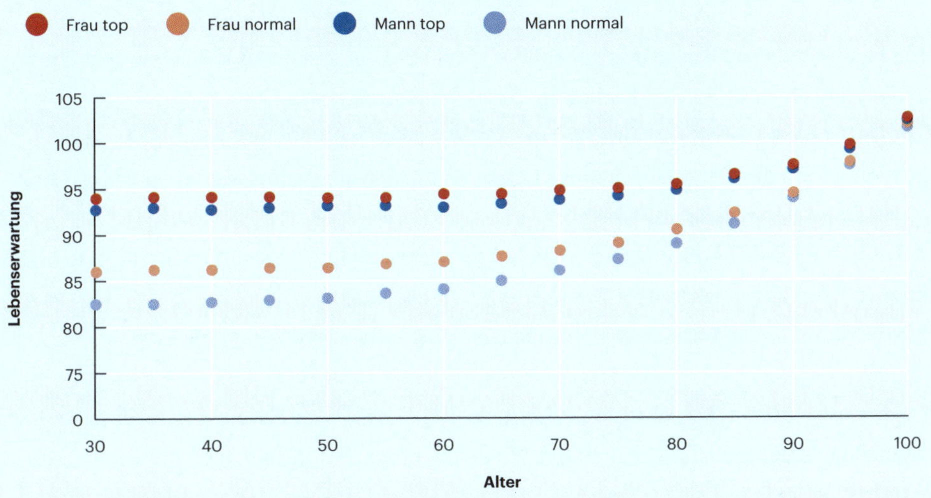

Chart 83 *Quelle: wie-alt-werde-ich.de, kalibriert gemäss Bundesamt für Statistik, 2024*

4 Wie der Lebensstil die Lebenserwartung beeinflusst

Führst du ein gesundes Leben? Der Chart zeigt, dass vielfältige Faktoren die Lebenserwartung beeinflussen. Der Unterschied zwischen der Lebenserwartung sehr gesund lebender und sehr ungesund lebender Frauen beträgt im obigen Beispiel fast 22 Jahre. Die wichtigsten Faktoren:

1. Ein Hochschulabschluss bringt gegenüber einem Sekundarschulabschluss ein schon fast 2 Jahre längeres Leben. Das Einkommen ist weniger relevant.
2. Zentral ist die soziale Situation: Wer in einer Partnerschaft lebt und Kinder hat, kann gegenüber Singles mit 4 Jahren mehr Leben rechnen. Mit regelmässigem Sport lässt sich ein weiteres Lebensjahr gewinnen.
3. Alkohol- und Tabakkonsum sind tödlich. Wer nicht raucht und kaum trinkt, lebt im Schnitt über 10 Jahre länger als heftige Raucher oder Trinkerinnen.
4. Krebserkrankungen bei Geschwistern belasten die Lebenserwartung um etwa 4 Jahre.

Einige der aufgeführten Faktoren wie *Bildung* und *Einkommen* sind voneinander abhängig, was das Modell herauszurechnen versucht hat. Vielleicht möchtest du aber auch einwenden, dass nicht unbedingt eine Kausalität der Faktoren vorliegen muss. Es wäre beispielsweise denkbar, dass Menschen mit bestimmten Vorerkrankungen einen höheren BMI haben oder seltener studieren können. Das mag zwar stimmen, allerdings unterstreicht beispielsweise eine britische Studie den engen Zusammenhang zwischen sozioökonomischen Faktoren und der Lebenserwartung: In Kensington haben Männer mit im Schnitt 92 Jahren eine um 18 Jahre höhere Lebenserwartung als in New Cross Gate. Diese Londoner Stadtteile liegen nur 10 Kilometer auseinander: im einen dominieren Paläste, im anderen Sozialwohnungen (The Economist, 2023).

Fest steht: Eine Rente ist eine Versicherung gegen Langlebigkeit. Als gesund lebende Person erhältst du sie von der Pensionskasse viel zu günstig: Denn sie beachtet deine individuelle Lebenserwartung nicht, sondern rechnet mit Durchschnitten.

Surftipp: Lass deine Lebenserwartung schätzen

Auf *wie-alt-werde-ich.de* kannst du deine individuelle Lebenserwartung schätzen lassen. Bei der Berechnung werden die Ergebnisse von mehr als 40 unabhängigen internationalen Studien berücksichtigt.

Lebenserwartung bei gesundem bzw. ungesundem Lebensstil

Für eine 58-jährige Frau

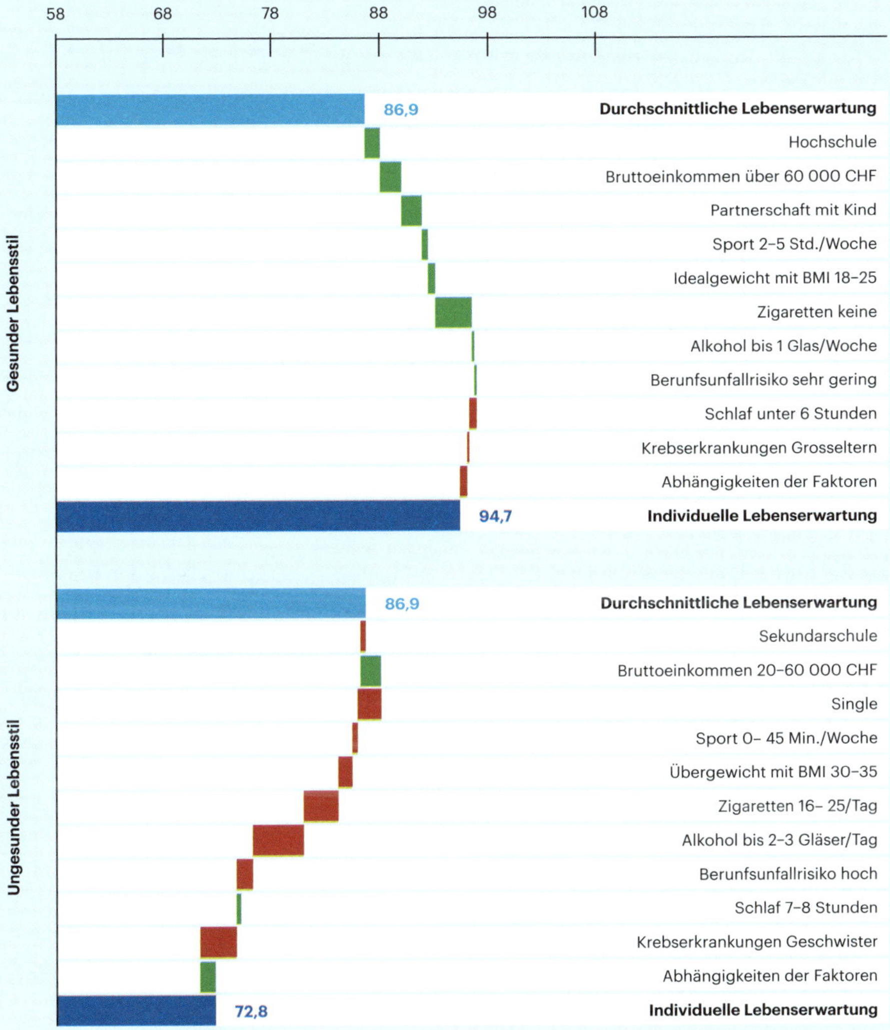

Chart 84 *Quelle: wie-alt-werde-ich.de*

5 Nur sehr Vermögende brauchen keine Rente

Du hast immer gut gelebt und möchtest in Ruhe deinen Lebensabend geniessen. Schliesslich hast du Jahrzehnte dafür gearbeitet! Aber was, wenn dir auf halber Strecke das Geld ausgeht? Auch wenn dein Partner oder deine Partnerin stirbt, musst du noch gut von deiner Pension leben können.

Eine Rente ist unendlich, Vermögen ist endlich. Hast du oder habt ihr als Paar sehr viel Vermögen, ist vielleicht eine Rente unnötig, das Kapital reicht sowieso. Um das zu prüfen, kannst du eine grosszügige Rechnung überschlagen:

1. **Wie viel Geld braucht ihr nach der Pensionierung pro Jahr höchstens?** Gehen wir von 145 000 CHF aus. Sind davon rund 45 000 CHF über die maximale AHV gedeckt, so braucht ihr noch 100 000 CHF zusätzlich.
2. **Für wie viele Jahre muss das Kapital reichen?** Berechne mit *wie-alt-werde-ich.de* die individuellen Lebenserwartungen von dir und deinem Partner bzw. deiner Partnerin. In wie vielen Jahren dürftet ihr beide nicht mehr leben? In 20 Jahren? Addiere mindestens ein Viertel Reserve für Langlebigkeit hinzu: 20 + 5 = 25 Jahre sollte das Geld also mindestens reichen. Schliesslich sollst du keine Angst davor haben, länger zu leben als erwartet.

Habt ihr 2,5 Mio. CHF Vermögen (100 000 CHF × 25 Jahre) – als Altersguthaben bei der Pensionskasse, in der Säule 3a, im freien Sparen auf der Bank oder in einer Immobilie, die ihr verkaufen wollt? Dann könntet ihr auf eine Rente aus der Pensionskasse verzichten und das ganze Vorsorgeguthaben als Kapital beziehen. Dabei lohnt es sich, das Geld anzulegen. Schon mit einer konservativen Strategie ohne **Aktien** und 100 % in **Anleihen** könntet ihr wohl die Kaufkraft erhalten. Ihr könntet also im Schnitt über die Jahre die AHV-Rente sowie 100 000 CHF plus Teuerung ausgeben.

Habt ihr nicht nur die für den Lebensunterhalt notwendigen 2,5 Mio. CHF, sondern 5 Mio. CHF zur Verfügung? Dann könntet ihr finanziell gesehen sogar 100 % in **Aktien** anlegen. Denn selbst wenn sich diese im Crash halbieren, kommt ihr immer noch auf die erforderlichen 2,5 Mio. CHF.

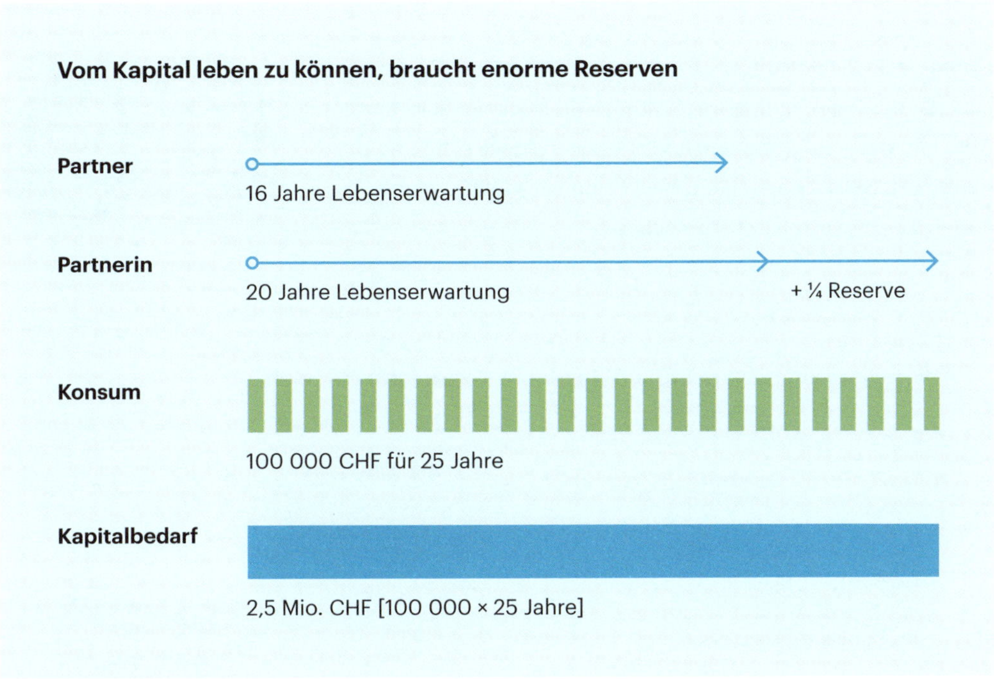
Vom Kapital leben zu können, braucht enorme Reserven
Partner
16 Jahre Lebenserwartung
Partnerin
20 Jahre Lebenserwartung
+ ¼ Reserve
Konsum
100 000 CHF für 25 Jahre
Kapitalbedarf
2,5 Mio. CHF [100 000 × 25 Jahre]

Chart 85

L

6 Fallstudie: Ausgaberegel für den Vermögensverzehr im Alter

Erinnerst du dich an Miras Eltern Toni und Monika? Toni steht kurz vor der Rente und möchte Monika und sich gut absichern. Aber wie viel vom Vermögen in der Pensionskasse sollen sie als Rente, wie viel als Kapital beziehen? Und wie viel Vermögen dürfen sie dann pro Jahr verbrauchen?

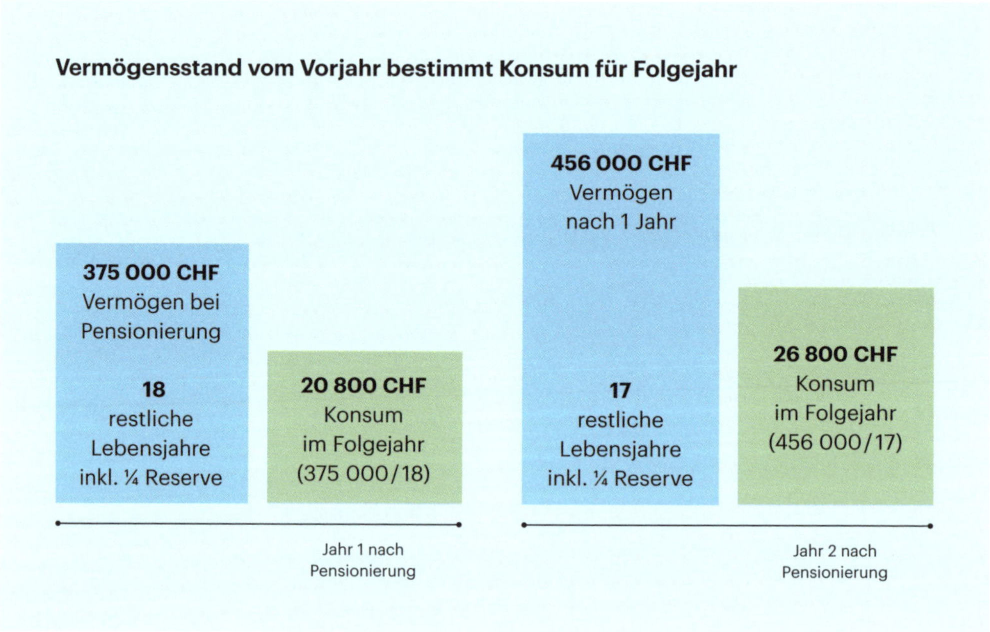

Chart 86

Ziel: Toni ist 62, Monika 58 Jahre alt. Sie wohnen in der Stadt Zürich und sind konfessionslos. Da er sich mit 65 Jahren pensionieren lassen möchte, suchen sie nach einer smarten Lösung, um sich auch danach finanziell nicht stark einschränken zu müssen und auf jeden Fall bis zum Lebensende von ihrem Geld leben zu können.

Weg: Toni und Monika machen zusammen einen Kassensturz und überprüfen ihre Ausgaben sowie ihr Vermögen. Sie haben jährlich 75 000 CHF fixe Ausgaben, um ihre Lebensbedürfnisse anständig abdecken zu können. Über die AHV bekommen sie jährlich 45 000 CHF, es fehlen also 30 000 CHF. Toni dürfte mit 65 Jahren ein Vorsorgeguthaben von 1 Mio. CHF haben. Beide sind gesundheitlich etwas angeschlagen. Bei seiner Pensionierung hat Toni noch 12 Jahre, seine Frau noch 14 Jahre Lebenserwartung.

Lösung: Toni will sicherstellen, dass AHV und PK-Rente ihre fixen Ausgaben abdecken, egal wie lange sie leben. Den Teil seines Vorsorgeguthabens, den er für diese Rente nicht braucht, soll zur Erfüllung ihrer Wünsche und Träume dienen. Ihn lässt er sich auszahlen und legt das Geld selbst an.

- **Rente zur Erfüllung der Bedürfnisse:** Bei einem Umwandlungssatz von 5 % braucht es für 30 000 CHF Rente ein Vorsorgeguthaben von 30 000 CHF/5 % = 600 000 CHF. Toni wird also 600 000 CHF in eine Rente umwandeln.
- **Kapitalbezug zur Erfüllung von Wünschen und Träumen:** Es bleiben 400 000 CHF Vorsorgeguthaben übrig, die sich Toni auszahlen lassen wird. Nach Abzug von 6,26 % Kapitalleistungssteuer bleiben ihm auf dem Konto 375 000 CHF. Wie lange soll das Geld reichen? Toni rechnet mit etwa 18 Jahren, entsprechend der Lebenserwartung seiner 4 Jahre jüngeren Frau plus ein Viertel Reserve.

Bei der Pensionierung stehen so 375 000 CHF Vermögen für 18 Lebensjahre inklusive eines Viertels Reserve zur Verfügung. Sie halten sich an den Grundsatz, nicht mehr auszugeben als sie haben. Das Paar darf also im ersten Jahr bis 1/18 (also bis 20 800 CHF) konsumieren. Ein Jahr später steigt das Vermögen dank Börsenboom auf 456 000 CHF. Sie dürfen nun im zweiten Jahr etwa 1/17 davon konsumieren, also bis zu 26 800 CHF. Im dritten Jahr wäre es 1/16, usw.

Ausgaberegel

Der Konsum passt sich jährlich dem Vermögensstand und somit dem Anlageergebnis an (Waring & Siegel, 2015). Dividiere dein Vermögen durch die Anzahl restlicher Lebensjahre plus ein Viertel Reserve. Diesen Betrag darfst du nächstes Jahr höchstens ausgeben!

7 Fallstudie: Je riskanter die Anlagestrategie, desto flexibler der Konsum

Auch im Alter hast du sicher noch Wünsche, die du dir leisten können möchtest. Doch wie flexibel bist du dabei? Bleiben wir bei der Fallstudie der vorherigen Doppelseite: Toni und Monika haben 375 000 CHF Vermögen, das für 18 Jahre reichen soll. Im Schnitt könnten sie also 375 000 CHF/18 = 20 800 CHF im Jahr ausgeben. Wie aber soll Toni das Geld anlegen? Das hängt davon ab, wie flexibel er und seine Frau im Konsum sind, denn Einbrüche der Aktienmärkte müssen sie mit Konsumverzicht kompensieren.

Der folgende Chart zeigt nur eines von unendlich vielen Szenarien: Anfangs brechen die **Aktien** ein (in Hellblau), bei weniger Vermögen müssen die jährlichen Ausgaben sinken. Nach 8 Jahren beginnt ein Börsenboom, Toni und Monika können sich wieder mehr leisten.

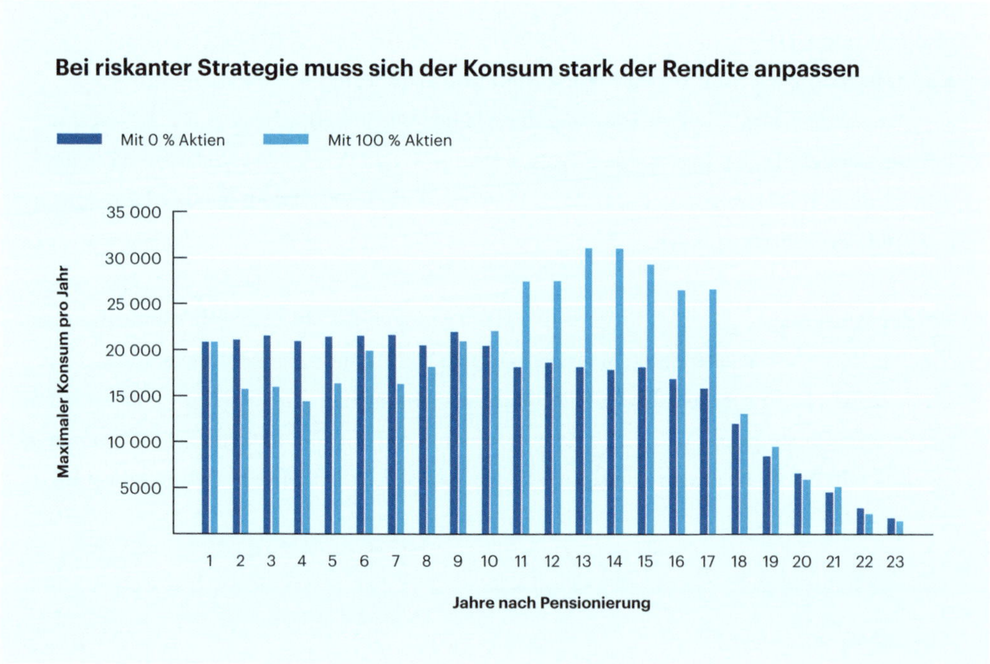

Chart 87

Sehen wir uns 2 konkrete **Anlagestrategien** für Toni und Monika genauer an:

- **Anlage in 100 % Aktien:** Angenommen, es gäbe schon im ersten Jahr einen Börsenkorrektur und das Vermögen von Toni und Monika würde einen Viertel an Wert verlieren. In diesem Fall könnten sie ab dem zweiten Jahr nur noch etwa drei Viertel so viel ausgeben, nämlich 15 600 CHF statt 20 800 CHF. Vielleicht boomt aber später die Börse. So hätten sie in den 10 restlichen Lebensjahren ein Vermögen von 400 000 CHF und könnten über 30 000 CHF pro Jahr ausgeben[11].
- **Anlage in 0 % Aktien:** Je mehr Toni und Monika sich auf dieses Einkommen verlassen müssen, je weniger sie Börsenverluste – auch emotional – verkraften können, desto vorsichtiger sollte die Strategie ausfallen. Legen sie aber alles in **Anleihen** an, kann die **Rendite** gerade die Teuerung kompensieren. Im Schnitt ist deshalb jedes Jahr nur eine Auszahlung mit konstanter Kaufkraft von 20 800 CHF möglich.

Vielleicht aber entscheiden sich Toni und Monika am Ende doch für eine Rentenlösung. Statt 400 000 CHF Kapital würden sie so jährlich 20 000 CHF kassieren. Diese würden zwar ohne garantierten Teuerungsausgleich laufend an Kaufkraft verlieren. Dafür ist die Rente bis an das Lebensende von Toni garantiert. Und wenn er stirbt, erhält Monika eine Witwenrente, die bei vielen Pensionskassen um die 60 % beträgt, also 12 000 CHF.

11 Das entspricht 400 000 CHF/12,5 Jahre. Dies ist eine konservative Faustregel, die in der Praxis völlig ausreicht. Präziser wäre: Berechne in jedem Jahr eine Annuität basierend auf Vermögensstand, erwarteter Rendite und restlichen Lebensjahren plus ein Viertel *(siehe Tabelle «Rentenhöhe», Seite 302).*

8 Fallstudie: Welche Rendite reicht für ein langes Leben?

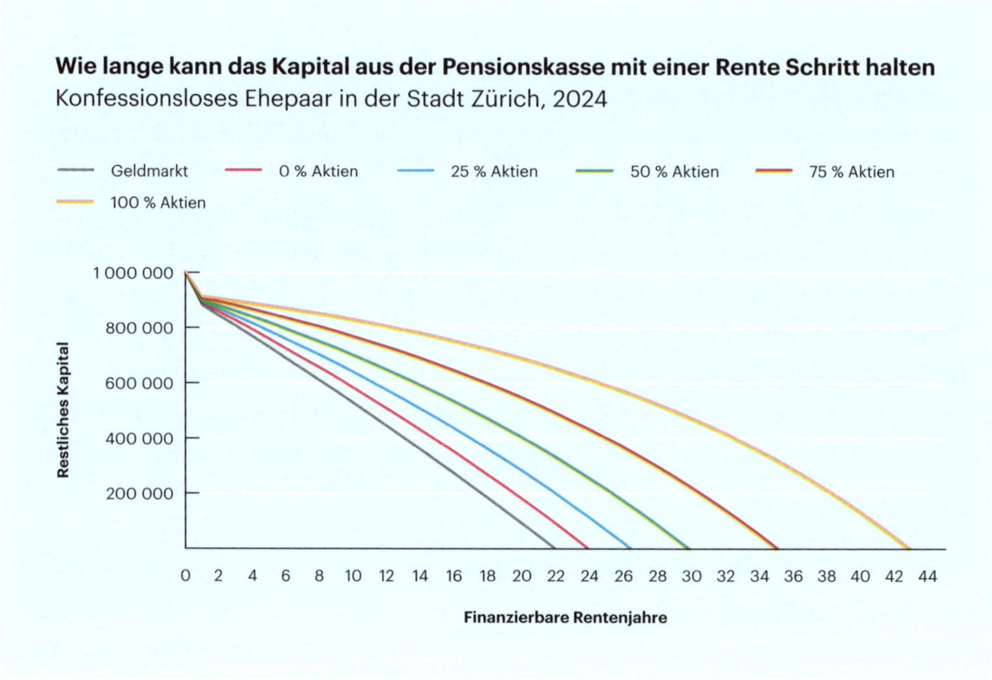

Chart 88

Auf Seite 240 haben wir bereits errechnet, wie für Toni und Monika der optimale Weg aussehen könnte, um Kapitalbezug und Rente zu splitten. Aber wie sieht es aus, wenn die Lebenserwartung sehr hoch ist?

Ziel: Toni will herausfinden, welche **Rendite** er auf das aus der Pensionskasse bezogene Kapital erzielen müsste, also welche **Anlagestrategie** er wählen müsste, um mit einer Rentenlösung Schritt zu halten.

Weg: Zunächst schätzt er die Lebenserwartung von sich und seiner Frau Monika. Dann berechnet er einerseits die Rente aus der Pensionskasse und anderseits, wie lange das Kapital reicht, um Auszahlungen in Höhe der Rente zu finanzieren.

Gehen wir dieses Mal davon aus, dass Miras Vater topfit ist. Gemäss *wie-alt-werde-ich.de* dürfte Toni 94 Jahre alt werden, Monika 84. Insgesamt beziehen sie somit 29 Jahre Rente. Wir nehmen an, dass diese Rente nicht an die Teuerung angeglichen wird. Sie wohnen in der Stadt Zürich und sind konfessionslos. Mit dem Rechner der eidgenössischen Steuerverwaltung schätzt Toni seine Steuern auf Kapitalauszahlung, Einkommen und Vermögen.

Lösung: Toni findet heraus, dass ihm nach Einkommenssteuern von 16 % auf 50 000 CHF eine Rente von 42 000 CHF im Jahr bleibt. Da er aus seinem Kapital nach Abzug aller Steuern ebenfalls jährlich 42 000 CHF beziehen möchte, kann er verschiedene Szenarien errechnen, wann das Kapital aufgebraucht ist.

- Wenn er das Kapital im Geldmarkt anlegt, reicht es für 22 Jahre,
- mit der Strategie 0 % Aktien für 24 Jahre,
- mit der Strategie 25 % Aktien für 27 Jahre,
- mit der Strategie 50 % Aktien für 30 Jahre,
- mit der Strategie 75 % Aktien für 35 Jahre,
- mit der Strategie 100 % Aktien für 43 Jahre.

Toni dürfte nach der Pensionierung noch 29 Jahre leben. Für einen so langen Zeitraum braucht es voraussichtlich eine Strategie mit gegen 50 % **Aktien.** Selbst dann kann es je nach Börsenentwicklung viel schlechter oder auch besser kommen. Das ist ihm zu riskant, zumal er sich im hohen Alter nicht noch mit Geldanlagen herumschlagen möchte. Er verzichtet darum auf einen Kapitalbezug und wählt die sichere Variante einer Rente.

Surftipp: Steuerrechner

Mit dem offiziellen Steuerrechner der Eidgenössischen Steuerverwaltung können Privatpersonen ihre Einkommen- und Vermögenssteuer, Steuer auf Kapitalauszahlung aus Vorsorge, Erbschafts- und Schenkungssteuer sowie ihre Gewinn- und Kapitalsteuer unkompliziert ermitteln: *swisstaxcalculator.estv.admin.ch/#/calculator/income-wealth-tax*

9 Willst du Steuern sparen oder mehr Geld verdienen?

Steuern hin oder her – entscheidend ist doch, wie viel Geld dir unter dem Strich zum Leben oder allenfalls für die Erben bleibt. Banken und Versicherungen wollen aber an dein Geld und behaupten unermüdlich: «Wer Steuern sparen will, lässt sich von der Pensionskasse sein Altersguthaben zur Pensionierung auszahlen, statt eine Rente zu beziehen.» Aber stimmt das auch und was bringt dir dies?

Sehen wir dazu das konkrete Beispiel näher an. Ein verheiratetes Paar ohne Kinder und konfessionslos wird 40 000 CHF AHV beziehen. Es verfügt in der Pensionskasse über 1 Mio. CHF, der Umwandlungssatz beträgt 5 % im Jahr 2024. Statt einer Rente von 50 000 CHF könnte das Paar das Kapital beziehen und es in einer Strategie mit 25 % Aktien anlegen. Wie viel Geld bleibt beispielsweise nach 25 Jahren übrig, wenn das Kapital Auszahlungen in der Höhe der Rente, nach Abzug wohnortsspezifischer Steuern, finanzieren soll. Wie gross ist ausserdem der Steuervorteil des Kapitalbezugs über diese 25 Jahre?

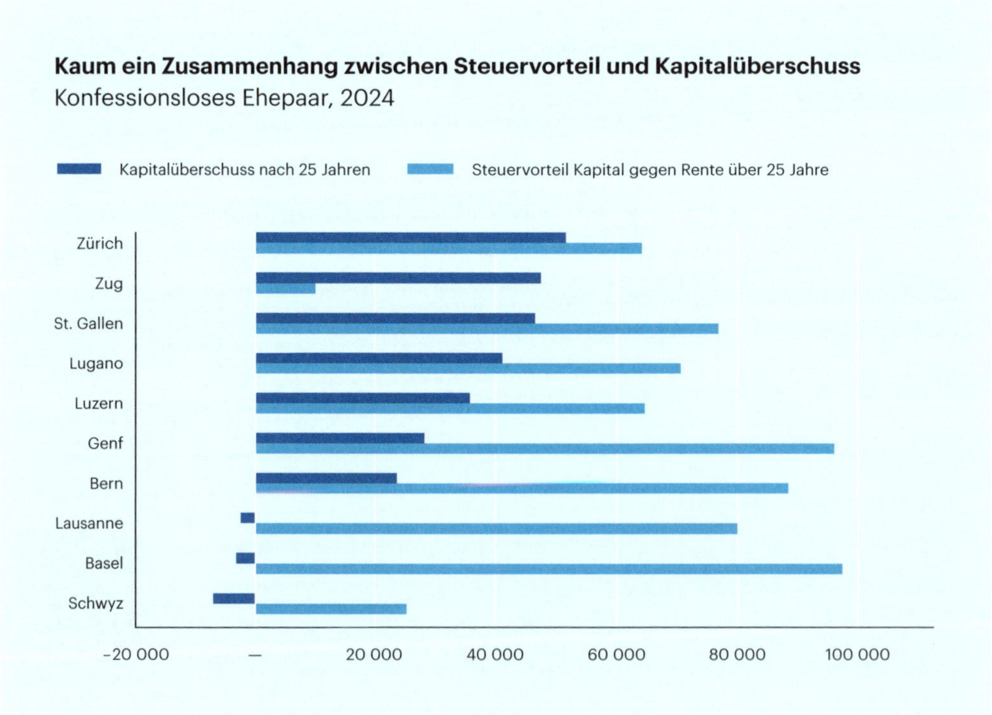

Chart 89 *Quelle: swisstaxcalculator.estv.admin.ch, eigene Berechnungen*

In Zürich schlägt der Kapitalbezug die Rente am deutlichsten. Das Kapital vermag über 25 Jahre Auszahlungen auf der Höhe der Rente zu leisten und es bleiben noch 51 000 CHF übrig. Auch der Steuervorteil des Kapitalbezugs ist mit 64 000 CHF beachtlich.

Ganz anders sieht es in Basel aus. Hier ist der Steuervorteil des Kapitalbezugs noch viel grösser als in Zürich, trotzdem kann das Kapital nicht einmal für 25 Jahre mit der Rente mithalten. Warum? Vor allem weil die hohe Kapitalauszahlungssteuer das Startkapital für die Vermögensanlage stark schmälert. Da nützt es auch nicht viel, wenn über die Jahre der Kapitalbezug viel weniger Steuern verursacht als die Rente. Würde Basel die Kapitalauszahlungsteuer auf das Niveau von Zürich senken, wäre der Kapitalüberschuss mit 39 000 CHF ähnlich hoch wie in Zürich.

In Zug sieht es gerade umgekehrt aus. Der Kapitalbezug bringt nur bescheidene Steuervorteile. In Zug sind zwar die Steuern generell tief, das gilt aber viel stärker für Einkommen als für Vermögen. Damit wird die Rente relativ zum Kapitalbezug attraktiv. Aber trotz des geringen Steuervorteils bleibt mit dem Kapitalbezug nach 25 Jahren ein ähnlich hoher Überschuss wie in Zürich. Würde Zug die Kapitalauszahlungsteuer auf das Niveau von Zürich erhöhen, würde sich dieser Kapitalüberschuss in einen -verlust verwandeln.

Frag dich also nicht wie gross der Steuervorteil ist, sondern allein, ob du mit einer Rente oder mit dem Kapitalbezug dein Ziel eher erreichen kannst.

10 Fallstudie: mit automatisiertem Entnahmeplan vom Vermögen leben

Martina, die langjährige Nachbarin von Miras Eltern, fragt Toni um Rat. Sie wird pensioniert und möchte alles finanziell regeln, aber aus dem Bankgespräch letztens ist sie einfach nicht schlau geworden. Alles wirkt so kompliziert. Ihre Rente reicht für die laufenden Ausgaben. Doch sie möchte sich ein paar Wünsche und Träume erfüllen – und sie hat Vermögen. Wie kann sie dieses Vermögen anlegen und sich trotzdem quartalsweise einen Luxusbatzen auszahlen lassen? Toni sucht mit ihr zusammen nach der besten Lösung.

Ziel: Martina will sich aus ihrem Anlagevermögen quartalsweise etwa 5000 CHF für Luxusausgaben auszahlen lassen.

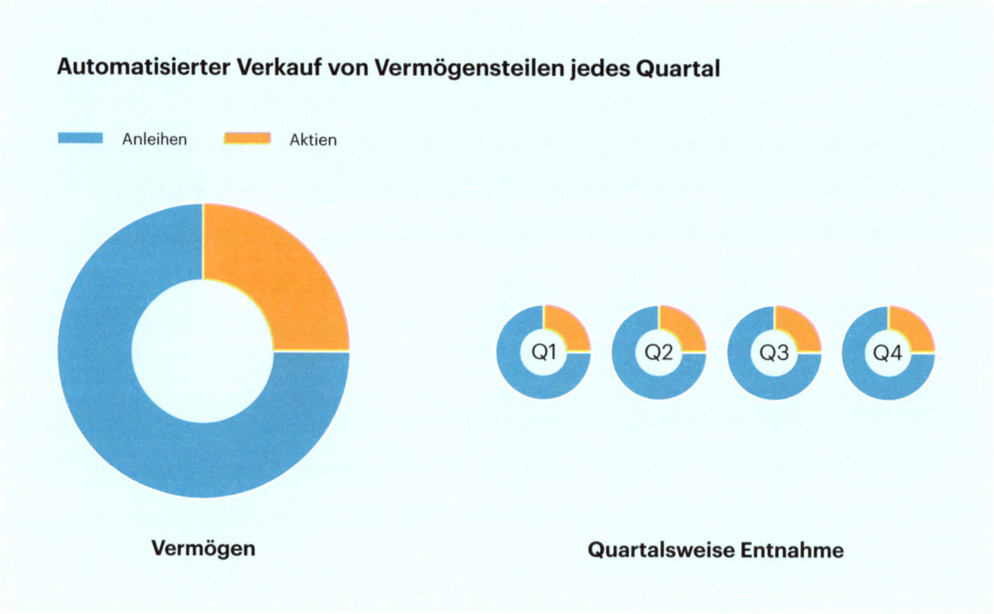

Chart 90

Weg: Toni empfiehlt Martina *finpension.* Dort kann sie ihr Vermögen anlegen und einen Entnahmeplan von 5000 CHF im Quartal einrichten. Den Betrag passt sie jährlich an die Realität an. Gemeinsam rechnen sie aus, wie viel Vermögen sie anlegen muss, um 20 Jahre quartalsweise 5000 CHF abheben zu können, denn so lange will sie diesen Luxusbatzen auf jeden Fall beziehen. Insgesamt benötigt sie also 5000 CHF × 4 × 20 = 400 000 CHF. Die Kaufkraft der 5000 CHF soll all die Jahre jedoch erhalten bleiben.

Lösung: Martina entscheidet sich für eine defensive Strategie mit 25 % Aktien. Damit dürfte ihr Vermögen jährlich 0,8 % an Kaufkraft gewinnen. Allerdings kostet diese bequeme Lösung von *finpension* 0,3 % pro Jahr extra. Deshalb bleiben netto 0,5 % Kaufkraftgewinn pro Jahr.

L

Martina geht dazu so vor:

- Sie transferiert zum Zeitpunkt der Pensionierung ihre Auszahlungen aus der Säule 3a sowie Teile ihres freien Vermögens im Umfang von 400 000 CHF zu *finpension.*
- Sie wählt bei *finpension* eine Strategie mit 25 % Aktien.
- Für dieses **Portfolio** richtet sie einen Entnahmeplan ein: Sie erfasst eine Zahlung von 5000 CHF pro Quartal auf ihr **Privatkonto.**

finpension verkauft nun automatisch jedes Quartal Aktien und **Anleihen** im Wert von 5000 CHF. Martina muss sich also nicht überlegen, welche Aktien- oder Anleihenfonds sie jedes Quartal verkaufen will. Immer im Januar prüft sie zusammen mit Toni den Stand des Vermögens und entscheidet, je nach Gesundheit und Abenteuerlust, wie viele Jahre das Geld noch reichen sollte: Hat sie beispielsweise nach 5 Jahren 450 000 CHF Vermögen und das Geld soll noch 18 Jahre reichen, kann sie sich in diesem Jahr 450 000 CHF/18 Jahre = 25 000 CHF bzw. 6250 CHF im Quartal auszahlen lassen.

11 Flexibel ins Alter: zuerst etwas Kapital beziehen, später die volle Rente

Das Bild von Oma und Opa, die mit weissen Haaren und tiefen Falten erschöpft auf der alten Ofenbank sitzen, ist längst einem aktiven Leben im Alter gewichen. Die Pensionierung ist nicht das Ende des Lebens, sondern für viele der Anfang – um sich lang gehegte Wünsche zu erfüllen. Das kann heissen, endlich die Hypothek zurückzuzahlen, um schuldenfrei den neuen Lebensabschnitt zu geniessen. Vielleicht planst du aber auch eine grosse Reise oder ihr möchtet euch eine Ferienwohnung gönnen. Für all das brauchst du Kapital.

Wenn der Reisedurst gestillt ist, stehen Sicherheit und Komfort im Vordergrund. Du willst eine lebenslängliche Rente, die dir ein stetes Einkommen garantiert, ohne dass du dich um die Geldanlage kümmern und dir über Börsencrashs Sorgen machen musst. Für individuelle Lebensentwürfe wie diese braucht es deshalb Kombi-Modelle, die deinen Bedürfnissen entsprechen. Ein solches bietet aktuell die Pensionskasse *BVK* an (BVK, 2025). Andere Pensionskassen dürften mit ähnlich kreativen Lösungen nachziehen.

Das Modell funktioniert so, dass du deinen Rentenanspruch ab Rentenbeginn bis zum Alter von 75 Jahren kapitalisiert und bestimmst, wie viel du von diesem Betrag als Einmalauszahlung beziehen willst. Möchtest du nur einen Teil, wird der Rest bis 75 Jahre als Rente ausbezahlt. Dadurch weisst du genau, dass bei einem Pensionseintritt mit 65 Jahren dieses Geld 10 Jahre reichen muss. Bis dann hast du in der Regel auch noch die Fähigkeiten und die Motivation, das Geld selbst anzulegen und die Ausgaben vernünftig zu budgetieren. Ab 75 Jahren erhältst du die volle Rente.

Der Chart zeigt, wie du das Kombi- bzw. Flex-Modell konkret für dich nutzen könntest. Lässt du dich mit 65 Jahren pensionieren, beziehst du bis 75 Jahre nur die halbe Rente, um dir den Gegenwert der anderen Hälfte zum Zeitpunkt der Pensionierung als Kapital auszahlen zu lassen. Ab 75 Jahren beziehst du wie bereits erklärt die volle Rente, um für das hohe Alter gut versorgt zu sein. Und auch wenn du zuvor sterben solltest, erhalten deine Angehörigen Hinterbliebenenleistungen.

Kombi-/Flex-Modell der Pensionskasse BVK

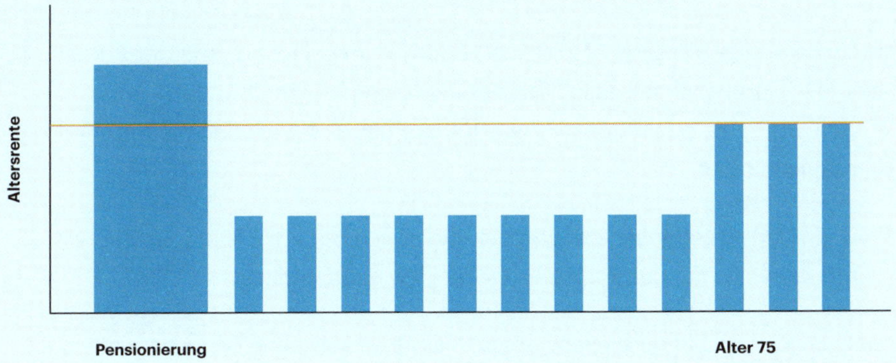

Chart 91 *Vgl. BVK im November 2024*

DAS A&O ... um mit deinem Geld mehr zu verdienen

1. Deine laufenden Kosten, also deine Bedürfnisse, solltest du mit der Rente aus AHV und Pensionskasse finanzieren können. Bleibt darüber hinaus Kapital übrig, kannst du es dir zur Erfüllung deiner Wünsche und Träume auszahlen lassen.

2. Wer eine hohe Lebenserwartung hat und sich nicht um Anlagegeschäfte kümmern will, wählt eher eine Rente als den Kapitalbezug.

3. Dein Lebensstil hat einen sehr grossen Einfluss auf deine Lebenserwartung: Sie kann um viele Jahre höher oder tiefer ausfallen als im Landesdurchschnitt. Rechne darum sorgfältig aus, wie lange dein Vermögen im Alter auf jeden Fall reichen muss.

4. Eine Rente ist eine Versicherung gegen Langlebigkeit. Nur wer über ein sehr üppiges Vermögen verfügt, kann sich den Verzicht auf eine Rente leisten.

5. Dividiere dein Vermögen durch die Anzahl der erwarteten restlichen Lebensjahre plus ein Viertel Reserve. Diesen Betrag darfst du nächstes Jahr höchstens konsumieren, damit das Kapital lange genug hält!

6. Je flexibler du im Konsum bist, desto mehr Anlagerisiken kannst du eingehen – und umgekehrt.

7. Der Steuervorteil von Kapitalbezug gegenüber Rente ist nicht entscheidend, sondern allein, ob du mit einer Rente oder mit dem Kapitalbezug dein Ziel eher erreichen kannst.

8. Ein Entnahmeplan wie von der Plattform *finpension* erlaubt dir, aus deinem **Portfolio** regelmässig Zahlungen zu erhalten, um Extrawünsche bequem zu finanzieren.

M

Check-up:
So überwachst du dein Vermögen

1 Checkliste zur jährlichen Überprüfung

Zum Jahresanfang oder wenn du die Steuererklärung ausfüllst, solltest du deine Vermögensanlage überprüfen. Einmal im Jahr reicht vollkommen, ausser deine Lebenssituation ändert sich dramatisch oder die Märkte unterliegen tiefen Umwälzungen.

- **Hat sich deine Lebenssituation verändert?** Verfolgst du noch dieselben Ziele? Wenn die Familienplanung sich ändert, der Immobilienmarkt sich wandelt, du geerbt hast oder befördert wurdest, wird es Zeit, deinen **Sparplan** anzupassen.
- **Ist dein Crash-Risiko verkraftbar?** Je mehr dein Vermögen wächst, desto mehr Geld riskierst du, im Crash zu verlieren. Rechne als Faustregel immer damit, dass sich dein Aktienvermögen über Nacht halbiert. Könntest du einen solchen Verlust finanziell wie emotional verkraften? Bleibt dir noch genug Zeit bis zum Ziel, um eine Börsenkrise auszusitzen? Womöglich solltest du **Aktien** die letzten Jahre vor dem Ziel abbauen.
- **Kannst du deine Ziele noch erreichen?** Bist du deinen Zielen dank Börsenboom weit voraus? Dann willst du vielleicht neue Ziele fassen oder den Aktienanteil reduzieren. Sind deine Ziele hingegen in weite Ferne gerückt, musst du deine Strategie sanieren: Ziele streichen, reduzieren, aufschieben oder künftig mehr sparen.
- **Sind deine Anlagen noch passend?** Der Wert deiner Anlagen entwickelt sich unterschiedlich: Aktien vielleicht besser als **Anleihen,** USA besser als Europa, Fonds X besser als Fonds Y. Vergleiche dein aktuelles **Portfolio** mit deinem ursprünglichen Musterportfolio und gleiche grosse Abweichungen möglichst aus. Prüfe auch die einzelnen Anlagen: Vielleicht gibt es neue, besser geeignete Fonds, die du auf *justETF.com* recherchieren kannst. Bei Einzelaktien solltest du dir überlegen, warum du genau sie weiterhin halten willst. Dafür lohnt sich eine Internetrecherche, beispielsweise bei *morningstar.ch*.
- **Bietet dir dein Finanzdienstleister noch die besten Konditionen?** Ist dein Geld für freies Sparen, für die Säule 3a, für deine Freizügigkeitsgelder noch am richtigen Ort? Recherchierst du zum Beispiel auf *moneyland.ch*, dass es inzwischen Anbieter mit besserem Produktangebot oder tieferen Kosten gibt, solltest du einen Wechsel in Erwägung ziehen.

Checkliste zur jährlichen Überprüfung der Vermögensanlage

Lebenssituation: Stimmen die Ziele noch? Passen geplante Sparbeiträge noch?

Crash-Risiko: Was, wenn sich dein Aktienvermögen halbiert?

Ziele erreichbar: Entwickelt sich dein Vermögen gemäss Plan? Musst du dein Vermögen auf Ziele umverteilen? Wie kannst du deine Strategie bei Bedarf sanieren?

Anlagen korrekt: Sind Gewichte einzelner Anlagen anzupassen? Sind alle einzelnen Anlagen noch optimal?

Plattform optimal: Ist deine Plattform preislich noch attraktiv? Bietet deine Plattform die besten Produkte an?

Chart 92

2 Vorsicht kurz vor dem Ziel

Stell dir vor, du hast dein Ziel fast erreicht. Vielleicht bist du schon dabei, auf den Immobilienseiten nach deinem Traumhaus zu schmökern, du stehst nur ein paar Jahre vor der Pension oder suchst bereits die Route für deine Weltreise aus. Doch dann kommt der Crash! Du verlierst die Hälfte deines Vermögens und deine Ziele rücken in weite Ferne.

Damit dir das nicht passiert, solltest du gegen Ende deines Investments besonders vorsichtig sein. Denn je näher das Ziel zeitlich rückt, desto wahrscheinlicher ist es, dass sich dein Vermögen an der Börse vor Ablaufdatum nicht mehr erholt. Betrachten wir dazu 3 Langzeit-Investments mit 100 % **Aktien.** Wer von Miras Freunden kann sich diese risikoreiche Strategie noch 5 Jahre vor Ablauf leisten?

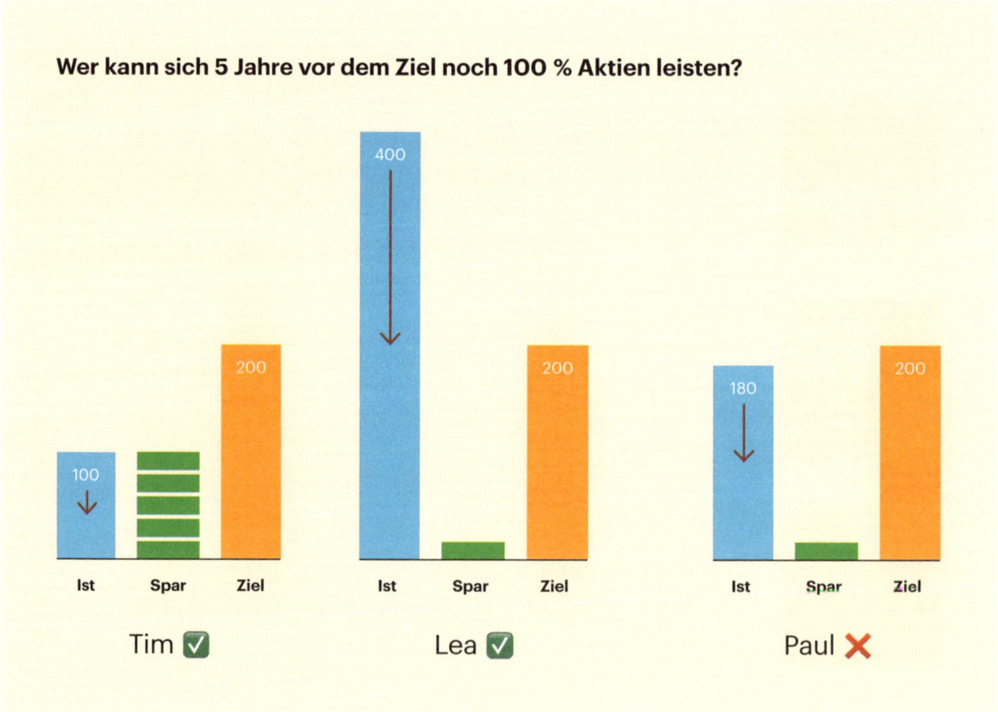

Chart 93

Der blaue Balken im Chart zeigt an, wie viel Vermögen Tim, Lea und Paul aktuell in TCHF (Tausend Schweizer Franken) besitzen. Bei einem Crash müssen sie alle davon ausgehen, dass sie die Hälfte verlieren. Beim grünen Balken kannst du ablesen, wie viel sie voraussichtlich in den nächsten Jahren nach dem Crash noch ansparen können. Der orangene Balken stellt die Höhe des Sparziels dar.

- **Tim** kann sich 100 % Aktien leisten. Im Crash verliert er etwa 50 000 CHF von 100 000 CHF, er spart aber über 5 Jahre noch 5 × 20 000 CHF. Erholen sich die Märkte etwas, kann er sein Ziel von 200 000 CHF gut erreichen.
- **Lea** könnte sich ebenfalls 100 % Aktien leisten. Sie hat schon jetzt doppelt so viel Vermögen, wie sie erzielen will, könnte sich also einen Einbruch von 50 % leisten. Ob sie sich aber ein Verlustrisiko von 200 000 CHF wirklich leisten will und dies emotional verkraften könnte? Vernünftiger wäre, die Aktienquote schrittweise auf 75 % bis 50 % abzubauen.
- **Paul** sollte seine Aktienquote auf jeden Fall reduzieren – oder bereit sein, im Falle eines Crashs sein Ziel massiv zu reduzieren oder aufzuschieben. Denn halbiert sich sein Vermögen von heute 180 000 CHF auf 90 000 CHF, wird er innert 5 Jahren kaum mehr die angestrebten 200 000 CHF erreichen.

3 Prüfe deinen Deckungsgrad

Du hast dir vor Jahren ein Vermögensziel gesteckt und dein Geld angelegt. Gemäss ursprünglicher Prognose solltest du auf Kurs sein. Aber wie kannst du auf dem Weg prüfen, ob dein Dampfer nicht längst von seinem Kurs abgekommen ist und in die falsche Richtung fährt?

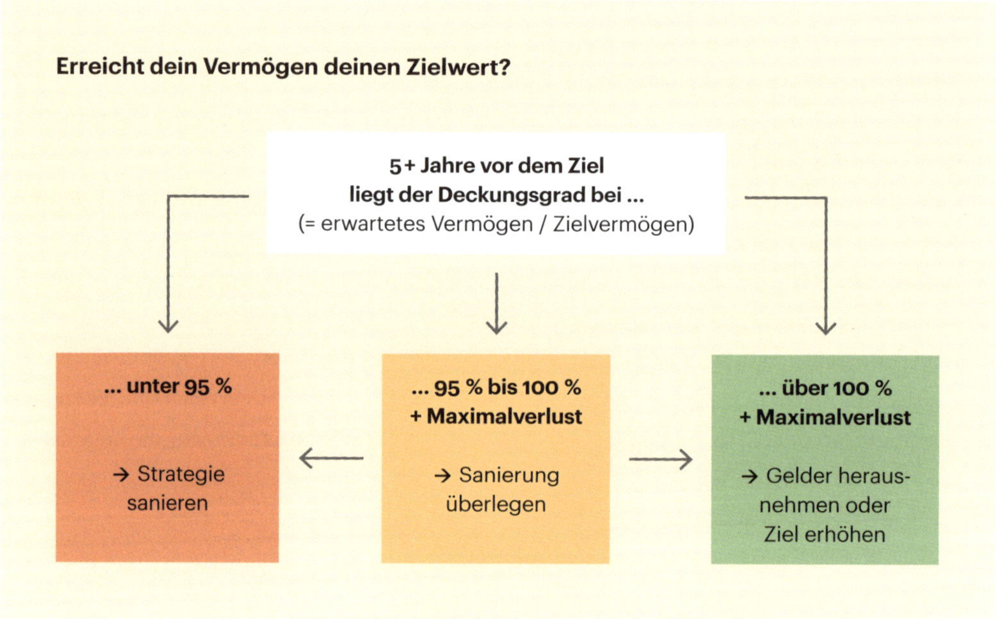

Chart 94

Vielleicht sind die Anlagemärkte besser gelaufen als erwartet, oder aber eine Weltwirtschaftskrise sorgt dafür, dass sie unter deinen Erwartungen bleiben. Wann bist du noch auf Kurs und wann solltest du Massnahmen ergreifen? Um das herauszufinden, musst du berechnen, welches Zielvermögen du bis zur Fälligkeit deines Ziels wahrscheinlich erreichen wirst.

Um sowohl dein aktuelles Vermögen als auch deine geplanten Sparbeiträgen mit deiner **Anlagestrategie** einzubeziehen, kannst du die Tabellen «Vermögensfaktor» und «Sparfaktor» im Anhang nutzen *(siehe ab Seite 298)*. Liegst du klar über dem Ziel, sieht die Lage rosig aus. Ansonsten solltest du die Situation näher prüfen.

Deckungsgrad berechnen

Dividierst du das erwartete Vermögen durch dein Zielvermögen, ermittelst du den **Deckungsgrad.**

Berechne den Deckungsgrad, um die aktuelle Situation auszuwerten:

- **Liegt dein Deckungsgrad unter 95 %?** Dann saniere. Das erreichst du, indem du dein Ziel anpasst, aufschiebst oder mehr sparst. Wenn du durch Erhöhen deiner Sparquote innert 5 Jahren von 95 % auf 100 % kommen möchtest, solltest du jährlich etwa ein Sechstel der Deckungslücke schliessen.
- **Beträgt dein Deckungsgrad mindestens 95 %?** In diesem Fall kann die Strategie aufgehen, muss aber nicht. Überlege dir schon jetzt, was du bei schlechtem Börsenverlauf tun könntest.
- **Liegt der Deckungsgrad um den Maximalverlust deiner Anlagestrategie über 100 %[12] und hast du noch mindestens 5 Jahre Zeit?** Dann hast du genug Reserven. Alles, was du darüber angespart hast oder künftig jährlich sparen willst, kannst du für andere Ziele verwenden.

Für Nerds: Wenn dir nur noch 1 Jahr bleibt

Hast du beispielsweise nur noch 1 Jahr Zeit, brauchst du für 75 % und 100 % **Aktien** einen Deckungsgrad, der 2 Mal über dem Maximalverlust liegt, um auch bei einem Crash auf der sicheren Seite zu sein. Bei 100 % Aktien brauchst du also 200 %, bei 75 % Aktien reichen 152 % Deckungsgrad. Bei den übrigen Strategien genügt der Deckungsgrad plus 1 × Maximalverlust, da der Basiseffekt viel geringer ist. Es empfiehlt sich also, kurz vor dem Ziel Risiko herauszunehmen – ausser du bist bereit, dein Ziel im Falle eines Crashs massiv nach unten zu schrauben.

12 Bei einer Strategie mit 100 % Aktien wären dies 100 % + 50 % = 150 %; bei 50 % Aktien wären es 126 %.

M

4 Fallstudie: Luca möchte auswandern

Mittlerweile ist Luca nach seinem Abschluss und seiner Australienreise voll im Berufsleben angekommen. Er hat Karriere in der Chip-Industrie gemacht und kommt finanziell sehr gut zurecht. Trotzdem plagt ihn seit einiger Zeit wieder das Fernweh. Am liebsten möchte er in einigen Jahren nach Costa Rica auswandern. Bevor Luca den grossen Schritt wagt, möchte er dafür allerdings einen Puffer von 500 000 CHF haben.

Ziel: Luca will in 7 Jahren 500 000 CHF Kaufkraft erreichen. Er investiert 100 % in Aktien.

Weg: Wir wollen mit 3 Szenarien arbeiten, die auf unterschiedlichen Startvermögen basieren. In Szenario 1 gehen wir davon aus, dass Luca heute 360 000 CHF zur Verfügung hat, in Szenario 2 sind es 385 000 CHF und in Szenario 3 sogar 650 000 CHF.

Lösung:

- **Szenario 1:** Luca dürfte nur 450 000 CHF statt der angestrebten 500 000 CHF erreichen. Das sind 90 % des Ziels. Mit diesem **Deckungsgrad** liegt er zu sehr unter Kurs. Er sollte diese Deckungslücke von 50 000 CHF sanieren: entweder den Puffer zum Auswandern reduzieren, später auswandern oder mehr sparen.
- **Szenario 2:** Der Deckungsgrad liegt zwar auch unter 100 %, ist mit 95 % aber noch tolerierbar. Luca überlegt sich Massnahmen wie in Szenario 1, setzt diese aber noch nicht um. Er ist sich beispielsweise bewusst, dass er unbedingt spätestens in 7 Jahren auswandern möchte. Er könnte aber bei Bedarf neu monatlich bis zu 800 CHF Sparbeiträge in die Strategie einzahlen.
- **Szenario 3:** Der Deckungsgrad liegt bei 161 %. Luca hat für sein Ziel von 650 000 CHF bereits mehr als genug Vermögen und könnte bereits heute auswandern. Wartet er noch ein paar Jahre, könnte sein Vermögen jedoch sogar noch auf 805 000 CHF ansteigen.

Im dritten Fall könnte Luca bereits heute seine Koffer packen oder sich ein zweites Ziel setzen. Oder er könnte wenigstens etwas überschüssiges Vermögen herausnehmen und anderweitig einsetzen: Für eine Strategie mit 100 % Aktien und noch so viel Zeit reicht ein Deckungsgrad von 150 %. Damit blieben ihm mindestens 55 000 CHF, die er beispielsweise für seine Altersvorsorge einsetzen könnte.

Sanierungsbedarf ist abhängig vom Deckungsgrad
Ziel von Luca: 500 000 CHF in 7 Jahren mit 100 % Aktien

Priorität	Szenario 1	Szenario 2	Szenario 3
Vermögen Ist	360 000	385 000	650 000
Vermögen in 7 Jahren	450 000	475 000	805 000
Vermögen Ziel	500 000	500 000	500 000
Auf Kurs?			
Deckungsgrad (in 7J/Ziel)	90 %	95 %	161 %
Deckungslücke (in 7J - Ziel)	-50 000	-25 000	305 000
Einschätzung	unter Kurs	auf Kurs	über Kurs
Massnahme	Sanierung	vordenken	DG auf 150 %
Sanierungsbetrag 5J/J	-10 000		
Frei werdende Mittel			54 867

Chart 95

5 Wie du deine Strategie nach einem Crash sanierst

Stell dir vor, du besitzt einen wunderschönen Garten. Boden, Niederschlag und die Temperatur sind für deine Pflanzen optimal. Die meiste Zeit gedeiht alles von selbst, nur einmal im Jahr musst du die Büsche schneiden.

Alle paar Jahre aber braut sich im Herbst ein Sturm zusammen. Das letzte Mal hat er einen Apfelbaum entwurzelt und das Blumenbeet fast vollständig zerstört, sodass du den Garten erst einmal wieder auf Vordermann bringen musstest. Kurz hast du überlegt umzuziehen. Aber du hast dich dagegen entschieden, denn du bist dir sicher: Im Frühling wird dein Garten wieder wunderschön blühen. Du überlegst dir lediglich, einen neuen Apfelbaum zu pflanzen – vielleicht einen mit tieferen Wurzeln.

So ähnlich verhält es sich an der Börse. Auch wenn die meiste Zeit die Sonne scheint, kommt ab und zu ein schwerer Sturm. Wichtig ist, dass du darauf vorbereitet bist. Du hast drei Möglichkeiten, die sich auch kombinieren lassen:

1. **Aussitzen** – dein Ziel aufschieben
2. **Nachschiessen** – mehr sparen als geplant
3. **Nachgeben** – dein Ziel bescheidener formulieren

Falls für dich keine dieser Möglichkeiten infrage kommt, hast du dein Ziel zu aggressiv formuliert und bist dem Sturm an der Börse ausgeliefert. Andernfalls solltest du deinen Plan innert einer vernünftigen Frist sanieren, also auf den Zielpfad zurückfinden können. Die nachfolgenden Zahlen gelten als grobe Faustregel für den Fall, dass du keine Sparbeiträge geplant hast, sondern nur das Vermögen arbeiten lässt[13]:

Aussitzen: Wenn du dein Ziel um 6 bis 12 Jahre aufschieben kannst, hast du gute Chancen, es trotzdem zu erreichen. Die Erholung der Börse wird dir helfen.

Nachschiessen: Willst du dein Ziel rechtzeitig erreichen, musst du mehr Geld einzahlen. Eine Sanierung innert 5 Jahren bedeutet, jährlich etwa ein Sechstel des Rückschlags nachzuschiessen. Bei 100 % Aktien sind das jährlich 8 % deines Vermögens – Stand vor dem Crash!

Sanierung nach einem Crash – nachschiessen oder nachgeben?

Strategie	Crash	Sanierung pro Jahr	
0 % Aktien	–11 %	2 %	5 Jahre 2 % zusätzlich sparen? Oder Ziel um 5 × 2 % = 10 % reduzieren?
25 % Aktien	–17 %	3 %	3 % zusätzlich sparen? Oder Ziel 15 % reduzieren?
50 % Aktien	–26 %	4 %	4 % zusätzlich sparen? Oder Ziel 20 % reduzieren?
75 % Aktien	–38 %	6 %	6 % zusätzlich sparen? Oder Ziel 30 % reduzieren?
100 % Aktien	–50 %	8 %	8 % zusätzlich sparen? Oder Ziel 40 % reduzieren?

Chart 96

Nachgeben: Wenn weder Aussitzen noch Nachschiessen infrage kommen, musst du dein Ziel zurücknehmen – um etwa 80 % des Rückschlags. Bei 100 % Aktien beträgt der Rückschlag im Crash 50 %, also musst du dein Ziel um 80 % × 50 % = 40 % reduzieren. Mit 0 % Aktien musst du das Ziel im Crash hingegen nur um 10 % reduzieren.

Wie du dich auch entscheidest: Eine Sanierung solltest du jährlich überprüfen. Im besten Fall hat sich dein Vermögen schneller erholt als gedacht und du kannst die Massnahmen reduzieren.

13 Je höher deine künftigen Sparbeiträge im Verhältnis zum aktuellen Vermögen, desto leichter fällt die Sanierung. Da deine künftigen Sparbeiträge nicht vom Crash betroffen sind, profitieren sie im Gegenteil nur von der Börsenerholung. Die Schätzwerte fallen also tiefer aus.

DAS A&O … um mit deinem Geld mehr zu verdienen

1. Zum Jahresanfang oder wenn du die Steuererklärung ausfüllst, solltest du deine Vermögensanlage überprüfen.

2. Hat sich deine Lebenssituation stark verändert oder hast du andere Ziele als früher? Passe dein **Portfolio** daraufhin an!

3. Ist dein Crash-Risiko weiterhin verkraftbar? Womöglich solltest du das Risiko die letzten Jahre vor dem Ziel abbauen und eine defensivere Strategie wählen.

4. Sind deine Ziele noch erreichbar? Falls nicht, solltest du den **Deckungsgrad** ermitteln. Dazu teilst du das erwartete Vermögen durch dein Zielvermögen. Liegt der Deckungsgrad unter 95 %, solltest du sanieren.

5. Du hast 3 Möglichkeiten, um deine Strategie zu sanieren: aussitzen (Ziel aufschieben), nachschiessen (mehr sparen als geplant), nachgeben (Ziel bescheidener formulieren). Überprüfe deine Sanierung jährlich.

6. Entsprechen deine Anlagen noch deiner Strategie? Musst du einzelne Anlagen neu gewichten oder austauschen?

7. Bist du noch bei dem Finanzdienstleister mit den besten Konditionen? Befindet sich dein Geld für freies Sparen, für die Säule 3a, für deine Freizügigkeitsgelder noch am richtigen Ort?

N

Sieben *Kapitalsünden*

Sünde #1:
Du glaubst, die besten Aktien zu kennen

Bist du immer noch nicht überzeugt, dass dein Geld mit einem Kopf-Portfolio in **ETFs** langfristig am meisten verdient? Dann lass uns zum Abschluss sieben Kapitalsünden besprechen, um dich auf den richtigen Weg zu bringen.

Die meisten von uns glauben daran, ein bisschen klüger als der Rest zu sein. Und gerade du bist es vielleicht auch. Aber das heisst nicht, dass du auf Dauer den Markt schlagen kannst. Denn aus Erfahrung kann ich dir versichern: Die Zukunft ist nie so eindeutig, wie sie heute erscheinen mag. Schon Mark Twain hat gewusst: «Prognosen sind schwierig, vor allem, wenn sie die Zukunft betreffen.» Das gilt auch für die Börse.

Du magst dir sagen: «Ich weiss schon, welche **Aktien** gute Aussichten haben. Ich bin ja nicht so blöd wie der ETF und kauf mir auch Aktien von schlechten Unternehmen.» Bist du dir sicher? An der Börse lässt sich seit Jahrhunderten gutes Geld verdienen – und immer wieder gibt es die Glücklichen, die ihre Erfolgsgeschichten weitertragen. Aber als jemand, der in seinem Beruf

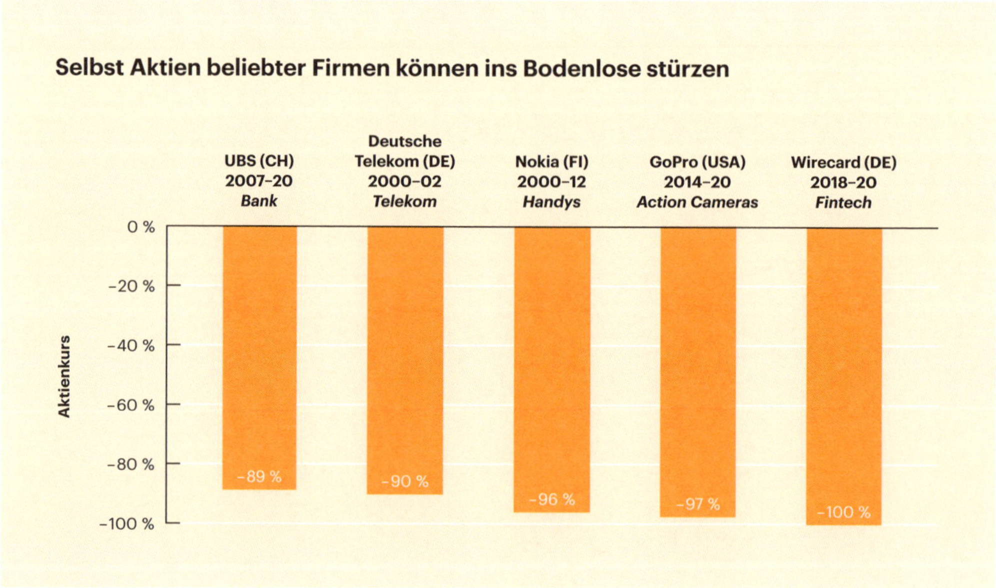

Chart 97 *Quelle: Börsen*

auch zahlreiche tragische Verlustgeschichten hautnah miterlebt hat, kann ich nur daran appellieren, dir jederzeit das Risiko bewusst zu machen.

Du kennst dich aus? Du kennst die Gewinner von morgen? Das haben auch Tausende Anleger gedacht, die im Jahr 2000 Aktien von *Nokia* gekauft haben. Vielleicht erinnerst du dich noch an die unzerstörbaren Handys, die Ende der 90er den Markt eroberten. Bis die Smartphones kamen. Als Folge pulverisierte sich die Nokia-Aktie und bis heute hat sich der Kurs nicht erholt. Ganz ehrlich: Hast du vor der Erfindung des Smartphones so etwas geahnt?

Vielleicht aber liebst du auch die *GoPro* und deren Action-Clips? Sportbegeisterte, aber auch viele andere haben die Actionkamera gefeiert. Im Juni 2014 ging das Unternehmen an die Börse und verkaufte 17,8 Millionen Aktien. Die GoPro-Aktie wurde auf 90 Dollar hochgejubelt – und stürzte wenige Monate später ab. 2020 lag sie nur noch bei etwa 3 Dollar. Verlust: 97 %.

N

Oder prophezeist du den Niedergang der klassischen Banken und willst auf Fintech setzen? Dafür gibt es sicher gute Argumente. Wenn du dich aber für den Zahlungsdienstleister *Wirecard* entschieden hättest, hättest du wahrscheinlich deinen ersten Totalverlust erlebt. Dabei sah anfangs nichts danach aus. Wirecard war die deutsche Antwort auf das Silicon Valley. Selbst Kanzlerin Merkel warb in China für Wirecard, und als die Financial Times Wirecard ins Visier nahm, schien sogar die deutsche Finanzmarktaufsicht Wirecard zu verteidigen. Trotzdem erwies sich das Unternehmen 2020 als grosser Bluff mit Scheingeschäften. Die Verantwortlichen sind verhaftet oder auf der Flucht. Verlust: 100 %.

Auch vermeintlich konservative, stabile Unternehmen kann es treffen, wie die *Deutsche Telekom* zeigt: Ende der 90er-Jahre trieb die Mobilfunk-Euphorie die Aktie in stratosphärische Höhen, dann kam der Absturz. Weitere Beispiele gefällig? *UBS, ABB, Credit Suisse, Swissair, AIG, Thomas Cook, Commerzbank, Infineon, Kodak, ING, Parmalat, Vivendi, General Motors, Sears, Enron, WorldCom, Lucent, Cisco, Nortel Networks, Sun Microsystems, Yahoo, Snap* usw.

Sünde #2: Du willst mit einer Handvoll Aktien den Markt schlagen

Viele Neulinge liebäugeln damit, erst einmal **Aktien** von Unternehmen zu kaufen, die sie kennen oder die ihnen sympathisch sind. Mit der Tastatur und Maus von *Logitech* warst du immer zufrieden. Warum also nicht ein Schweizer Unternehmen unterstützen? Von Bekannten hast du gehört, dass ein Start-up aus ihrer Nähe demnächst an die Börse geht. Wieso sollen immer nur die anderen profitieren? Und wenn schon kein Porsche in der Garage steht, dann doch wenigstens ein paar Anteile am Unternehmen, oder?

Selbst wenn es gute Gründe für deine Sympathie für die Unternehmen gibt: Es ist selten eine gute Idee, deine Altersvorsorge auf ein paar wenige Einzelwerte aufzubauen. Denn die Chancen, damit reich zu werden, stehen nicht gut. Im Gegenteil: Tatsächlich konzentrieren sich die Kursgewinne auf ganz wenige erfolgreiche und mit der Zeit sehr grosse Unternehmen, während die meisten ein kümmerliches Dasein fristen oder untergehen.

Die Zahlen lügen nicht: Mit wenigen Einzelwerten hast du kaum eine Chance, die richtige Aktie zu picken

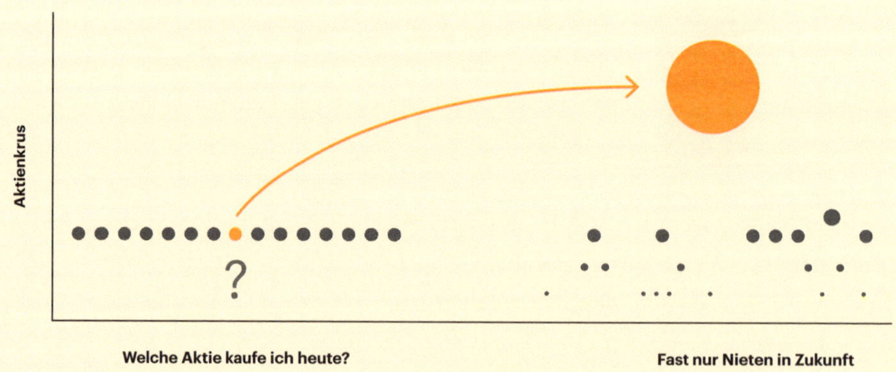

Chart 98 *Vgl. Bessembinder, 2018*

Angenommen, du kaufst nur eine Aktie. Wie hoch stehen die Chancen, dass du damit einen Titel wählst, der besser als ein **ETF** abschneidet? Vielleicht denkst du, du hättest immer eine 50:50-Chance. Das stimmt aber nicht, denn die grosse Mehrheit der Unternehmen liegt in ihren Kursgewinnen weit unter dem Durchschnitt. Wie in jeder Lotterie gibt es also auch im Topf der Börsenlotterie viel mehr Nieten als Gewinner. Warum solltest gerade du die Nadel im Heuhaufen finden?

Für optimistische Menschen lohnt sich ein Blick auf die Zahlen. Hendrik Bessembinder, Professor für Finanzwirtschaft an der Arizona State University, hat die Wahrscheinlichkeit untersucht, die richtige Aktie auszuwählen (Bessembinder, 2018): Hätte man in den USA von 1926 bis 2016 für 90 Jahre jeden Monat in eine einzige zufällig gewählte Aktie investiert und dieses Experiment x-fach wiederholt, dann hätte man den ETF nicht in 50 % der Fälle übertroffen, sondern in lausigen 4 %.

In 96 % der Fälle lag das Resultat also hinter dem ETF zurück. Und in 73 % aller Fälle lag diese Aktienstrategie nach 90 Jahren sogar hinter der stockkonservativen Geldmarktanlage. Viel Risiko und kein Ertrag!

Sünde #3:
Du willst an der Börse aktiv traden

Das Handeln an der Börse kann eine hohe Faszination ausüben. Wie auf der Rennbahn setzt du dein Geld auf dein bestes Pferd und feuerst es an. Wenn es schwächelt, setzt du eben aufs Nächste oder kaufst nach, um von der guten Wettquote zu profitieren. Schliesslich gibt es Kennzahlen, über die man sich informieren kann.

Aber warum schlagen dann die aktiven **Fondsmanager,** die nichts anderes tun, als sich den ganzen Tag damit zu beschäftigen, auf Dauer nicht den Markt? Auch wenn ich jeden privaten Anleger dazu ermutigen möchte, sich mit den Börsennews und Kennzahlen auseinanderzusetzen, hat das System einen Fehler: den Menschen. Denn es ist ein Irrglaube, dass man erfolgreicher ist, wenn man an der Börse den Trends folgt.

Das bestätigen die Zahlen. Eine Studie aus den USA (Barber & Odean, 2013) hat für die Jahre 1991 bis 1997 gezeigt: Das Fünftel der Anleger, das am seltensten mit **Aktien** handelte, schnitt am besten ab. Das Fünftel, das am häufigsten handelte, verlor zum Markt hingegen jährlich 4,8 %:

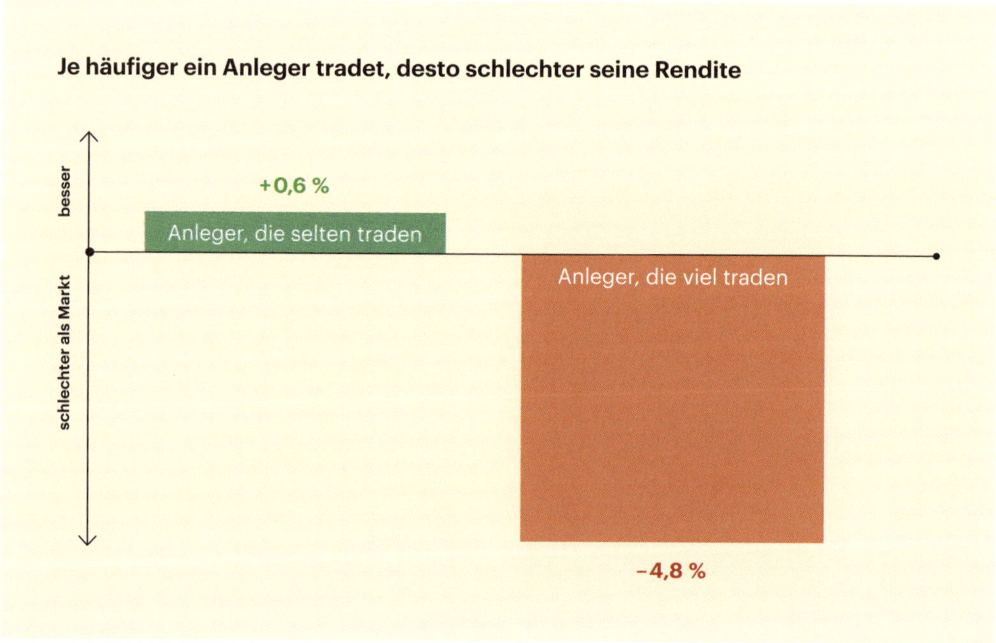

Chart 99 *Quelle: Barber & Odean, 2013*

Der Kick, wenn ein Kurs steigt, schlaflose Nächte, wenn er ins Bodenlose stürzt: Je öfter du tradest, desto eher trägst du dein hart erarbeitetes Geld ins Casino. Viele Taiwanesen beispielsweise lieben das Aktientrading und das Glücksspiel – eine verhängnisvolle Kombination. Eine Studie untersuchte deren Anlageverhalten von 1995 bis 1999 (Barber et al., 2007): Viele von ihnen betrachteten die Börse als Casino, spielten gern, suchten den Nervenkitzel und glaubten, sie wüssten, welche Aktien die besten wären. Allerdings kam sie diese Selbstüberschätzung teuer zu stehen: Sie lagen pro Jahr 3,8 % hinter dem Markt zurück. Erst die Einführung einer legalen Lotterie lockte vermutlich viele Spieler weg von der Börse und bewirkte eine Verbesserung (ebd.).

Auch eine deutsche Studie zeigt den Zusammenhang von weniger aktivem Trading mit der **Rendite** (Koestner et al., 2017). Nach ihr erzielen erfahrene Anleger eine bessere Rendite als unerfahrene – nicht etwa, weil sie eine bessere Auswahl von Aktien treffen, sondern weil sie weniger aktiv traden, die Aktien also viel länger halten. Sie haben aus ihren anfänglichen Fehlern gelernt.

Sünde #4:
Du kaufst aktive Fonds statt ETFs

Hoffentlich haben dich die bisherigen drei Fehler davon überzeugt, dass es keine gute Idee ist, als Privatanleger sein Aktienportfolio selbst aktiv zu verwalten. Ist es dann nicht naheliegend, einem professionellen Manager sein Geld anzuvertrauen und in seinen aktiv verwalteten **Fonds** zu investieren? Der wird doch wohl wissen, welches die guten Unternehmen sind?

Ja und nein. In der Regel können Profi-Trader tatsächlich gut einschätzen, wo ein Unternehmen aktuell steht. Hat es eine gesunde Struktur, erwirtschaftet es angemessen viel Gewinn usw.? Allerdings sind die meisten dieser Zahlen öffentlich. Und je besser ein Unternehmen dasteht, desto höher liegt in der Regel der Aktienkurs. Die Aktien von florierenden Unternehmen sind entsprechend «teuer», die Aktien von Unternehmen in der Krise sind «günstig». Was heisst das nun aber für den Kauf oder Verkauf von Aktien?

Natürlich gibt es auch Kennzahlen wie das Kurs-Gewinn-Verhältnis oder das Kurs-Buchwert-Verhältnis, die beides in Relation setzen: den vermeintlich tatsächlichen Wert eines Unternehmens und den aktuellen Aktienkurs. Aber auch diese Kennzahlen sind nur Krücken bei einer Bewertung ins Blaue hinein. Was «teuer» und was «günstig» ist, kann selbst der Profi nicht erkennen.

Schauen wir uns dazu an, was aktive Fonds gemäss der **Ratingagentur** *Standard & Poor's* in den vergangenen 10 Jahren mit Auswahl der angeblich interessantesten Aktien erreicht haben (S&P Global, 2025b):

In den USA blieben 88 % aller US-Aktienfonds hinter dem **Index** und damit auch hinter dem passiven **ETF** zurück. In Europa versagten 92 %, in Japan 85 %. Kaum ein Fonds schnitt also besser ab als der ETF. Und meist war jedes Jahr ein anderer vorn, keiner gewann systematisch: Kein einziger Fonds, der 2021 unter 529 aktiv verwalteten US-Aktienfonds zu den besten 25 % gehörte, konnte dies in den 2 Folgejahren wiederholen (Ganti et al., 2024). Es ist also nicht so, dass es sehr viele schlechte, aber doch auch eine Handvoll exzellenter Fondsmanager gibt. Nein, über die lange Zeit gelingt es praktisch keinem Fondsmanager, den Markt beziehungsweise den ETF nachhaltig zu schlagen – wofür nicht zuletzt die hohen Gebühren verantwortlich sind.

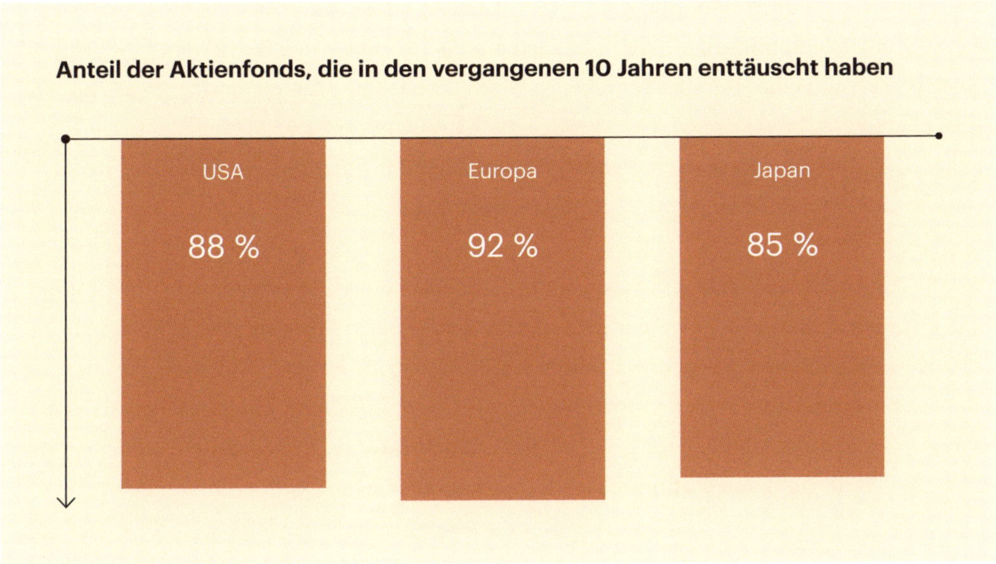

Chart 100

Quelle: S&P Global, 2025b

N

Sünde #5:
Du vertraust dein Geld einem Guru an

Es war einmal ein **Fondsmanager,** der 17 Jahre lang sein Versprechen hielt. Fast jeden Monat lieferte er positive **Renditen,** nie verlor er auch nur ein Prozent. Zuverlässig wie ein Schweizer Uhrwerk, aber mit einer Rendite von über 10 % pro Jahr, besser als der amerikanische Aktienmarkt (Bernard & Boyle, 2009). Der Traum eines jeden Anlegers. Der Mann hiess Bernie Madoff. Und die halbe Finanzwelt – von internationalen Banken bis hin zu Stiftungen und Prominenten – stand Schlange, um ihm Geld anzuvertrauen.

Madoffs Fonds galten als exklusiv. Man konnte nicht einfach Anteile kaufen, man musste empfohlen werden. Das weckte Vertrauen und schürte den Mythos: Wer drin war, gehörte zur Elite. Kunden und Kundinnen der weltweit führenden Banken investierten Unsummen, darunter viele Schweizer Institute, aber auch Privatstiftungen von Steven Spielberg, Elie Wiesel oder Kevin Bacon. Alle glaubten, Madoff habe eine geniale **Anlagestrategie:** Er behauptete, mit einer Mischung aus Aktienkauf und **Optionen** stabile, marktunabhängige Gewinne zu erzielen.

Doch das war alles erfunden. Die Gewinne existierten nur auf dem Papier. Das Geld wurde nie investiert, sondern floss direkt in die Taschen von Madoff und zur Finanzierung von Auszahlungen an andere Anleger. Ein klassisches Ponzi-System – benannt nach Charles Ponzi, der ein ähnliches System bereits 1920 in den USA betrieben hatte. Solange immer neue Anleger einstiegen, konnte Madoff die Illusion aufrechterhalten. Wenn doch mal ein Anleger unbedingt sein Geld ausbezahlt haben wollte, finanzierte er dies aus neuen Einzahlungen anderer.

Doch irgendwann kommt (fast) jeder Betrug ans Licht. Im Zuge der Finanzkrise Ende 2008 forderten viele Investoren und Investorinnen ihr Geld zurück – darunter auch ein Grosskunde, der mehrere Milliarden Dollar liquidieren wollte. Madoff hatte kein Geld mehr. Sein System brach in sich zusammen. Über 37 000 Anleger aus 136 Ländern verloren gemeinsam rund 65 Milliarden US-Dollar, darunter zahlreiche Kunden und Kundinnen von Schweizer Banken sowie der Deutschen Bank (Finews, 2020).

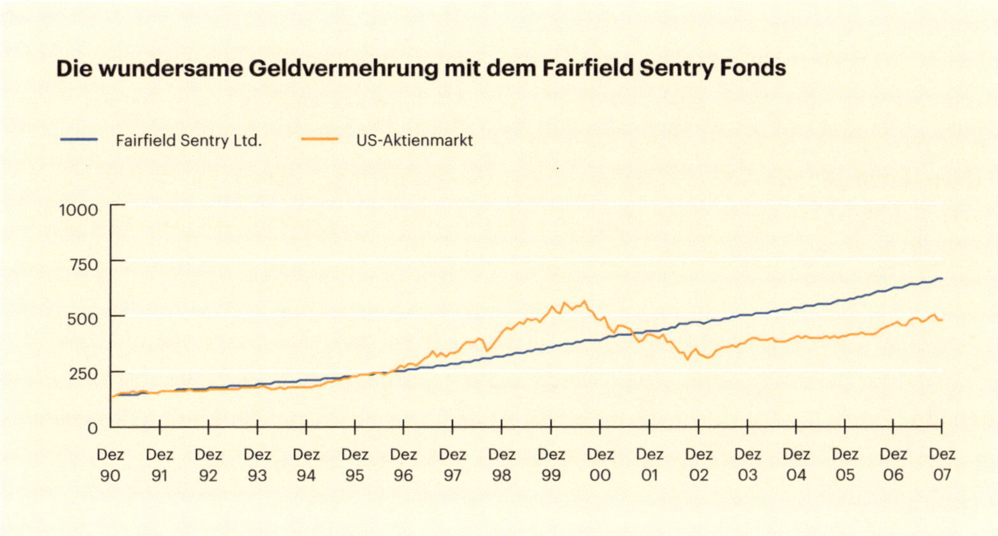

Chart 101 *Quelle: Bernard & Boyle, 2009*

Rückblickend sind die Warnsignale offensichtlich: zu gleichmässige Renditen, keine nachvollziehbare Strategie, keine unabhängige Depotbank, und ein Buchprüfer, der aus einem kleinen Vorstadtbüro operierte.

2009 wurde Madoff zu 150 Jahren Haft verurteilt. Über die Jahre konnten immerhin mehrere Milliarden Dollar aus dem System zurückgeholt und an die Geschädigten verteilt werden (Fernandez, 2021). Der Fall Madoff gilt bis heute als Lehrstück dafür, wie gefährlich blinder Glaube an stabile Renditen sein kann – und wie wichtig es ist, selbst bei renommierten Namen kritisch zu bleiben.

Sünde #6:
Du willst mit den grossen Jungs spielen und kaufst Private Equity

Wollest du in deiner Jugend auch immer bei den Grossen mitspielen? Hinten im Bus sitzen, bei der Raucherecke vorbeischauen und auf private Clubevents eingeladen werden? Nicht alle Investments finden an der Börse statt. Die grossen Jungs haben ihren eigenen Spielplatz. **Private-Equity-Fonds** sammeln von Investoren und Investorinnen Geld, kaufen sich damit bei Unternehmen ein und versuchen deren Wert durch Strukturmassnahmen usw. zu steigern. Nach einigen Jahren verkaufen sie sie wieder mit Gewinn.

Dabei setzen die «General Partner» diese Partnerschaft auf und managen sie, während die «Limited Partner», also Kunden und Kundinnen wie du und ich, Geld einzahlen und auf die **Rendite** warten. Die Grossen machen also die Arbeit und du kassierst als Investor oder Investorin am Ende einfach den Gewinn? Die Sache hat leider einen Haken.

Diese Branche ist sehr erfolgreich. Allerdings nur, was die General Partner betrifft. Im Jahr 2020 zählten bereits 22 von ihnen zu den Multimilliardären. Kein Wunder, haben sie doch über die Jahre Hunderte von Milliarden an Performancegebühren kassiert. Steigt der Wert der gekauften Unternehmen deutlich, zwacken die General Partner rund 20 % des Gewinns für sich ab, zusätzlich zu den jährlichen Verwaltungsgebühren von meist 2 %.

Und die Limited Partner? Auch sie profitieren von der Wertsteigerung, allerdings schmilzt ihre Rendite durch die hohen Gebühren. Nach Abzug all dieser Gebühren bleibt nicht mehr übrig als bei einem simplen ETF. Hätten sie ihr Kapital nicht einem Private-Equity-Fonds anvertraut, sondern einem ETF, der den amerikanischen Aktienindex **S&P 500** abbildet, hätten sie fast genauso viel verdient (Phalippou, 2020) – mit höherer Flexibilität, geringeren Kosten und besserer Handelbarkeit. Denn im Gegensatz zu einem ETF, den man täglich verkaufen kann, ist das Kapital in Private-Equity-Fonds oft für zehn Jahre oder länger gebunden. Die Daten zeigen: Der wahre Gewinn landet nicht bei den Anlegern, sondern bei den Managern. Private Equity hat sich zur Milliardärs-Fabrik entwickelt – finanziert von Privatanlegern, Stiftungen und Pensionskassen, die auf überlegene Renditen hoffen.

Sehen wir uns dazu die nachfolgende Grafik an. Im Schnitt halten Private-Equity-Fonds ihre Anlagen für 4 Jahre. In der Zeit von 2006 bis 2019 haben die 4 führenden Anbieter das investierte Kapital netto um den Faktor 1,54 bis 1,67 vermehrt. Diese Performance ist kaum besser als ein ETF, der den US-Aktienmarkt abbildet.

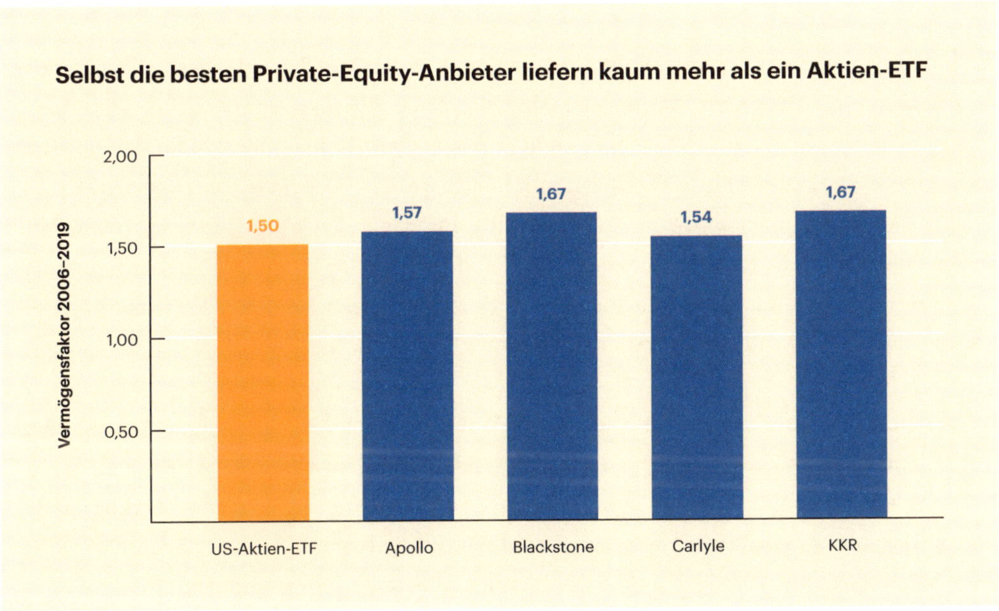

Chart 102

Quelle: *Phalippou, 2020*

N

Sünde #7:
Du setzt alles auf Krypto

Was haben Kim Kardashian, der amerikanische Präsident und dieser TikTok-Influencer, der immer vor dem BMW steht, gemeinsam? Richtig: Sie machen Werbung für **Krypto.**

Nicht wenige Nerds sind durch Kryptowährung reich geworden. Wer früh in Bitcoin einstieg, erzielte phänomenale Gewinne: Von 2011 bis 2013 hat sich dessen Wert um den Faktor 400 gesteigert. Etwa alle 4 Jahre ist der Bitcoin aber auch gecrasht und hat drei Viertel seines Werts verloren.

Krypto birgt neben seiner hohen **Volatilität** aber noch andere Gefahren. So besteht das Risiko, dass Hacker durch Bugs oder Phishing dein digitales Wallet knacken, wie etwa 2017 mit Ethereum geschehen (Cook, 2022). Oder es ergeht dir wie Stefan Thomas, der 2011 für den Upload eines Videos auf Youtube mit 2 US-Dollar entschädigt wurde, was er in Bitcoin überwiesen bekam. Damals entsprach das: 7002 Bitcoins. Mitte 2023 lag deren Wert dann bei 240 Mio. US-Dollar. Klingt traumhaft, oder? Nur leider hat Stefan Thomas den Zettel mit dem Passwort zu seinen Bitcoins verloren. Aktuell bleiben ihm noch 2 von 10 Versuchen, sein Passwort zu erraten, bevor das System alle Informationen für immer löscht (Carmichael, 2021).

Im Jahr 2022 geriet der Kryptomarkt schwer ins Wanken – auch Bitcoin war betroffen. Auslöser war der spektakuläre Zusammenbruch der Kryptobörse *FTX,* einst eine der weltweit größten Handelsplattformen. Ihr Gründer Sam Bankman-Fried hatte Kundengelder zweckentfremdet und für riskante Spekulationen über seine Investmentfirma *Alameda Research* eingesetzt. Als diese Machenschaften aufflogen, brach das gesamte FTX-Imperium zusammen. Anleger verloren Milliarden, der Schaden wurde auf über 7 Milliarden US-Dollar geschätzt. Obwohl Bitcoin technisch stabil blieb und direkt nicht involviert war, verlor er massiv an Wert: Der Kurs fiel im Laufe des Jahres von rund 47 000 auf unter 16 000 US-Dollar. Viele Anleger zogen daraufhin ihre Coins von zentralen Börsen ab und verwahrten sie in eigenen Wallets. Dies schafft, wie oben erwähnt, ganz andere Probleme. Die FTX-Krise gilt als eine der größten Skandale der Kryptogeschichte – vergleichbar mit dem Madoff-Betrug – und zeigt, wie stark Bitcoin unter systemischen Erschütterungen im Krypto-Ökosystem leiden kann (vgl. Trautman & Foster, 2022).

Nebst all diesen Sicherheitsrisiken sind die Wertschwankungen von Krypto so gigantisch, dass sie als Währung nichts taugen, sondern nur als äusserst spekulative Anlage zu sehen sind. Entsprechend wenig, wenn überhaupt, solltest du darin investieren.

Chart 103 *Quelle: BiTBO.io per Ende 2024*

N

... um mit deinem Geld mehr zu verdienen

1. Mit wenigen Einzelwerten hast du kaum eine Chance, die richtige **Aktie** zu picken.
2. Niemand kann in die Zukunft sehen und auch Aktien beliebter Firmen können ins Bodenlose stürzen.
3. Aktive Trader schlagen nicht den Markt.
4. Aktive **Aktienfonds** werfen keine gute **Rendite** ab. 85 % und mehr liegen hinter den durchschnittlichen Renditen von **ETFs.**
5. Halte dich an der Börse von Heilsversprechen fern. Wenn Angebote zu gut sind, um wahr zu sein, sind sie es oft nicht. Im schlimmsten Fall wirst du Opfer eines systematischen Betrugs.
6. Halte dich als Kleinanleger von **Private-Equity-Fonds** fern. Hier machen oft nur die Manager ordentlich Gewinn.
7. Wenn du auf **Krypto** setzt, kannst du dein Geld auch ins Casino tragen.

O

Abschliessende Wegmarken *für deinen Anlageerfolg*

Abschliessende Wegmarken für deinen Anlageerfolg

Nachdem du im letzten Kapitel die Sieben Kapitalsünden für Anleger erfahren hast, möchte ich auf den letzten Doppelseiten mit ein paar positiven Wegmarken schliessen. Sie sind zugleich eine Zusammenfassung der Lektionen, die du in den *Kapitel A bis N* gelernt hast und bringen dich sicher an dein Ziel. Hältst du dich an sie – in guten wie in schlechten Zeiten –, bin ich sicher, dass dein Vermögen an der Börse mit Leichtigkeit für dich arbeitet. Das hat dein Geld und das hast du verdient!

FRÜHSTART – Zeit ist der beste Freund des Zinseszinses

Je früher im Leben du dein Geld anlegst, desto besser. Die magische Kraft des Zinses auf vergangene Zinsen wirkt umso stärker, je länger du ihr die Möglichkeit dazu gibst. Viel wichtiger als den perfekten Einstieg zu finden, ist darum, so schnell wie möglich zu beginnen: «Timing ist nichts. Zeit ist alles!» Wenn du möglichst viele Jahre in **Aktien** investiert bist, profitierst du vom langfristigen Aufwärtstrend. Dagegen ist **Markt-Timing** sinnlos. Es wird dir weder gelingen, Börsencrashs noch Aktienrallyes vorherzusehen.

FOKUS – Bedürfnisse vor Wünschen und Träumen

Fokussiere dich auf dein wichtigstes finanzielles Bedürfnis (Haus, Absicherung im Alter etc.) und setze hierfür das meiste Kapital ein. Riskier dafür nicht zu viel! Zweitrangigen Bedürfnissen und Wünschen teilst du weniger Kapital zu, kannst aber etwas mehr Risiko tolerieren. Bleibt kein Geld für Träume übrig, spiel Lotto und träum weiter.

RISIKO – dein Aktienvermögen kann sich jederzeit halbieren

Dein Aktienvermögen kann sich bei einem Crash jederzeit halbieren. Könntest du dir das finanziell leisten? Kannst du bei Bedarf mehr sparen, dein Ziel aufschieben oder reduzieren? Falls nicht, musst du eine Strategie mit weniger Aktien, mit weniger Crash-Risiko wählen. Aber auch emotional musst du dir einen Crash leisten können. Hast du Angst, bei einem Abwärtstrend oder Einbruch die Nerven zu verlieren, und zweifelst du an deiner Durchhaltefähigkeit, wähle eine defensivere Strategie. Je höher dein Vermögen ist und je geringer dein künftiges Lebenseinkommen, desto wichtiger ist die Entscheidung, wie viel Risiko du eingehen möchtest. Denn in diesem Fall kannst du Fehler kaum mehr korrigieren.

RENDITE – es zählt nur, was nach Gebühren, Steuern und Teuerung übrig bleibt

Tu alles, um die Kosten zu minimieren. Besonders vorsichtig solltest du bei Währungswechseln sein, denn hier sind die Kosten oft hoch und gut versteckt. Vergiss in deiner Rechnung auch nicht die **Inflation:** Deine Anlagerendite muss zuerst die Teuerung schlagen, damit dein Vermögen an Kaufkraft gewinnt.

NACHHALTIGKEIT – wäge gut ab

Dein Geld nachhaltig anzulegen, ist gut für den Planeten und beruhigt dein Gewissen. Ob es dir mehr **Rendite** bringt, ist allerdings fraglich – zumal die Fondskosten höher ausfallen. Auch ist nicht überall dort Nachhaltigkeit drin, wo Nachhaltigkeit draufsteht. Schau deshalb genau hin, in welche grüne Anlage du investierst.

GLOBAL ANLEGEN – nutze Anlagechancen auf der ganzen Welt

Ein Fokus auf die Schweiz und ein paar wenige Unternehmen könnte fatal enden. Denn du kannst nicht ausschliessen, dass andere Regionen, Industrien und Unternehmen die Märkte dominieren werden. Niemand kann die Zukunft vorhersehen. Wahre dir deshalb alle Chancen. Aber Achtung: Beschränke dabei die Wechselkursrisiken, vor allem bei Anlagen in **Anleihen.** Im Ausland mögen die Zinsen höher ausfallen, aber diese Währungen verlieren entsprechend viel an Wert. Um noch besser diversifiziert zu sein, kannst du auch neue Renditequellen wie Gold, Immobilien und **Cat Bonds** prüfen. Du solltest allerdings vorher diese Instrumente wirklich verstehen und an den Nutzen der Alternativen glauben.

ANLAGEINSTRUMENTE – wähle ETFs und Indexfonds

Keine Anlageform ist günstiger als **ETFs** oder **Indexfonds.** Und genauso wichtig: Über 90 % der von gut bezahlten Managern aktiv verwalteten **Fonds** lagen in den vergangenen 10 Jahren hinter der Performance der ETFs. Abgebildeter **Index,** Fondsgrösse und Kosten sind die wichtigsten Kriterien bei deiner Wahl. Aktuell ist *justETF.com* die erste Adresse für die Suche nach ETFs, *morningstar.ch* für andere Fonds.

(NEO-)BANK – setze deine Strategie so bequem und günstig wie möglich um

Ob online oder vor Ort: Wähle einen Finanzdienstleister, der deinen Erwartungen an den Service entspricht, bei dem du die gewünschten Anlagen auch wirklich tätigen kannst und der am günstigsten ist. Online findest du etwa bei *moneyland.ch* aktuelle Informationen, die dich in der Wahl der Plattform für deine Vermögensverwaltung unterstützen.

Anfänger mit wenig Geld könnten all ihre Bankgeschäfte inklusive Aktiensparplänen mit *Yuh* oder *Neon* sehr einfach und günstig abwickeln. Wer einen flexiblen **Sparplan** sucht, prüft zuerst *finpension* und *VIAC*. Beide offerieren sogar einen Entnahmeplan im Alter. Wer eine umfassende Lösung für alle Bankgeschäfte und Anlagen möchte und beispielsweise auch **alternative Anlagen** wie **Cat Bonds** erwägt, prüft zuerst *Swissquote*. Für Nerds ist *Interactive Brokers* als günstigste – allerdings ausländische – Plattform eine Option. Wohl nirgends ist der Währungsumtausch günstiger. *TrueWealth* bietet die fortschrittlichste und günstigste Lösung für die Säule 3a an. Für Freizügigkeitsgelder eignen sich *VIAC* und *finpension* am besten. Wer grossen Wert auf Nachhaltigkeit legt, prüft *Frankly*.

DER KICK – mehr Emotionen, weniger Rendite

Suchst du bei deiner Anlage den Nervenkitzel, kannst du darüber nachdenken, neben einem rationalen Kopf-Portfolio mit ETFs auch ein Bauch-Portfolio mit Wetten auf wenige Titel wie **Aktien** oder gar **Krypto** zu führen. Allerdings solltest du dir jederzeit das Risiko dabei bewusst machen und nur sehr wenig Geld darin anlegen. Auf mehr **Rendite** mit dem Bauch-Portfolio darfst du zwar hoffen, aber die Chancen stehen sehr schlecht.

VORSORGE – Einkäufe in die Pensionskasse, Freizügigkeitskonti und Säule 3a

Findest du auf dem Vorsorgeausweis deiner Pensionskasse eine Vorsorgelücke? Mit diesem Betrag könntest du dich bei der Pensionskasse einkaufen. Bei einem Jobwechsel kannst du deine Pensionskassengelder bei einer Freizügigkeitsstiftung parkieren. Die Säule 3a eignet sich für sehr langfristiges steueroptimiertes Sparen. Ab 2026 kannst du Einzahlungen noch bis zu 10 Jahre später nachholen.

PK-RENTE ODER KAPITAL – die Rente muss deinen Konsum decken können

Deine laufenden Kosten, also deine Bedürfnisse, solltest du mit der Rente aus der AHV und der Pensionskasse finanzieren können. Bleibt darüber Kapital übrig, kannst du es dir zur Erfüllung deiner Wünsche und Träume auszahlen lassen. Wer eine hohe Lebenserwartung hat und sich nicht um Anlagegeschäfte kümmern will, wählt eher Rente als Kapitalbezug. Verfügst du aber über ein sehr üppiges Vermögen, magst du es dir leisten können, auf eine Rente zu verzichten. Als Faustregel für den Kapitalverzehr gilt: Dividiere dein Vermögen durch die Anzahl erwarteter restlicher Lebensjahre plus ein Viertel Reserve. Diesen Betrag darfst du nächstes Jahr höchstens konsumieren! Der Kapitalbezug ist allerdings nicht immer und überall steuerlich attraktiver als die Rente. Prüfe die Situation an deinem Wohnort für deine persönliche finanzielle Situation.

CHECK-UP – überprüfe jährlich deine Lage

Zum Jahresanfang oder wenn du die Steuererklärung ausfüllst, solltest du deine Vermögensanlage überprüfen: Haben sich deine Ziele oder deine Lebenssituation verändert? Ist dein Crash-Risiko verkraftbar? Womöglich solltest du das Risiko die letzten Jahre vor dem Ziel abbauen und eine defensivere Strategie wählen. Prüfe dabei auch, ob die Gewichtung der Anlagen noch stimmt, dein Finanzdienstleister weiterhin die besten Konditionen bietet und sich dein Geld für freies Sparen, für die Säule 3a und für deine Freizügigkeitsgelder noch am richtigen Ort befindet.

BLEIB KRITISCH – verwette nicht deine Zukunft

Zum Ende möchte ich noch mit einer Warnung schliessen: Die ganze Finanzindustrie buhlt um dein Geld. Berater und Finfluencerinnen bezirzen dich, du wirst mit Lockvogelangeboten bombardiert, dein Umfeld prahlt mit Erfolgsstorys … Glaube gar nichts! Wenn du solche Behauptungen nicht auf Herz und Nieren überprüfen kannst, dann solltest du darauf nicht deine finanzielle Zukunft wetten – nicht mal «nur ein wenig, die sind ja so nett und wer weiss …». Halte dich stattdessen an deine Strategie und setze sie konsequent um, selbst in schwierigen Zeiten. Denn nur so maximierst du deine Chancen auf ein entspanntes und in vielerlei Hinsicht reiches Leben.

Und denk daran: **Geld allein macht nicht glücklich, aber kein Geld macht unglücklich** (Killingsworth et al., 2023).

Glossar rund ums Geldverdienen

A

Aktien: Wertpapier, mit dem Aktionäre einen Anteil an einem Unternehmen erwerben

Aktienfonds: Fonds, der nur in Aktien investiert; in Abgrenzung etwa zum Anleihenfonds oder Immobilienfonds

Alternative Anlagen: Investments, die keine klassischen Anlageprodukte (Aktien, Anleihen, Geldmarktpapiere) sind; zu ihnen zählen Cat Bonds, Gold und andere Rohstoffe, Immobilien, Krypto usw.

Anlagefonds: *siehe Fonds*

Anlageklasse: Kategorisierung von Anlageprodukten nach bestimmten Merkmalen, insbesondere danach, wie risikobehaftet sie sind

Anlagestrategie: Systematischer Plan zur Verwaltung von Vermögenswerten mit dem Ziel, eine bestimmte Rendite zu erzielen und Risiken zu steuern

Anleihen (Obligationen, engl. bond): festverzinsliche Wertpapiere, bei denen du zum Beispiel einem Staat (Staatsanleihen) oder Unternehmen (Unternehmensanleihen) Kapital gegen einen Zins leihst und am Ende der Laufzeit deinen geliehenen Betrag zurückerhältst

B

Benchmark: Vergleichsmassstab, meist ein Index, der zur Bewertung der Performance einer Anlage oder eines Portfolios dient

Broker: Anbieter, der den Handel mit Aktien, ETFs oder anderen Wertpapieren ermöglicht und dafür Gebühren erhebt

C

Cat Bonds (Katastrophenanleihen): Anleihen, deren Zahlungsverpflichtungen vom Eintritt bestimmter Katastrophen (z. B. Erdbeben) abhängig gemacht werden; Versicherungen nutzen sie, um sich gegen grosse Schäden abzusichern, während Investoren im Gegenzug relativ hohe Zinsen erhalten

Contracts for Difference (CFD): hochriskantes Finanzprodukt, bei dem Anleger auf Kursveränderungen eines Vermögenswerts spekulieren, ohne diesen direkt zu besitzen

D

DAX (Deutscher Aktienindex): Aktienindex, der den Wert der 40 grössten börsennotierten Unternehmen in Deutschland abbildet

Deckungsgrad: Verhältnis des erwarteten Vermögens zum angestrebten Zielvermögen; ein Deckungsgrad von 100 % bedeutet, dass das gesetzte Finanzziel vollständig erreicht werden dürfte

Depot: Anlagekonto, auf dem deine Wertpapiere verwaltet werden und von dem aus du sie kaufen/verkaufen kannst

Direktbank: Bank, die im Unterschied zur traditionellen Bank über keine Filialen verfügt, sondern ihre Finanzdienstleistungen online anbietet

Dividende: Teil des Gewinns einer Aktiengesellschaft, der an Aktionäre und Aktionärinnen ausgezahlt wird

Diversifikation (Diversifikationseffekt): Strategie, bei der Anleger ihr Geld in verschiedene Wertpapiere bzw. Anlageklassen investieren, um das Risiko zu streuen und so zu verringern bzw. um mehr Rendite für das eingegangene Risiko zu erhalten

E

ESG-Fonds: Fonds, die sich an Nachhaltigkeitskriterien orientieren (ökologisch, sozial, verantwortungsvolle Unternehmensführung)

ETF (Exchange-traded fund): börsengehandelter Fonds, der meist einen Index wie den SMI oder S&P 500 nachbildet; er wird also passiv verwaltet, das heisst, kein Fondsmanager steuert die Auswahl der Anlagen aktiv

F

Fonds (engl. fund): Anlagegefäss, in dem Gelder verschiedener Anleger wie in einem grossen «Topf» gesammelt werden, um es gemeinsam von einem Fondsmanager verwalten zu lassen

Fondsgesellschaft: Unternehmen, das Anlagefonds auflegt, verwaltet und anbietet (z. B. Auswahl der Anlagen, Überwachung der Anlagestrategie)

Fondsmanager: verwaltet Fonds; beim passiven Management kümmert er sich nur um administrative Aufgaben, beim aktiven wählt er gezielt Wertpapiere für den Fonds aus oder passt deren Gewichtung an

Fractional Trading: deine (Online-)Bank bietet vielleicht Fractional Trading für bestimmte Aktien und ETFs an. Du musst also keinen ganzen Anteil kaufen, sondern kannst auch mit Bruchteilen einsteigen – perfekt, um beispielsweise konstant 200 CHF im Monat in einen Sparplan zu investieren

Futures: Terminkontrakte, bei denen 2 Parteien den Kauf oder Verkauf eines Vermögenswerts zu einem festgelegten Preis in der Zukunft vereinbaren; schon kleine Preisänderungen können zu hohen Verlusten führen

G

Geldmarktfonds: Anlagefonds, die dein Geld laufend in sehr kurzfristige Wertpapiere, beispielsweise von Staaten, investieren

H

Hedged (hier nur im Sinne von wechselkursabgesichert): Absicherungsstrategie bei Anlageprodukten, bei der Wechselkursrisiken durch Derivate oder andere Instrumente reduziert werden, um Wertschwankungen zu minimieren

Heimwährung: offizielle Währung des Landes, in dem eine Person ansässig ist und hauptsächlich ihre Konsumausgaben tätigt; in deinem Fall wahrscheinlich der Schweizer Franken

I

Immobilienfonds: Anlagefonds, die das Kapital der Anleger in Projekte wie den Erwerb, Bau oder die Finanzierung von Immobilien investieren

Index (Börsenindex): Kennzahl, die zeigt, wie sich die Preise eines ausgewählten Korbs von Aktien (z. B. Unternehmen einer Region oder Branche) insgesamt entwickeln

Indexfonds: Fonds, der wie die meisten ETFs passiv einen Index nachbildet; wird im Unterschied zum ETF nicht an der Börse gehandelt

Indizes: *siehe Index*

Inflation: Anstieg des allgemeinen Preisniveaus, umgangssprachlich auch Teuerung

Investmentfonds: *siehe Fonds*

ISIN (International Security Identification Number): 12-stellige internationale Kennnummer, mit der man Wertpapiere eindeutig identifizieren kann

K

Krypto(-währungen): wie Bitcoin (BTC) und Ethereum (ETH) sind digitale Zahlungsinstrumente und vor allem spekulative Wertaufbewahrungsmittel, die auf der Blockchain-Technologie basieren und dezentral verwaltet werden

L

Leitzins: von der Zentralbank festgelegter Zinssatz für Geschäftsbanken, zu dem diese Geschäfte mit ihr abschliessen können. Für die Schweiz siehe snb.ch für den aktuellen Leitzins

Liquidität: Verfügbarkeit von Geldmitteln, um Verbindlichkeiten oder Ausgaben kurzfristig zu decken

M

Markt-Timing: Strategie, die glaubt, den richtigen Zeitpunkt für Käufe und Verkäufe von Anlagen vorhersagen zu können, um höhere Renditen zu erzielen

Marktzins: durchschnittlicher Zinssatz, gebildet aus Angebot und Nachfrage, zu dem auf dem Kapitalmarkt Geld verliehen wird

Meme-Stocks: Aktien, die durch virale Trends in sozialen Medien populär werden und im Preis oft stark schwanken, weil sie von Spekulation getrieben sind

MSCI ACWI (All Country World Index): Aktienindex, der die Wertentwicklung der grössten Unternehmen aus 23 Industrienationen und 24 Schwellenländern abbildet

MSCI World: Aktienindex, der die Wertentwicklung der grössten Unternehmen aus 23 Industrienationen abbildet

N

Nebenwerte: Aktien von kleineren und mittelgrossen Unternehmen, die im Gegensatz zu den etablierten Standardwerten oft höhere Wachstumschancen bieten, aber auch mit stärkeren Risiken einhergehen

Neobank: Finanzdienstleister, der seine Angebote ausschliesslich online bereitstellt, zum Beispiel über eine App; besitzt nicht immer eine eigene Banklizenz, sondern arbeitet eventuell mit einer Partnerbank zusammen

O

Optionen: Termingeschäft, bei dem du darauf setzt, dass der Kurs eines Vermögenswerts (z.B. Aktien) bis zu einem bestimmten Zeitpunkt einen gewissen Schwellenwert überschreitet; andernfalls kannst du alles verlieren

P

Passiv investieren: beispielsweise langfristig in breit gestreute Anlagen wie ETFs investieren, ohne aktiv einzelne Aktien auszuwählen oder den Aktienanteil am Portfolio je nach Börsenstimmung hoch- oder runterzufahren

Penny Stocks: Aktien von sehr kleinen Unternehmen, die weniger als 5 USD pro Aktie kosten; sie sind hochspekulativ und oft illiquide

Portfolio: Gesamtbestand aller Wertpapiere, die du besitzt. Du kannst aber auch mehrere Portfolios besitzen, zum Beispiel ein Kopf- und ein Bauch-Portfolio

Private-Equity-Fonds: Anlagefonds, die in nicht börsennotierte Unternehmen investieren, um dann den Wert der Unternehmen durch gezielte Massnahmen zu steigern und mit Gewinn zu verkaufen

Privatkonto: Bankkonto mit flexibler Verfügbarkeit, das hauptsächlich für den Zahlungsverkehr genutzt wird; bietet meist keine oder sehr geringe Zinsen

R

Rallye: starker und meist plötzlicher Anstieg von Börsenkursen über einen kurzen oder mittleren Zeitraum

Ratingagentur: private, unabhängige Gesellschaft, welche die Kreditwürdigkeit von Unternehmen, Finanzprodukten und Staaten bewertet

Reale Nettorendite: Rendite, die von Kosten, Steuern und Inflation bereinigt wurde

Rebalancing: regelmässige Anpassung der Portfolio-Gewichtung, um die ursprüngliche Strategie mit ihren Zielgewichten je Anlageklasse beizubehalten

Rendite (Performance): Ertrag einer Kapitalanlage innerhalb eines bestimmten Zeitraums, ausgedrückt in Prozent des eingesetzten Kapitals; sie umfasst Kursgewinne, Zinsen und Dividenden

S

S&P 500: Aktienindex, der Aktien von den 500 grössten börsennotierten US-amerikanischen Unternehmen umfasst

SMI (Swiss Market Index): Aktienindex, der Aktien von den bis zu 30 grössten Schweizer Unternehmen umfasst

Sondervermögen: rechtlich geschütztes Vermögen, das nicht zum Vermögen der Fondsgesellschaft gehört, sondern im Eigentum der Anleger bleibt

Sparkonto: Konto, das primär zum Ansparen von Geld dient und in der Regel eine höhere Verzinsung bietet als ein Privatkonto, jedoch mit dem Nachteil einer begrenzten Verfügbarkeit des Geldes

Sparplan: Anlagestrategie, bei der regelmässig (z. B. monatlich) feste Beträge in Anlageprodukte wie ETFs investiert werden; du baust damit langfristig Vermögen auf und gleichst mit der zeitlichen Staffelung Marktschwankungen aus

Staatsanleihen: *siehe Anleihen*

T

Thesaurierend: erzielte Erträge (z. B. Dividenden oder Zinsen) werden nicht an Anleger ausgeschüttet, sondern automatisch im Fonds wiederangelegt, um das Kapitalwachstum zu maximieren

V

Volatilität: Mass, wie risikobehaftet ein Anlageprodukt ist; je volatiler eine Aktie ist, desto stärker schwankt sie im Kurs

W

Wertpapier: Urkunde, die ein Vermögensrecht verbrieft; dazu zählen vor allem Aktien, Anleihen und Investmentzertifikate oder strukturierte Produkte

Z

Zertifikat: unter Umständen hochriskantes Finanzprodukt, das die Wertentwicklung eines Basiswerts (z. B. Aktien, Indizes oder Rohstoffe) abbildet und oft an bestimmte Bedingungen wie Kapitalschutz oder Hebelwirkung geknüpft ist

Zinseszins: Zinsen, die auf Zinserträge der Vorjahre gezahlt werden; ermöglicht exponentielles Wachstum

Anhang

Bücher, die dein Geld verdienen

Die folgenden Bestseller stellen alles auf den Kopf, was du als Anleger bisher über Zufall und Glück, Unsicherheit und Risiko zu wissen geglaubt hast. Unbezahlbare Börsenlektionen!

Nassim Taleb – Der schwarze Schwan (Originalausgabe 2007)

Taleb warnt vor scheinbar unmöglichen Extremereignissen, die unser Leben und die Finanzmärkte prägen. Du hast noch nie einen schwarzen Schwan gesehen oder von ihm gehört, also gibt es ihn nicht? In Australien schon.

Börsenlektion: Wir machen oft den Fehler, nur die Gewinner wahrzunehmen, und ignorieren die vielen Verlierer, die dieselbe Strategie angewandt haben, aber gescheitert sind. Viele erfolgreiche Unternehmer, Fondsmanager und ganz sicher alle Lottospieler haben einfach Glück gehabt.

Roger Lowenstein – When genius failed (2000)

Lowenstein erzählt von den Nobelpreisträgern des LTCM-Fonds, die glaubten, mit ihren überlegenen Fähigkeiten und ausgeklügelten mathematischen Modellen überragende Renditen erzielen zu können. Das Ergebnis? Sie scheiterten spektakulär. Mit Milliardenverlusten brachten sie das globale Finanzsystem ins Wanken und zogen auch die *UBS* mit in den Strudel.

Börsenlektion: Hochmut kommt vor dem Fall.

Michael Lewis – Flash boys (2014)

Lewis zeigt, dass sich nicht alle Investoren auf Glück oder Können verlassen – sondern einfach das System manipulieren. Sie bauen sich ihre eigene, um Millisekunden schnellere Datenleitung zwischen den Börsen, um die anderen Marktteilnehmer zu überholen und in Kollaboration mit den Börsen auszutricksen.

Börsenlektion: Manche sind an der Börse gleicher als andere.

Gerd Gigerenzer – Risiko (Erstausgabe 2014)

Das Buch zeigt, wie Menschen Risiken oft falsch einschätzen. Gigerenzer argumentiert, dass intuitive Faustregeln oft präziser sind als mathematische Berechnungen – besonders in unsicheren Situationen. Statt komplexe Modelle zu nutzen, helfen dir deshalb einfache Heuristiken, bessere Entscheidungen zu treffen.

Börsenlektion: Einfachheit führt zum Erfolg.

Burton Malkiel – A random walk down Wall Street (1973)

Immer wieder glauben Anleger, schlauer als der Markt zu sein. Malkiel hält dagegen, dass Märkte weitgehend effizient sind und die Auswahl einzelner Aktien langfristig keinen Mehrwert bringt. Statt aktiver Strategien empfiehlt er kostengünstige Indexfonds und ETFs.

Börsenlektion: Kursbewegungen sind grösstenteils zufällig, weshalb Markt-Timing in der Regel scheitert.

Daniel Kahneman – Schnelles Denken, langsames Denken (2011)

Bauch oder Kopf? In diesem Welt-Bestseller beschreibt Kahneman zwei Denksysteme: das schnelle Denken, bei dem wir impulsiv aus dem Bauch heraus entscheiden, und das langsame Denken, bei dem wir logisch-analytisch vorgehen. Doch die Entscheidungen, die wir für rational halten, sind es längst nicht immer.

Börsenlektion: Bei grossen Entscheidungen sollten Anleger darauf achten, dass ihr Urteilsvermögen nicht von Emotionen oder kognitiven Verzerrungen getrübt wird.

Literaturverzeichnis

Amara, R. C. (1975). Some methods of futures research. Institute for the Future.

ARE (Bundesamt für Raumentwicklung) (o. J.). 1987: Brundtland-Bericht. https://www.are.admin.ch/are/de/home/medien-und-publikationen/publikationen/nachhaltige-entwicklung/brundtland-report.html

Atz, U., Van Holt, T., Liu, Z. Z. & Bruno, C. (2022). Does sustainability generate better financial performance? Review, meta-analysis, and propositions (SSRN 3708495). https://doi.org/10.2139/ssrn.3708495

Barber, B. M., Lee, Y.-T., Liu, Y.-J. & Odean, T. (2007). Just how much do individual investors lose by trading? (SSRN 529062). https://doi.org/10.2139/ssrn.529062

Barber, B. M. & Odean, T. (2013). The behavior of individual investors. In: In G. M. Constantinides et al. (Eds.), Handbook of the Economics of Finance (Bd. 2, S. 1533–1570). Elsevier. https://doi.org/10.1016/B978-0-44-459406-8.00022-6

Ben-David, I., Franzoni, F. A., Kim, B. & Moussawi, R. (2022). Competition for attention in the ETF space (SSRN 3765063). https://doi.org/10.2139/ssrn.3765063

Bernard, C. & Boyle, P. (2009). Mr. Madoff's amazing returns: An analysis of the split-strike conversion strategy. Journal of Derivatives, 17, S. 62–76. https://doi.org/10.3905/JOD.2009.17.1.062

Bessembinder, H. (2018). Do stocks outperform Treasury bills? Journal of Financial Economics, 129(3), S. 440–457. https://doi.org/10.1016/j.jfineco.2018.06.004

BSV (Bundesamt für Sozialversicherungen) (o. J. a). Gebundene Selbstvorsorge (Säule 3a). https://www.bsv.admin.ch/bsv/de/home/sozialversicherungen/bv/grundlagen-und-gesetze/grundlagen/gebundene-selbstvorsorge.html

BSV (Bundesamt für Sozialversicherungen) (o. J. b). Nachträgliche Einkäufe in die Säule 3a. https://www.bsv.admin.ch/bsv/de/home/sozialversicherungen/bv/grundlagen-und-gesetze/grundlagen/einkaeufe-saeule-3a.html

Bundesamt für Statistik (2024). Lebenserwartung. https://www.bfs.admin.ch/bfs/de/home/statistiken/bevoelkerung/geburten-todesfaelle/lebenserwartung.html

BVK (2025). Entscheidungshilfe. https://bvk.ch/de/rentenmodellhilfe

Carmichael, T. (2021). The man who lost $265 million. The Motley Fool. https://www.fool.com/investing/2021/06/18/the-man-who-lost-265-million/

Carvalho, P. (2015). The most overlooked asset pharmacists have. Pharmacists First. http://pharmacistsfirst.com/pharmacists-most-overlooked-asset/

Chacko, G., Dessain, V., Sjoman, A., Plotkin, A. & Hecht, P. (2004). Bank Leu's Prima Cat Bond Fund. Harvard Business School. https://store.hbr.org/product/bank-leu-s-prima-cat-bond-fund/205005

CFA Institute (2015). Environmental, social, and governance issues in investing: A guide for investment professionals. https://www.cfainstitute.org/-/media/documents/article/position-paper/esg-issues-in-investing-a-guide-for-investment-professionals.pdf

Clark, G. L., Feiner, A. & Viehs, M. (2015). From the stockholder to the stakeholder: How sustainability can drive financial outperformance (SSRN 2508281). https://doi.org/10.2139/ssrn.2508281

Cook, J. (2022). Crypto horror stories: 8 events that shook crypto. BitcoinChaser. https://bitcoinchaser.com/crypto-horror-stories/

Dietrich, A. (2025). Finpension: Vom unbekannten Nischenplayer zum umfassenden Vorsorge- und Anlagespezialisten. https://hub.hslu.ch/retailbanking/finpension-vom-unbekannten-nischenplayer-zum-umfassenden-vorsorge-und-anlagespezialisten

Disabato, M., Ng, N. (2021). The SFDR's articles 8 and 9: The funds behind the labels. https://www.msci.com/www/research-report/the-sfdr-s-articles-8-and-9-the/02612741814

Eidgenössische Steuerverwaltung (2023). Kreisschreiben Nr. 15. Obligationen und derivative Finanzinstrumente. https://www.estv.admin.ch/estv/de/home/direkte-bundessteuer/fachinformationen-dbst/dbst-kreisschreiben.html

Eschbach, A. (2001). Eine Billion Dollar. Lübbe.

Esisuisse (o.J.). Sicherung Schweizer Bankguthaben. https://www.esisuisse.ch/de/einlagensicherung/sicherung-schweizer-bankguthaben

Europäisches Parlament und Rat (2019). Verordnung (EU) 2019/2088 vom 27. November 2019 über nachhaltigkeitsbezogene Offenlegungspflichten im Finanzdienstleistungssektor (SFDR). http://data.europa.eu/eli/reg/2019/2088/oj/eng

Fernandez, D. (2021). Bernie Madoff – Der Jahrhundertbetrug. Bankingclub. https://www.bankingclub.de/news/kurznachricht/bernie-madoff-der-jahrhundertbetrug/

Finews (2020). Madoff: Liquidator fordert von Schweizer Banken Milliarden. https://www.finews.ch/news/banken/44148-banken-bernie-madoff-liquidator-krys-global-milliarden-forderungen

Fonds professionell (2020). Exklusiv: Wie lange offene Immobilienfonds noch in Abwicklung sind. https://www.fondsprofessionell.de/sachwerte/news/headline/exklusiv-wie-lange-offene-immobilienfonds-noch-in-abwicklung-sind-203214/

Friede, G., Busch, T. & Bassen, A. (2015). ESG and financial performance: Aggregated evidence from more than 2000 empirical studies (SSRN 2699610). https://papers.ssrn.com/abstract=2699610

Ganti, A., Nelesen, J., Gioia, D. D. & Longo, S. (2024). U.S. persistence scorecard year-end 2023. https://www.spglobal.com/spdji/en/documents/spiva/persistence-scorecard-year-end-2023.pdf

Gartner (o. J.). Gartner hype cycle. https://www.gartner.com/en/research/methodologies/gartner-hype-cycle

Gigerenzer, G. (2020). Risiko: Wie man die richtigen Entscheidungen trifft (3. Aufl.). Pantheon.

Haufler, F. (2024). Rente oder Kapital? Publica Studie über die Entwicklung, Determinanten und Hintergründe der Pensionierungsentscheidungen bei PUBLICA. https://publica.rokka.io/dynamic/noop/b48dc571abc07fe251fb1c8ca543c47a6ff43165/studie-rente-kapital-de-dev-0.pdf

Huber, P. (2024a). Die Top Banken mit den besten Zinsen. https://www.digitalmedia.ch/bank/die-top-banken-mit-den-besten-zinsen/

Huber, P. (2024b). Revolut vorne, Neon, Yuh und Viac am Durchstarten – Inside Paradeplatz. https://insideparadeplatz.ch/2024/12/10/revolut-vorne-neon-yuh-und-viac-am-durchstarten/

Ilmanen, A. (2012). Expected returns on major asset classes (SSRN 2616228). https://papers.ssrn.com/abstract=2616228

Kahneman, D. (2016). Schnelles Denken, langsames Denken. Penguin.

Killingsworth, M. A., Kahneman, D., & Mellers, B. (2023). Income and emotional well-being: A conflict resolved. Proceedings of the National Academy of Sciences, 120(10), e2208661120. https://doi.org/10.1073/pnas.2208661120

Koestner, M., Loos, B., Meyer, S. & Hackethal, A. (2017). Do individual investors learn from their mistakes? (SSRN 2122652). https://doi.org/10.2139/ssrn.2122652

Lewis, M. (2015). Flash boys: A Wall Street revolt. W. W. Norton & Company.

Lowenstein, R. (2002). When genius failed: The rise and fall of Long Term Capital Management. Fourth Estate.

Malkiel, B. G. (2023). A random walk down Wall Street – warum Börsenerfolg kein Zufall ist: Die bewährte Strategie für erfolgreiches Investieren. FinanzBuch Verlag.

Menchero, J. (2017). Rethinking the fundamental law of active management. JOIM, 15(2), S. 92–107.

Newall, P. W. S. & Weiss-Cohen, L. (2022). The gamblification of investing: How a new generation of investors is being born to lose. International Journal of Environmental Research and Public Health, 19(9), 5391. https://doi.org/10.3390/ijerph19095391

Ortec Finance (2021). The uncertainty of long-term capital market assumptions. https://www.ortecfinance.com/en/insights/research/the-uncertainty-of-long-term-capital-market-assumptions?

Parker, F. J. (2022). Goals-based portfolio theory. Wiley.

Phalippou, L. (2020). An inconvenient fact: Private equity returns & the billionaire factory (SSRN 3623820). https://doi.org/10.2139/ssrn.3623820
S&P Global (2025a). Understanding credit ratings. https://www.spglobal.com/ratings/en/about/intro-to-credit-ratings
S&P Global (2025b). SPIVA. S&P Dow Jones Indices. https://www.spglobal.com/spdji/en/research-insights/spiva/
Schiffler, A. (o. J.). Artikel 8, Artikel 9, SFDR und Taxonomie-Verordnung – ein kleiner Überblick. Morningstar DE. https://www.morningstar.de/de/news/231139/artikel-8-artikel-9-sfdr-und-taxonomie-verordnung-%e2%80%93-ein-kleiner-%c3%bcberblick.aspx
SIPC (o. J.). What SIPC protects. https://www.sipc.org/for-investors/what-sipc-protects
Sodini, P. (2020). The only «free lunch» in finance. Swedish House of Finance. https://www.hhs.se/en/houseoffinance/research/featured-topics/2020/the-only-free-lunch-in-finance/
SVA Zürich (o. J.). Rund um die Pensionierung: Höhe der Altersrente. https://svazurich.ch/ihr-anliegen/privatpersonen/anliegen-betrifft-ahv/rund-um-die-pensionierung/hoehe-der-altersrente.html
Swisslos (2025). Verwendung des Umsatzes. https://www.swisslos.ch/de/informationen/guter-zweck/verwendung-der-lotterieertraege/aufteilung-gespielter-franken/verwendung-des-umsatzes.html
Taleb, N. N. (2018). Der Schwarze Schwan: Die Macht höchst unwahrscheinlicher Ereignisse. Pantheon.
The Economist (2023). Britain has endured a decade of early deaths. Why? https://www.economist.com/leaders/2023/03/09/britain-has-endured-a-decade-of-early-deaths-why?
Trautman, L. J., & Foster, L. D. (2022). The FTX crypto debacle: Largest fraud since Madoff? University of Memphis Law Review, Vol. 54. https://doi.org/10.2139/ssrn.4290093
UN Global Compact (o. J.). The ten principles of the UN Global Compact. https://unglobalcompact.org/what-is-gc/mission/principles#
UNRIC – Regionales Informationszentrum der Vereinten Nationen (o. J.). Ziele für nachhaltige Entwicklung. https://unric.org/de/17ziele/
V-Dem Institute (2025). Democracy report 2025: Defiance in the face of autocratization. https://v-dem.net/documents/61/v-dem-dr__2025_lowres_v2.pdf
Waring, B. & Siegel, L. (2015). The only spending rule article you will ever need. Financial Analysts Journal, 71, S. 91–107. https://doi.org/10.2469/faj.v71.n1.2
Wikipedia (2024). Seite «Euromillionen». https://de.wikipedia.org/w/index.php?title=-Euromillionen&oldid=246579027

Letzter Abruf der Webadressen: 02.07.2025

Tabelle Vermögensfaktor

Die Tabelle zeigt dir, wie sich die Kaufkraft von 1 CHF über die Jahre vervielfacht. Du kannst also dein Vermögen mit diesem Faktor multiplizieren, um die Entwicklung abzuschätzen. Zum Beispiel wird aus 100 000 CHF Vermögen nach 10 Jahren in 100 % Aktien voraussichtlich 100 000 CHF × 1,36 = 136 000 CHF (blaue Zellen).

Obwohl das Modell dir das wahrscheinlichste Wachstum deines Vermögens angibt, gibt es keine Garantie, dass du diesen Wert tatsächlich erreichst. Es bleibt eine grosse Unsicherheit. Die Tabelle zeigt darum auch die Werte für den pessimistischen Fall: Mit 5 % Wahrscheinlichkeit kommt es nach dem Modell so schlecht oder sogar noch schlechter (rote Zellen). Du kannst dort aber auch die Werte für den optimistischen Fall ablesen: Mit 5 % Wahrscheinlichkeit kommt es voraussichtlich so gut oder sogar noch besser (grüne Zellen).

Wie viel Kaufkraft 1 CHF Startvermögen über die Jahre erarbeiten kann
Für Strategien von 0 % bis 100 % Aktien und nach Abzug von Kosten, Steuern, Inflation

	Erwartet					Pessimistische 5 %					Optimistische 5 %				
Jahre / Aktien	0 %	25 %	50 %	75 %	100 %	0 %	25 %	50 %	75 %	100 %	0 %	25 %	50 %	75 %	100 %
1	1,00	1,01	1,02	1,02	1,03	0,94	0,92	0,89	0,84	0,80	1,07	1,10	1,17	1,24	1,33
2	1,00	1,02	1,03	1,05	1,06	0,91	0,90	0,85	0,79	0,74	1,09	1,15	1,25	1,38	1,52
3	1,00	1,02	1,05	1,07	1,10	0,89	0,88	0,83	0,76	0,71	1,12	1,19	1,33	1,50	1,70
4	1,00	1,03	1,07	1,10	1,13	0,88	0,87	0,81	0,74	0,68	1,14	1,23	1,40	1,62	1,87
5	1,00	1,04	1,08	1,12	1,16	0,87	0,85	0,80	0,72	0,66	1,15	1,27	1,47	1,73	2,05
6	1,00	1,05	1,10	1,15	1,20	0,85	0,84	0,79	0,71	0,65	1,17	1,30	1,54	1,85	2,23
7	1,00	1,06	1,12	1,17	1,24	0,84	0,84	0,78	0,70	0,63	1,18	1,34	1,61	1,96	2,41
8	1,00	1,07	1,14	1,20	1,28	0,83	0,83	0,77	0,69	0,63	1,20	1,37	1,67	2,08	2,61
9	1,00	1,07	1,15	1,23	1,32	0,83	0,82	0,76	0,68	0,62	1,21	1,40	1,74	2,20	2,81
10	**1,00**	**1,08**	**1,17**	**1,26**	**1,36**	**0,82**	**0,82**	**0,76**	**0,68**	**0,61**	**1,22**	**1,43**	**1,81**	**2,32**	**3,02**
11	1,00	1,09	1,19	1,28	1,40	0,81	0,81	0,76	0,67	0,61	1,24	1,46	1,88	2,45	3,23
12	1,00	1,10	1,21	1,31	1,44	0,80	0,81	0,75	0,67	0,60	1,25	1,49	1,95	2,58	3,46
13	1,00	1,11	1,23	1,34	1,49	0,79	0,81	0,75	0,67	0,60	1,26	1,53	2,02	2,71	3,70
14	1,00	1,12	1,25	1,37	1,53	0,79	0,80	0,75	0,66	0,60	1,27	1,56	2,09	2,85	3,94
15	1,00	1,13	1,27	1,41	1,58	0,78	0,80	0,75	0,66	0,59	1,28	1,59	2,16	2,99	4,20
16	1,00	1,14	1,29	1,44	1,63	0,77	0,80	0,74	0,66	0,59	1,29	1,62	2,23	3,14	4,47
17	1,00	1,15	1,31	1,47	1,68	0,77	0,80	0,74	0,66	0,59	1,30	1,65	2,31	3,29	4,76
18	1,00	1,15	1,33	1,51	1,73	0,76	0,79	0,74	0,66	0,59	1,31	1,68	2,38	3,44	5,06
19	1,00	1,16	1,35	1,54	1,79	0,76	0,79	0,74	0,66	0,59	1,32	1,71	2,46	3,60	5,37
20	**1,00**	**1,17**	**1,37**	**1,58**	**1,84**	**0,75**	**0,79**	**0,74**	**0,66**	**0,60**	**1,33**	**1,74**	**2,54**	**3,77**	**5,70**

	Erwartet					Pessimistische 5 %					Optimistische 5 %				
Jahre / Aktien	0 %	25 %	50 %	75 %	100 %	0 %	25 %	50 %	75 %	100 %	0 %	25 %	50 %	75 %	100 %
21	1,00	1,18	1,40	1,61	1,90	0,75	0,79	0,74	0,66	0,60	1,34	1,77	2,62	3,94	6,04
22	1,00	1,19	1,42	1,65	1,96	0,74	0,79	0,75	0,66	0,60	1,35	1,80	2,70	4,11	6,40
23	1,00	1,20	1,44	1,69	2,02	0,74	0,79	0,75	0,66	0,60	1,36	1,84	2,78	4,29	6,77
24	1,00	1,21	1,46	1,73	2,08	0,73	0,79	0,75	0,66	0,60	1,37	1,87	2,87	4,48	7,17
25	1,00	1,22	1,49	1,77	2,15	0,73	0,78	0,75	0,67	0,61	1,38	1,90	2,95	4,68	7,58
26	1,00	1,23	1,51	1,81	2,21	0,72	0,78	0,75	0,67	0,61	1,39	1,93	3,04	4,88	8,01
27	1,00	1,24	1,54	1,85	2,28	0,72	0,78	0,75	0,67	0,61	1,40	1,96	3,13	5,08	8,47
28	1,00	1,25	1,56	1,89	2,35	0,71	0,78	0,75	0,67	0,62	1,40	2,00	3,22	5,30	8,94
29	1,00	1,26	1,58	1,93	2,42	0,71	0,78	0,76	0,68	0,62	1,41	2,03	3,32	5,52	9,44
30	**1,00**	**1,27**	**1,61**	**1,98**	**2,50**	**0,70**	**0,78**	**0,76**	**0,68**	**0,63**	**1,42**	**2,06**	**3,41**	**5,75**	**9,96**
31	1,00	1,28	1,64	2,02	2,58	0,70	0,78	0,76	0,68	0,63	1,43	2,09	3,51	5,99	10,51
32	1,00	1,29	1,66	2,07	2,66	0,70	0,78	0,77	0,69	0,64	1,44	2,13	3,61	6,23	11,08
33	1,00	1,30	1,69	2,12	2,74	0,69	0,78	0,77	0,69	0,64	1,44	2,16	3,71	6,48	11,68
34	1,00	1,31	1,72	2,17	2,82	0,69	0,78	0,77	0,70	0,65	1,45	2,20	3,82	6,75	12,31
35	1,00	1,32	1,74	2,22	2,91	0,68	0,78	0,77	0,70	0,65	1,46	2,23	3,92	7,02	12,96
36	1,00	1,33	1,77	2,27	3,00	0,68	0,78	0,78	0,70	0,66	1,47	2,26	4,03	7,30	13,65
37	1,00	1,34	1,80	2,32	3,09	0,68	0,78	0,78	0,71	0,67	1,48	2,30	4,14	7,59	14,37
38	1,00	1,35	1,83	2,37	3,19	0,67	0,78	0,78	0,71	0,67	1,48	2,33	4,26	7,88	15,13
39	1,00	1,36	1,86	2,43	3,29	0,67	0,79	0,79	0,72	0,68	1,49	2,37	4,37	8,19	15,92
40	**1,00**	**1,38**	**1,89**	**2,48**	**3,39**	**0,67**	**0,79**	**0,79**	**0,72**	**0,69**	**1,50**	**2,41**	**4,49**	**8,51**	**16,74**

Chart 104

Tabelle Sparfaktor

Die Tabelle zeigt dir, wie die Kaufkraft deines Vermögens wächst, wenn du Ende jedes Jahres 1 CHF sparst und anlegst. Indem du deinen jährlichen Sparbatzen mit diesem Faktor multiplizierst, kannst du die Entwicklung abschätzen. Zum Beispiel wird aus jährlich 10 000 CHF Ersparnis und Anlage in 100 % Aktien nach 10 Jahren 10 000 CHF × 11,5 = 115 000 CHF erwartet (blaue Zellen).

Obwohl das Modell das wahrscheinlichste Wachstum deines Vermögens angibt, bleibt eine grosse Unsicherheit, welche Werte tatsächlich eintreffen. Die Tabelle zeigt dir deshalb auch die Werte für den pessimistischen Fall: Mit 5 % Wahrscheinlichkeit kommt es voraussichtlich so schlecht oder sogar noch schlechter (rote Zellen). Und für den optimistischen Fall gilt: Mit 5 % Wahrscheinlichkeit kommt es laut Modell so gut oder sogar noch besser (grüne Zellen).

Wie viel Kaufkraft 1 CHF jährlicher Sparbeitrag über die Jahre erarbeiten kann
Für Strategien von 0 % bis 100 % Aktien und nach Abzug von Kosten, Steuern, Inflation

	Erwartet					Pessimistische 5 %					Optimistische 5 %				
Jahre / Aktien	0 %	25 %	50 %	75 %	100 %	0 %	25 %	50 %	75 %	100 %	0 %	25 %	50 %	75 %	100 %
1	1,0	1,0	1,0	1,0	1,0	1,0	1,0	1,0	1,0	1,0	1,0	1,0	1,0	1,0	1,0
2	2,0	2,0	2,0	2,0	2,0	2,0	2,0	2,0	1,9	1,9	2,0	2,0	2,1	2,1	2,1
3	3,0	3,0	3,0	3,1	3,1	2,9	2,9	2,9	2,9	2,8	3,1	3,1	3,2	3,3	3,4
4	4,0	4,0	4,1	4,1	4,2	3,9	3,9	3,8	3,8	3,7	4,1	4,2	4,4	4,6	4,7
5	5,0	5,1	5,2	5,2	5,3	4,8	4,8	4,8	4,7	4,6	5,2	5,3	5,6	5,9	6,2
6	6,0	6,1	6,2	6,4	6,5	5,8	5,8	5,7	5,6	5,5	6,3	6,5	6,8	7,3	7,7
7	7,0	7,2	7,3	7,5	7,7	6,7	6,7	6,7	6,5	6,4	7,3	7,7	8,1	8,7	9,4
8	8,0	8,2	8,5	8,7	8,9	7,6	7,7	7,6	7,4	7,3	8,4	8,8	9,5	10,2	11,1
9	9,0	9,3	9,6	9,9	10,2	8,5	8,6	8,5	8,4	8,2	9,5	10,1	10,9	11,8	13,0
10	**10,0**	**10,4**	**10,8**	**11,1**	**11,5**	**9,4**	**9,6**	**9,5**	**9,3**	**9,1**	**10,6**	**11,3**	**12,3**	**13,5**	**14,9**
11	11,0	11,5	11,9	12,4	12,9	10,3	10,5	10,4	10,2	10,1	11,7	12,5	13,8	15,2	17,0
12	12,0	12,5	13,1	13,6	14,3	11,2	11,5	11,4	11,2	11,0	12,8	13,8	15,3	17,0	19,2
13	13,0	13,6	14,3	15,0	15,7	12,1	12,4	12,3	12,1	11,9	13,9	15,1	16,8	18,9	21,5
14	14,0	14,8	15,6	16,3	17,2	13,0	13,4	13,3	13,1	12,9	15,1	16,4	18,4	20,9	24,0
15	15,0	15,9	16,8	17,7	18,7	13,9	14,3	14,3	14,0	13,9	16,2	17,7	20,0	22,9	26,6
16	16,0	17,0	18,1	19,1	20,3	14,8	15,3	15,3	15,0	14,8	17,3	19,0	21,7	25,0	29,3
17	17,0	18,1	19,4	20,5	21,9	15,7	16,2	16,2	16,0	15,8	18,5	20,4	23,4	27,2	32,1
18	18,0	19,3	20,7	22,0	23,6	16,6	17,2	17,2	17,0	16,8	19,6	21,8	25,2	29,5	35,1
19	19,0	20,4	22,0	23,5	25,4	17,5	18,1	18,2	18,0	17,9	20,8	23,2	27,0	31,9	38,3
20	**20,0**	**21,6**	**23,4**	**25,0**	**27,1**	**18,3**	**19,1**	**19,2**	**19,0**	**18,9**	**21,9**	**24,6**	**28,9**	**34,3**	**41,6**

Jahre / Aktien	Erwartet					Pessimistische 5 %					Optimistische 5 %				
	0 %	25 %	50 %	75 %	100 %	0 %	25 %	50 %	75 %	100 %	0 %	25 %	50 %	75 %	100 %
21	21,0	22,8	24,7	26,6	29,0	19,2	20,1	20,3	20,0	19,9	23,1	26,1	30,8	36,9	45,1
22	22,0	24,0	26,1	28,2	30,9	20,1	21,0	21,3	21,0	21,0	24,2	27,5	32,8	39,5	48,8
23	23,0	25,1	27,5	29,9	32,8	20,9	22,0	22,3	22,1	22,1	25,4	29,0	34,8	42,3	52,7
24	24,0	26,3	29,0	31,6	34,9	21,8	23,0	23,3	23,1	23,2	26,6	30,5	36,8	45,1	56,8
25	25,0	27,6	30,4	33,3	36,9	22,7	24,0	24,4	24,2	24,3	27,7	32,0	38,9	48,1	61,0
26	26,0	28,8	31,9	35,1	39,1	23,5	24,9	25,5	25,3	25,4	28,9	33,6	41,1	51,1	65,5
27	27,0	30,0	33,4	36,9	41,3	24,4	25,9	26,5	26,4	26,6	30,1	35,1	43,3	54,3	70,2
28	28,0	31,2	35,0	38,7	43,6	25,2	26,9	27,6	27,5	27,8	31,3	36,7	45,6	57,6	75,2
29	29,0	32,5	36,5	40,6	45,9	26,1	27,9	28,7	28,6	29,0	32,5	38,3	47,9	61,0	80,4
30	**30,0**	**33,8**	**38,1**	**42,5**	**48,4**	**26,9**	**28,9**	**29,8**	**29,8**	**30,2**	**33,6**	**39,9**	**50,3**	**64,6**	**85,8**
31	31,0	35,0	39,7	44,5	50,9	27,8	29,9	30,9	30,9	31,4	34,8	41,6	52,7	68,2	91,5
32	32,0	36,3	41,4	46,5	53,4	28,6	30,9	32,0	32,1	32,7	36,0	43,2	55,2	72,0	97,5
33	33,0	37,6	43,0	48,6	56,1	29,4	31,9	33,1	33,3	33,9	37,2	44,9	57,8	75,9	103,8
34	34,0	38,9	44,7	50,7	58,8	30,3	32,9	34,2	34,5	35,2	38,5	46,6	60,4	80,0	110,3
35	35,0	40,2	46,4	52,9	61,6	31,1	33,9	35,4	35,7	36,5	39,7	48,3	63,1	84,2	117,2
36	36,0	41,5	48,2	55,1	64,6	31,9	34,9	36,5	36,9	37,9	40,9	50,1	65,9	88,6	124,4
37	37,0	42,9	49,9	57,4	67,6	32,8	36,0	37,7	38,2	39,3	42,1	51,9	68,7	93,1	132,0
38	38,0	44,2	51,7	59,7	70,7	33,6	37,0	38,9	39,4	40,6	43,3	53,7	71,6	97,7	139,9
39	39,0	45,6	53,6	62,1	73,8	34,4	38,0	40,1	40,7	42,1	44,5	55,5	74,5	102,6	148,2
40	**40,0**	**46,9**	**55,4**	**64,5**	**77,1**	**35,3**	**39,1**	**41,3**	**42,0**	**43,5**	**45,8**	**57,3**	**77,5**	**107,6**	**156,9**

Chart 105

Tabelle Rentenhöhe

Die Tabelle zeigt dir, welche Rente mit 1 Mio. CHF Vermögen erwirtschaftet werden kann. Für welche Restlebenszeit willst du planen? 20 Jahre? Dann kannst du mit einer Aktien-Strategie von 0 % eine jährliche Rente[14] von 50 000 CHF erwarten. Darin sind alle Kosten, Steuern und auch die Teuerung enthalten. Die Kaufkraft der 50 000 CHF im Jahr 20 entspricht also der heutigen Kaufkraft von 50 000 CHF. Wählst du hingegen eine Strategie aus 100 % Aktien, kannst du über 20 Jahre eine Rente von 65 799 CHF finanzieren (blaue Zellen), also fast ein Drittel mehr als mit 0 % Aktien.

Die hier dargestellten Renditen und Renten sind allerdings nicht garantiert. Ausserdem ist am Ende dieser Frist das Kapital weg.

Welche jährliche Rente dir 1 Mio. CHF Vermögen je nach Lebenserwartung erarbeiten kann
Für Strategien von 0 % bis 100 % Aktien und nach Abzug von Kosten, Steuern, Inflation

	Erwartet				
Restlebenszeit (Jahre)	0 % Aktien	25 % Aktien	50 % Aktien	75 % Aktien	100 % Aktien
1	1 000 000	1 000 000	1 000 000	1 000 000	1 000 000
2	500 000	501 992	503 968	505 685	507 632
3	333 333	335 993	338 638	340 941	343 560
4	250 000	252 996	255 984	258 591	261 562
5	200 000	203 200	206 399	209 198	212 394
6	166 667	170 004	173 350	176 283	179 641
7	142 857	146 295	149 749	152 785	156 268
8	125 000	128 514	132 054	135 172	138 757
9	111 111	114 685	118 295	121 482	125 154
10	**100 000**	**103 624**	**107 293**	**110 539**	**114 287**
11	90 909	94 574	98 294	101 593	105 409
12	83 333	87 034	90 799	94 145	98 024
13	76 923	80 654	84 460	87 850	91 787
14	71 429	75 187	79 030	82 459	86 451
15	66 667	70 449	74 327	77 794	81 837
16	62 500	66 304	70 214	73 716	77 809
17	58 824	62 648	66 587	70 124	74 263
18	55 556	59 398	63 365	66 935	71 120
19	52 632	56 491	60 485	64 086	68 316
20	**50 000**	**53 875**	**57 895**	**61 526**	**65 799**

	Erwartet				
Rest-lebenszeit (Jahre)	0 % Aktien	25 % Aktien	50 % Aktien	75 % Aktien	100 % Aktien
21	47 619	51 509	55 554	59 214	63 529
22	45 455	49 358	53 427	57 116	61 472
23	43 478	47 395	51 487	55 205	59 600
24	41 667	45 596	49 710	53 455	57 891
25	40 000	43 941	48 078	51 849	56 324
26	38 462	42 414	46 572	50 370	54 883
27	37 037	41 000	45 179	49 004	53 554
28	35 714	39 688	43 888	47 738	52 325
29	34 483	38 467	42 687	46 562	51 186
30	**33 333**	**37 327**	**41 567**	**45 467**	**50 127**
31	32 258	36 261	40 521	44 445	49 141
32	31 250	35 263	39 541	43 490	48 222
33	30 303	34 325	38 622	42 595	47 362
34	29 412	33 442	37 758	41 756	46 557
35	28 571	32 610	36 945	40 966	45 801
36	27 778	31 825	36 178	40 223	45 092
37	27 027	31 083	35 454	39 522	44 425
38	26 316	30 379	34 769	38 859	43 796
39	25 641	29 713	34 120	38 233	43 203
40	**25 000**	**29 079**	**33 504**	**37 640**	**42 643**

Chart 106

14 Rente im Sinn einer Kapitalauszahlung über eine fixe Anzahl von Jahren, also nicht im Sinn einer Versicherung wie AHV oder Pensionskassenrente bis zum Lebensende.

Einkaufsliste für dein Standard-Portfolio

Kopiere die Einkaufsliste und trage ein, welche Titel du in deinem Portfolio wie gewichten möchtest. Du hast die Wahl!

Plattform	Währ.	Fondsname
Aktien		
Welt mit EM	CHF	UBS MSCI ACWI U. ETF CHFh acc
Welt mit EM	Welt	iShares MSCI ACWI U. ETF acc
Schweiz	CHF	iShares Core SPI (CH) ETF dis
Europa	EUR	Vanguard FTSE Developed Europe U. ETF acc
USA	USD	Vanguard S&P 500 U. ETF dis
Asien-Pazifik	Welt	UBS MSCI Pacific Socially Responsible U. ETF dis
Schwellenländer	Welt	Xtrackers MSCI Emerging Markets U. ETF acc
Welt Nebenwerte	Welt	SPDR® MSCI World Small cap U. ETF acc
Anleihen		
Schweiz 1–5 Jahre	CHF	UBS (CH) Index Fund - Bonds CHF AAA-BBB 1-5 acc
Welt	CHF	SPDR Bloomb. Global Aggregate Bond U. ETF CHFh acc
Welt Unternehmen	CHF	Vanguard ESG Global Corporate Bond U. ETF CHFh acc
Welt Hochzins	CHF	iShares EUR High Yield Corp. Bond ESG U. ETF CHFh acc
Geldmarkt		
Geldmarkt CHF	CHF	Pictet CH – Short-Term Money Market CHF dis
Alternativen		
Gold	Gold	UBS Index Fund - Gold
Immobilien CH	CHF	UBS SXI Real Estate® Funds (CH) ETF dis
Cat Bonds	CHF	AXA WAVe Cat Bonds Fund CHFh acc [Min. 25 000 CHF]
ETFs als Ersatzkandidaten		
Welt ohne EM	CHF	iShares MSCI World U. ETF CHFh acc
Welt mit EM	Welt	Vanguard FTSE All-World U ETF (USD) acc
Schweiz 0–3 Jahre	CHF	iShares Swiss Domestic Government Bond 0-3 (CH) ETF dis
Schweiz 3–7 Jahre	CHF	iShares Swiss Domestic Government Bond 3-7 (CH) ETF dis
Gold	Gold	UBS Gold ETF (USD) dis

Chart 107 Unverbindliche Ideen aus Fallstudien für Standard-Portfolios

ISIN	Plattformen	Meine Wahl	in % oder CHF
IE00BYM11L64	SQ SA YU IB DG		
IE00B6R52259	SQ SA YU IB DG		
CH0237935652	SQ SA YU IB DG		
IE00BK5BQX27	SQ SA YU IB DG		
IE00B3XXRP09	SQ SA YU IB DG		
LU0629460832	SQ SA YU IB DG		
IE00BTJRMP35	SQ SA YU IB DG		
IE00BCBJG560	SQ SA YU IB DG		
CH0214975333	SQ SA YU IB DG		
IE00BF1QPK61	SQ SA YU IB DG		
IE00BNDS1R53	SQ SA YU IB DG		
IE00BMWPV587	SQ SA YU IB DG		
CH0011292312	SQ SA YU IB DG		
CH0209106787	SQ SA YU IB DG		
CH0105994401	SQ SA YU IB DG		
IE00BZCPN976	SQ SA YU IB DG		
IE00B8BVCK12	SQ SA YU IB DG		
IE00B3RBWM25	SQ SA YU IB DG		
CH0102530786	SQ SA YU IB DG		
CH0016999846	SQ SA YU IB DG		
CH0106027193	SQ SA YU IB DG		

Verfügbar auf Plattformen: SQ = Swissquote, SA = Saxo, YU = Yuh, IB = Interactive Brokers, DG = DEGIRO

Einkaufsliste für dein *nachhaltiges* Portfolio

Kopiere die Einkaufsliste und trage ein, welche Titel du in deinem Portfolio wie gewichten möchtest. Du hast die Wahl!

Plattform	Währ.	Fondsname
Aktien		
Welt mit EM	CHF	UBS MSCI ACWI Socially Responsible U. ETF CHFh acc
Welt mit EM	Welt	UBS MSCI ACWI Socially Responsible U. ETF acc
Schweiz	CHF	UBS SPI ESG (CH) ETF acc
Europa	EUR	Xtrackers MSCI Europe ESG U. ETF acc
USA	USD	Xtrackers MSCI USA ESG U. ETF acc
Asien-Pazifik	Welt	UBS MSCI Pacific Socially Responsible U. ETF dis
Schwellenländer	Welt	Xtrackers MSCI Emerging Markets ESG U. ETF acc
Welt Nebenwerte	Welt	UBS MSCI World Small Cap Socially Responsible U. ETF acc
Anleihen		
Schweiz 1–5 Jahre	CHF	Swisscanto (CH) Index Fund - B. CHF AAA-BBB 1-5 Resp. dis
Welt	CHF	iShares Global Aggregate Bond ESG U. ETF CHFh acc
Welt Unternehmen	CHF	Vanguard ESG Global Corporate Bond U. ETF CHFh acc
Welt Hochzins	CHF	iShares EUR High Yield Corp. B. ESG U. ETF CHFh acc
Geldmarkt		
Geldmarkt CHF	CHF	Pictet CH – Short-Term Money Market CHF dis
Alternativen		
Gold	Gold	Raiffeisen Solid Gold Responsibly Sourced & Tr. (CH) ETF
Immobilien CH	CHF	UBS SXI Real Estate® Funds (CH) ETF dis
Cat Bonds	CHF	AXA WAVe Cat Bonds Fund CHFh acc [Min. 25 000 CHF]

Chart 108 Unverbindliche Ideen aus Fallstudien für nachhaltig orientierte Portfolios

ISIN	Plattformen	Meine Wahl	in % oder CHF
IE00BDR55F85	SQ SA YU IB DG		
IE00BDR55471	SQ SA YU IB DG		
CH0590186661	SQ SA YU IB DG		
IE00BFMNHK08	SQ SA YU IB DG		
IE00BFMNPS42	SQ SA YU IB DG		
LU0629460832	SQ SA YU IB DG		
IE00BG370F43	SQ SA YU IB DG		
IE00BKSCBX74	SQ SA YU IB DG		
CH1286048215	SQ SA YU IB DG		
LU1981860668	SQ SA YU IB DG		
IE00BNDS1R53	SQ SA YU IB DG		
IE00BMWPV587	SQ SA YU IB DG		
CH0011292312	SQ SA YU IB DG		
CH1122756724	SQ SA YU IB DG		
CH0105994401	SQ SA YU IB DG		
IE00BZCPN976	SQ SA YU IB DG		

Verfügbar auf Plattformen: SQ = Swissquote, SA = Saxo, YU = Yuh, IB = Interactive Brokers, DG = DEGIRO

Mehrwert online. Simuliere deinen ganz persönlichen Vermögensaufbau, buche ein Vermögensseminar mit dem Autor oder bleibe einfach über Neuheiten auf dem Laufenden.

Folge auf Instagram, LinkedIn oder besuche die Website!

Instagram: @deingeldverdientmehr
LinkedIn: linkedin.com/company/deingeldverdientmehr
Website: dein-geld-verdient-mehr.ch

Danksagung

Danke an alle, die geholfen haben – mit klarem Kopf, spitzem Bleistift, ehrlicher Kritik und der nötigen Portion Geduld. Ohne euch gäbe es dieses Buch nicht – oder niemand hätte Freude daran, es zu lesen.

Über den Autor

Der Schweizer Anlageexperte Matthias Weber begleitet seit über 30 Jahren Anlegerinnen und Anleger. Nach seinem Studium an der Universität St. Gallen und an der Carnegie Mellon University in Pittsburgh/USA wechselte er rasch von der Theorie zur Praxis: Bei einer Zürcher Privatbank leitete er den Bereich *Research und Strategieberatung* und entwickelte mit seinem Team den weltweit ersten Publikumsfonds für Cat Bonds. Er war Mitgründer des globalen FinTech-Unternehmens *fundinfo* und präsidiert heute den Anlageausschuss einer Schweizer Pensionskasse mit 40 Milliarden Franken Vermögen.

Im Lauf seiner Karriere hat er weltweit über 1000 Fondsmanager persönlich interviewt – und analysiert, was sie erfolgreich (oder weniger erfolgreich) gemacht hat.

Matthias Weber lebt in Hedingen nahe Zürich, ist verheiratet und Vater von drei erwachsenen Kindern.